台灣

民主化的
經驗與意涵

周育仁・謝文煌/主編

高永光・葛永光・張佑宗/著
江明修・林煥笙・彭懷恩・周志杰
趙永茂・周繼祥・吳重禮・崔曉倩
周育仁・隋杜卿・陳志華・王業立

饒序

為世盟作見證

　　早在1949年，中菲韓三國元首，在當時為圍堵共產極權勢力的擴張，倡議籌組「亞洲人民反共聯盟」。嗣後於1967年擴大為「世界反共聯盟」，再歷經國際形勢的轉變，世界潮流大環境的影響，又於1990年易名為「世界自由民主聯盟」，就是現在的組織，簡稱「世盟」，並於1993年成為聯合國非政府組織正式成員，為國際性的民間組織，開啟了世盟結合全球愛好自由民主的國家與人士，共同為全球化的自由民主而奮鬥。

　　聯合國非政府組織的任務，就是在促進自由民主與世界和平，來提昇全人類的進步與繁榮，這也就是世盟積極推動和發展的目標。尤其是世盟有悠久的歷史、健全的組織，結實的團結力，目前有一百三十多個分會，遍佈世界各個國家之中，負責人均為當地國的高層政要或國會領袖，甚且有正副元首擔任者，這不僅配合各國國會與政府的資源，強化世盟的國際關係，以求達成世盟會務與國會外交相輔相成的效果，而且使得世盟組織更加擴大，也更具影響力，世盟還可以據之積極拓展國民外交，以彌補國家當前正式外交之不足。

　　由於世盟是聯合國非政府組織的成員，每年都出席聯合國非政府組織的年會，與世界各國非政府組織的領袖以及聯合國相關部門的負責人，多有會晤，並交換自由民主和人權在全球發展的經驗和意見，而且平日還保持密切的聯繫和交誼，所以世盟就如同一個小型的聯合國，共同與各分會相結合，謀求全球化的自由民主和人權的發展。

　　世盟每年都在國內或是國外隆重舉行「自由日慶祝大會」和「世盟年會」，與海內外對愛好自由民主和人權的人士以及各分會的負責人，集聚一堂，熱絡溫馨，奉獻智慧，交換意見，以傳遞自由民主發展的聖火，並紀念1954年韓戰的反共義士投奔自由的歷史意義，全力發展世界自由民主

運動，以反對國際恐怖主義與集權專制的侵略與迫害。多年來，由於世盟積極的推動，業已發展成為鼓舞世界各國人民爭取自由民主以及結合世界人民捍衛自由民主和人權的偉大號召與有力行動。世盟也強化人道精神，濟助落後地區國家，以提昇當地人民的生活水準，並舉行國際性的相關座談會與出版相關的刊物，以弘揚自由民主的普世理念，且經常接見或邀約來自世界各地的自由民主鬥士，與之座談，交換意見，相互聯誼，建立共識與友誼，藉以倡導自由民主的普世理念與發展。

世盟也結合遍佈全球的台商與客家鄉親，共同推動全球化自由民主的發展，因為台商在世界各國投資、經營企業卓然有成，促進自由貿易與市場經濟的開放，可以說是自由民主經濟理論的弘揚。所以世盟聘請世界各地的台商菁英，擔任世盟海外發展委員，並恭請馬總統於世盟「自由日慶祝大會」中，親自頒授聘書，以示榮寵，由於台商在當地國的政商關係良好，著有聲譽及影響力，所以世盟能夠在寮國和澳門順利成立分會，就是世盟運用台商力量最典型的楷範，未來還要繼續以此楷範，在各地成立分會。

目前全世界約有一億以上客家人，散居在全球各個城市之中，以客家獨特文化和精神，在居住國能夠與其他族群和諧相處，甚至扮演中介橋樑的重要角色，以調和其他族群之間的衝突與矛盾，對居住國的社會安定和繁榮發展，做出了重大的貢獻，深具聲望和影響力。這種包容和互助的廣大胸襟，正是對自由民主與和平平等的體認，所以在世盟組織之中，正式成立「中華海峽兩岸客家文經交流協會」，以聯繫全球客家耆賢、菁英以及名流，分別在兩岸三地輪流舉行「客家高峰論壇」，期在中國大陸傳播自由民主的普世理念。

自從1949年台灣海峽兩岸分治以來，中國大陸的改革開放，導致了經濟的崛起，萌芽了人民追求自由民主的希望。而台灣落實自由民主的成就，更對中國大陸自由民主的發展，產生了催化和激發的作用，尤其是馬總統主政以來，積極的開放政策，使得兩岸在相互合作的基礎上，共謀和平與繁榮的發展。因而今天的兩岸關係，中國大陸必須正視並尊重中華民

國的主權和存在，並且以台灣實現自由民主的成就爲典範，繼續擴大和加深兩岸交流與合作，增進瞭解，融合感情，達成共同利益，共創兩岸自由民主均富永久的和平與繁榮。而世盟對中國大陸長期的經營，以暢通的管道，業已建立了相互瞭解，擴大視野，進行對話的平台，也足夠以本身充分的推展自由民主的素養與經驗，可以廣泛的應用於中國大陸的各項改革運動，進而對中國大陸的和平演變與自由民主的實現助一臂之力，這就是馬總統所言：「台灣不與中國大陸比賽軍事，要比賽自由與民主」，這也就是世盟長期以來，所以堅持對中國大陸積極推動自由民主的信心與動力。

　　世盟長期以來，對自由民主、人權普世價值和理念的推動與發展，已經累積了豐富的實務經驗。在今天的國際社會中，創造出自我更新的契機與動力，也組織了無遠弗屆的整體力量，不啻以自己的品牌營造優質的公共空間，更以深具國際的影響力，也爲中華民國的台灣，在國際公民社會中，立下了足以耀視的推動國民外交的積極功能，因而獲得各國領袖的支持和讚譽，馬總統更是十分肯定和嘉許，所以每年世盟的自由日慶祝大會與年會，必然親臨講話勗勉，世盟也深獲鼓舞與振奮，所以世盟全體同仁都覺得與有榮焉，也因此工作更起勁，更有動力。但無可諱言，全球化自由民主普世價值和理念的推展，仍然是複雜多變，而且面臨的困難和挑戰也多，世盟必然會以務實的態度，極大的耐心，開闊的胸襟，恢宏的器度，結合全世界愛好自由民主的人士來共同推動，因爲：「有自由民主的地方，世盟會爲之更加弘揚，沒有自由民主的地方，世盟會爲之帶來希望」，深信一個自由民主人權新世界的到來，必可早日實現。

　　中華民國的誕生，不僅建立了亞洲地區第一個自由民主的共和國，並且直接間接的鼓舞和促成亞洲各國甚且世界各國民族獨立運動的發展，更重要的就是樹立了一項人類和諧相處的崇高理想和目標，讓全世界人類深切的體認自由民主與和平平等的珍貴。所以世盟在欣逢中華民國建國百年之際，特別誠摯的邀請國內知名的法政學者撰文，編輯「台灣民主化的經驗與意涵」論文集，以弘揚自由民主普世價值與理念，並闡揚中華民國在

台灣對自由民主的發展與成就，為時代作見證，為中華民國作見證，為世盟作見證。^{穎奇}也特別就世盟的歷史背景與業務狀況以及未來發展略為序言，期增進社會大眾對世盟更深層瞭解。而本書之順利出版，感謝各位國內知名的法政學者賜文，感謝知名的五南圖書出版公司支持與贊助，感謝本會周顧問育仁兄、謝秘書長文煌兄以及相關同仁對本書出版從頭至尾的費心勞力，也敬請廣大讀者多予指正和教益。

世界自由民主聯盟總會長

饒穎奇

曾序

自由民主　全球承諾

人類進入二十世紀以來，由於民族解放和民族獨立運動蓬勃興起，使殖民統治宣告結束。加之科技革命迅猛發展，世界經濟出現巨大變化和增長，因而一般民眾對自由民主的價值，不啻有一致性的贊同，對實現自由民主也具有共同的期待和追求。在此情況下，人類社會的政治變革，也愈來愈朝向自由民主的方向發展。

第三波自由民主化浪潮1974年於南歐開展，隨後湧進了拉丁美洲及亞洲地區，並在1989年衝破共黨鐵幕達於頂峰。在這一年，中歐及東歐共黨政權相繼崩潰，蘇聯共黨政權也隨後瓦解。自由民主新思潮隨伴這一連串自由民主波濤而產生，並深切認為全球性的自由民主發展，定會如火如荼的進行，而自由民主的政治理念與制度，也終將在世界各地普遍獲得勝利，因而使自由民主成為普世的價值與理念。

然而各國具有不同歷史和文化發展的階段與背景，因而各國人民對自由民主的普世價值與理念，也有不同的理解。尤其是二十一世紀的今天，國際事務的多元複雜，已超乎人類想像，加之科技的發展，創新了產業的面貌，通訊與傳播更縮短了人際間的距離。面對快速社會變遷，許多國家政府均產生失靈甚至功能失調現象。在此情況下，非政府組織乃應運而生，並快速成長，透過凝聚民間資源，結合志工力量，以靈活的組織和有效的方法，在多元複雜的國際事務中，扮演重要的角色和積極的功能[1]。

世盟是聯合國非政府組織成員，長期以來根據聯合國憲章與世盟宗旨，一方面傳播並提倡自由民主的價值與理念，另方面更結合全世界愛好自由民主的國家與人士，共同維護國際和平，遏止侵略，保障人權與促進

---

[1] 引自王振軒，2005年，《非政府組織議題與發展》，台北市：鼎茂圖書公司，頁1-2。

全球自由民主的發展。世盟自1967年創立以來，與各國分會互助合作，努力不懈，爲全球自由民主而奮鬥，績效卓著，業已獲得廣大國際社會的肯定與支持，其組織更逐年成長和擴大中。特別是每年定期在國內或國外舉辦「自由日慶祝大會」及「世盟年會」，世界各國重量級政要，甚且正副元首均踴躍出席，中外貴賓集聚一堂，傳遞經驗，溝通意見，共同見證全球自由民主的發展，也扮演促進我國國民外交的務實與積極功能。整體而言，世盟乃是我國目前在國際社會中，最龐大且對全球自由民主發展有鉅大貢獻的國際性民間團體。

冷戰結束後，國際秩序重新建立，全球化的時代已經來臨，國際間互助互惠的合作關係，也愈來愈密切。配合經濟的發展與繁榮，國際社會也迫切需要提昇人們生活品質，因而使自由民主的推動與發展益形重要。但是，無可諱言，現今極權勢力仍然殘餘，某些統治者仍存有威權心態與習性，軍隊控制選舉和政府時有所聞，且一黨專政依然存在，嚴重危害區域甚且全世界的安全與和平。更令人憂慮的是，自由民主政治體制在當今國際社會中，尚未能順利全面開展，且人權價值，也經常受到現實國際政治的挑戰。這些不符時代需求的不合理現象，似不應出現在一個具有遠大理想的國際社會中，而這也正是世盟在全球各地的廣大伙伴，必須因應新的形勢，結合更多的力量，扭轉世局錯誤的步調，爲世盟開創另一個奮鬥的績效。

1949年以來，中華民國在台灣地區締造了經濟發展與政治民主化的兩項奇蹟。透過不流血的「寧靜革命」，在蔣經國總統的領導下，政治精英與台灣地區人民順利的將我國從威權體制轉換爲自由民主的體制，此證明在儒家文化之下，並不影響自由民主政治體制的建立。

世盟爲詮釋自由民主的普世理念與價值，並彰顯中華民國在台灣實施自由民主的發展與成就，特別在光耀精彩的中華民國百年之際，邀集專研

我國政治發展的十三位學者從不同面向探討我國民主化的經驗與意涵，並出版自由民主論文集，實深具意義。相信本書所呈現的台灣自由民主發展經驗，定能透過世盟與相關管道提供其他國家作為借鏡，為全球自由民主的發展作出貢獻。永權幸能見證我國自由民主化在台灣發展的歷程，與世盟對全球自由民主發展所作出的貢獻，謹綴數言，樂而為序。

世盟中華民國總會理事長

編者序

　　繼「經濟奇蹟」後，我國民主化也被國際社會譽為「寧靜革命」，在未流血情況下，擺脫了威權主義，成為第三波民主化國家的一員。代議民主強調主權在民、政治競爭、權力更迭、人民代表、多數決、表示異議與不服從的權利、政治平等、大眾諮商與新聞自由。國民政府播遷來台後，我國民主逐漸由基層地方自治往上發展，終於在1996年由人民直選總統，完全實現了上述主權在民等各種代議民主的原則。透過政黨競爭，我國更在2000年與2008年出現兩次政黨輪替，不但長期執政的國民黨在敗選後交出政權，民進黨執政八年敗選後，也和平交出政權，象徵我國主要政黨都願意坦然接受選民的抉擇。

　　西方學者並不看好儒家文化之下的社會能轉型為民主社會，然而我國民主化的經驗證明，華人社會一樣能建立民主社會。我們不否認現階段我國民主政治仍存在不少缺失，仍有許多障礙與挑戰有待克服。然而我國民主化的時間不長，有今天的成果，其實已屬不易。在兩岸競爭過程中，台灣目前最大的優勢就是自由與民主。台灣在經濟發展與社會多元化成熟後，順利轉型為民主社會。如今中國大陸經濟也在快速發展中，以台灣經驗推論，大陸勢將在短時間內面臨來自社會要求積極參政的壓力。如何面對這些壓力與挑戰，減少民主轉型過程中的衝突，台灣經驗或許有其參考價值。

　　世界自由民主聯盟饒穎奇總會長與曾永權理事長長期推動與促進我國自由民主之發展，對於我國民主化不但是參與者，也是推動者。值此中華民國建國100年之際，渠等深感有必要完整檢視我國民主化過程中之相關面向。除留下完整紀錄外，更希望釐清現階段民主化面臨之障礙與挑戰，作為未來改革參考。基於上述理念，我們將本書定名為「台灣民主化的經驗與意涵」，希望一方面完整呈現台灣民主化的各個面向，另方面則希望推廣台灣民主化經驗，提供其他國家作為民主轉型之參考。

　　經過廣泛徵詢學界意見後，我們決定邀請學者分別從憲政主義、憲政改革、行政立法互動、選舉制度、地方自治、兩岸關係、族群意識、公民社會、新聞自由、人權發展、直接民主、全球治理、民主轉型與民主鞏固等面向撰文，也非常感謝各位學者在百忙中撥冗為本書撰文。此外，也要感謝五南圖書楊榮川先生與編輯團隊的全力協助，以及世盟施德倫小姐的費心聯繫與催稿，讓本書能如期在民國100年12月25日行憲紀念日出版。為推廣台灣民主化經驗，我們也計畫將本書改寫為英文版，至盼各界不吝指正，俾作為修訂之參考。

主編

周育仁

謝文煌

主編簡介

周育仁

【現職】
國立台北大學公共事務學院院長（2009-）

國立台北大學公共行政暨政策學系教授（1994-）

國家政策研究基金會憲政法制組政策委員（2001-）

世界自由民主聯盟中華民國總會顧問（2005-）

【學歷】
美國俄亥俄州立大學政治系哲學博士（1990）

【經歷】
國立台北大學公共行政暨政策學系系主任（2005-2008）

國立台北大學選舉研究中心主任（2000-2001）

中國政治學會理事長（2008-2010）

國立台北大學公部門與公民社會人力資源發展學程召集人（2007-2008）

任務型國民大會代表（2005）

謝文煌

【現職】
世界自由民主聯盟總會代理秘書長

世界自由民主聯盟中華民國總會秘書長

立法院副院長辦公室主任

【學歷】
中國文化大學法律系畢

暨南大學國際關係學院博士生

廣州中山大學台灣研究所客座研究員

【經歷】
中國國民黨中央政策會主任

中華民國青溪協會秘書長

作者簡介（依章節順序排列）

隋杜卿

【現職】

經國管理暨健康學院人事室主任

經國管理暨健康學院通識中心兼任副教授

【學歷】

國立政治大學三民主義研究所法學碩士

【經歷】

國立政治大學國家發展研究所副教授

陳志華

【現職】

國立台北大學公共行政暨政策學系教授

中華民國公共行政學會理事長

【學歷】

國立台灣大學法學博士

【經歷】

中國國民黨憲政改革策劃小組法制組成員（1990-1991）

中國國民黨中央青年工作會副主任（1999-2000）

國立台北大學主任秘書（2003-2006）

國立台北大學進修暨推廣中心主任（2008-2010）

王業立

【現職】

國立台灣大學政治學系教授兼系主任

【學歷】

美國德州大學奧斯汀校區政治學博士（1989）

【經歷】

東海大學政治學系副教授（1989.08～1997.07）

東海大學政治學系教授（1997.08～2008.07）

東海大學政治學系主任（1998.08～2004.07）

中國政治學會理事長（2006.01～2007.12）

趙永茂

【現職】

國立台灣大學政治學系教授兼任社會科學院院長

中國政治學會理事長（2011-）

【學歷】

國立台灣大學政治學系博士

【經歷】

國立台灣大學政治學系副教授（1987-1991）

美國加州大學柏克萊分校東亞研究所博士後研究（1989.8-1989.10）

美國哈佛大學東亞研究所博士後研究（1989.11）

英國劍橋大學政治社會系博士後研究（1989.12-1991.2.）

美國南卡羅來納大學亞洲研究中心訪問教授（2003.4-2003.7）

北京大學政治發展與政府管理研究所客座教授（2003.9-2003.10）

國立暨南國際大學公共行政系教授兼總務長（1995-1998）

國立台灣大學政治學系教授兼總務長（1998-2001）

周繼祥

【現職】

國立台灣大學國家發展研究所教授兼所長

【學歷】

　國立台灣大學國家發展研究所法學碩士

【經歷】

　國立台灣大學訓導處秘書

　國立台灣大學三民主義研究所教授兼所長

　財團法人海峽交流基金會主任秘書

　財團法人國家政策研究基金會內政組顧問

　國立台灣大學社科院副院長

吳重禮

【現職】

　中央研究院政治學研究所籌備處研究員

　國立中央大學法律與政府研究所合聘教授

　國立台北大學公共行政暨政策學系合聘教授

　台北市立教育大學社會暨公共事務學系合聘教授

　東吳大學政治學系暨研究所兼任教授

【學歷】

　美國紐奧良大學政治學博士

【經歷】

　曾獲得2009年國家科學委員會傑出研究獎

　2005年國立中正大學社會科學院傑出研究獎

　2003年國立中正大學傑出研究獎

　2002年國立中正大學新進學者獎

崔曉倩

【現職】

　國立中正大學經濟學系副教授

【學歷】

　日本筑波大學經濟學博士

江明修

【現職】

國立政治大學公共行政學系教授

【學歷】

美國南加州大學公共行政博士

【經歷】

國立政治大學公共行政學系所教授
國立中央大學特聘教授兼客家學院院長
國立中央大學客家政治經濟研究所教授
國立政治大學公共行政學系暨研究所主任
國立政治大學第三部門研究中心創辦主任
國立政治大學公民社會暨地方政府研究中心召集人
國立政治大學地方政府研究中心主任
國家文官培訓所編輯委員
公務人員保障及培訓委員會組織改革規劃小組委員

林煥笙

【學歷】

國立政治大學公共行政學系博士生
國立中興大學國家政策與公共事務研究所碩士

彭懷恩

【現職】

世新大學新聞學系教授

【學歷】

國立台灣大學政治學博士

【經歷】

中國時報主筆

時報雜誌總編輯
中央社董事
世新大學新聞系主任
世新大學新聞傳播學院院長

周志杰

【現職】

國立成功大學政治系暨政治經濟研究所副教授
中華人權協會常務理事兼兩岸交流委員會主委

【學歷】

美國紐約州立大學水牛城分校政治學博士

【經歷】

中國人權協會理事
中華民國國際法學會後補理事
美國紐約州立大學Fredonia分校政治系講師
美國紐約州立大學Geneseo分校政治系講師

高永光

【現職】

考試委員
國立政治大學國家發展研究所專任教授
國立政治大學社會科學院國防事務研究中心主任
中國人權協會常務理事

【學歷】

國立政治大學政治研究所博士
美國紐約大學政治學博士候選人
美國哈佛大學甘迺迪政府學院（John F. Kennedy School of Government）
「國家與地方政府高級管理人才密集班」（Senior Executives in State and Local
Government）結業（2007）

【經歷】

行政院公民投票審議委員會主任委員

國立政治大學台灣研究中心主任（2004-2009）

國立政治大學社會科學學院院長（2004-2008年）

國立政治大學中山人文社會科學研究所所長（2000-2002年）

國立政治大學社科院行政管理碩士學程執行長（2002-2004年）

財團法人國家發展研究文教基金會執行長

財團法人大時代文教基金會執行長

中國地方自治學會秘書長

葛永光

【現職】

監察委員

國立台灣大學政治系暨國家發展研究所教授

美國中國研究協會（AACS）理事

香港珠海書院亞洲研究中心審議委員

香港珠海書院「亞洲研究」（Asian Studies）編輯顧問

【學歷】

美國威斯康辛大學政治系博士

【經歷】

行政院公投審議委員會委員

世界自由民主聯盟世界總會暨中華民國總會秘書長

中華民國自強協會秘書長

鏡社社長

國立台灣大學國家發展研究所所長

國大主席團主席

行政院研考會委員

國際青年民主聯盟副主席

國民黨中央委員、考紀委員、北知青黨部書記長

救國團總團部學校組組長、指導委員

張佑宗

【現職】

    國立台灣大學政治學系副教授

    財團法人台灣民主基金會國內組主任

    亞洲民主動態調查（Asian Barometer Survey）計畫共同主持人兼執行秘書

【學歷】

    國立政治大學政治所博士

【經歷】

    國立中正大學政治學系助理教授

    國立台灣大學政治學系助理教授

目錄

第一章

憲政主義與台灣民主化

周育仁

壹、古典民主與經驗民主

熊彼特（Joseph Schumpeter, 1942）在 *Capitalism, Socialism and Democracy* 一書中，將民主理論區分為古典民主理論與經驗民主理論。古典理論主要論述為：（1）假設全體選民是同質的（homogeneous），具有相同社會特質，一致具備民主制度所要求之條件；（2）民主國家公民之政治行為是理性的，且具備豐富政治知識；人民對每項政策皆有理性意見，且試圖透過民意代表監督其意見是否被政府執行；（3）人民有強烈參政動機，且積極參政；（4）選民會根據某些原則作理性投票；（5）藉積極參與公共事務，方能袪除私欲，重視公益（呂亞力、吳乃德，1993）。

經驗民主理論則立基於經驗事實基礎上，該理論批判古典理論：（1）缺乏實證基礎；（2）過於強調民主政治之道德功能，致使人對民主制度產生不切實際之期望，因而導致失望或疏離感。經驗理論核心主張為：（1）民主社會多數公民對政治並無興趣，不具備豐富政治知識，也不會積極參與政治；多數公民對政治並無影響力，權力主要是掌握在菁英手中；（2）民主政治不需高度政治參與；適度參與即有助於維持參與和服從二種角色之平衡；為使官員對人民負責，民眾應透過投票選擇官員；（3）維持溝通管道有助於促使官員重視民意，確保民眾對政治體系之掌握；（4）高度政治參與使社會關係政治化，對社會反而有害；（5）適度政治參與使菁英有責任確保民主憲政之成功運作；菁英必須遵守民主規

範與競賽規則；（6）民眾的適度參與政治，能防止菁英濫權。熊彼特認為，民主制度之主要目的應在賦予選民政策最終決定權。選民可透過選舉影響政府組成，進而影響政策決定。透過選舉，政府應交給獲得多數民眾支持者統治；惟多數之決定不必然能表現全民的意志（呂亞力、吳乃德，1993）。

貳、代議民主的特徵

　　古典民主代表是希臘的直接民主，由人民直接參與政治活動[1]。在現代社會，除規模較小的基層政治活動，或是特定重要政治議題可透過公民投票方式，讓民眾直接參與外，絕大多數政治活動並不具備讓民眾直接參與的條件[2]。我國在2003年通過「公民投票法」後，不斷出現「公投綁大選」，直接民主淪為選戰工具。由於直接民主執行成本甚高，且仍存在許多問題有待克服[3]，間接民主或代議民主，乃成為民主社會之妥協參政方式。根據Roskin等學者的看法，代議民主有幾項重要特徵（Roskin et al., 2010; Ranney, 2001）：

一、主權在民

　　政府職務或政治權力非來自繼承，而係來自人民選舉的支持。透過定期改選，人民得以主導官員與政黨去留。惟有獲得人民支持，才能續任。人民即便未直接參與政府日常事務，仍能透過定期改選迫使官員重視民眾

---

[1] 希臘直接民主之參與者，其實僅限於年滿二十歲，且在雅典出生的男性公民，女性、奴隸都無權參與。

[2] 瑞士是實施直接民主最具代表性的國家。在2003年5月18日一天之內，瑞士民眾就針對了軍隊現代化、改革民防、繼續使用核能等9項議題進行公投，投票率為48.3%。在瑞士，只要10萬人連署，就可舉行公投進行修憲，5萬人連署即可透過公投修改政府法令。請參閱聯合報，2003.5.20，A14版。

[3] 請參閱本書第十一章高永光，「直接民主的嘗試與困境」。

需求，並讓官員瞭解其權力來自人民，負責對象也是人民。在民主社會，人民擁有最高權力。

二、政治競爭

民主社會選舉應屬差額競選，人民可在不同政黨候選人間取捨。若不具備政治競爭條件，人民即便有選舉權，也無法真正當家作主。惟有具備政治競爭，人民才能透過定期改選監督制衡政府與官員。

三、權力更迭

民主社會沒有永遠的執政黨，也沒有永遠的反對黨。今日的執政黨可能變成明日的反對黨；今日的反對黨也可能變成明日的執政黨。執政黨應尊重反對黨，並容忍其不同主張；反對黨也需承認其為少數，妥善扮演忠誠反對黨角色。惟有朝野具備上述認知，方能維持民主政治的穩定發展與權力的和平轉移。

四、人民代表

在代議民主下，人民選舉民意代表為其喉舌，並扮演保護人民利益的角色。至於民意代表應如何決定其立場，一種看法是民意代表應根據選民意向行動。表決前應將相關方案告知選民，由選民決定何者較佳，民意代表必須根據選民決定行動。另一種看法則認為，選民對許多議題根本沒意見，應由民意代表自行選擇對選民整體利益最佳方案[4]。就前者而言，由於當選者無法掌握誰是支持他的選民，並不可行。即便可行，也不可能事事先徵詢民眾看法，民眾也未必有能力對專業性法案提供看法。一般以為，民眾可透過對政黨與候選人的支持，影響政策方向。至於政策細節與具體內容，則應委由民意代表代勞。

---

[4] 請參閱周育仁，2010，第七章第一節之（四）。

五、多數決

民主社會民眾利益不一，對政府政策自難取得完全共識，是以政府決策的原則應是多數決。在多數決原則下，少數應服從多數，多數應尊重少數。惟有些事情不允許多數決，例如不能賦予某些人較大投票權、禁止某些人表達意見權利，或是取消自由選舉；更不能剝奪某些人自由，或是妨礙正當司法程序。對於絕對多數原則，如以三分之二或四分之三多數通過某些決定，蘭尼認為違反人民主權與政治平等原則，使少數的三分之一或四分之一能否決多數。此種否決權，使反對者的投票權大於贊成者的投票權（Ranney, 2001），似乎不公平。惟為避免憲法因為經常修改，以致影響政局穩定，透過絕對多數進行修憲似仍有其必要性。

六、表示異議與不服從的權利

政府存在目的是為人民謀福祉，若政府無法提供民眾滿意服務，人民自有權反對政府施政。美國獨立宣言明白揭櫫「所有的人皆有革命的權利，易言之，當政府專制或無效率大到不能容忍時，人民即有權拒絕服從政府與對抗政府」；甘地領導的不合作運動與金恩博士領導的非暴力抵抗運動，均係此種權利之表現。

七、政治平等

政治平等係指每位民眾皆有均等機會參與政府決策、參與公職競選。惟這並不意味每人有相同政治影響力，因為每人資源多寡有別，影響力大小自不同。就投票而言，每一公民皆有投票權，每張選票價值亦相等，不能因貧富、貴賤、教育程度高低而有所不同。惟就參選而言，並非每人皆有公平參與機會。例如參選立委動輒需上億元，縣市長選舉也所費不貲，並非人人皆能負擔。

八、大眾諮商

在民主社會，領導者深刻瞭解，若要有效施政，就必須掌握民眾需求，並依民眾需求作出適當回應。易言之，人民有權決定何種政策最符合渠等利益。為正確掌握民眾需求，政府應透過民意調查等方式掌握民意，並透過大眾傳播媒體等與民眾對話，政府亦可透過公聽會等方式瞭解民意。

九、新聞自由

判斷一個社會是否民主的最直接方式，即是觀察其新聞自由程度。新聞自由程度愈高，就愈民主。就我國而言，戒嚴時期新聞自由程度不高，報禁與警總的審查制度，嚴重限制新聞自由。報禁解除後，新聞自由大幅提高，對政府與領導人之批評不再被視為禁忌，此象徵我國民主政治已大幅進步。有人擔心新聞自由會導致媒體濫用第四權，不利於民主政治發展。有人則認為不需過慮，媒體間的競爭與制衡，將限制媒體作不公正與不客觀之報導。

根據以上述九項代議民主特徵，不難理解民主強調的是主權在民與決策過程的公平、公正與公開，而非決策結果。在民主制度下，政府權力根據憲法受到限制，人民權利根據憲法受到保障，人民並可透過政治參與追求自我利益的極大化。根據前述九項特徵檢視我國各方面之表現，應能發現我國已具備代議民主的各項條件。

參、憲政主義在我國面臨之挑戰

除上述關於代議民主特徵之探討外，美國政治學者Samuel Huntington則認為，當一國最高領導人是透過公平、公正、公開的定期選舉方式產生，即可謂之民主國家（Samuel Huntington, 1991）。根據上述標準，我

國總統自1996年起改由人民直選產生，至今已舉辦過四次總統選舉，並在2000年與2008年出現兩次政黨輪替，應已符合上述關於民主國家之定義。其間雖曾在2004年3月19日出現「兩顆子彈」影響選舉結果的疑雲，但我國民主政治並未因此重挫，仍繼續向前邁進。根據Freedom House所出版的*Freedom in the World 2011*，我國仍持續被歸類為"free country"[5]。

民主政府被認為是「有限政府」（limited government），亦即政府權力是有限的。制訂憲法目的之一就是建構政府並賦予權力。然而，有憲法並不保證憲法能被落實。極權或威權國家憲法雖對政府權力有所限制，對人民權利有所保障，惟實際運作卻是政府權力不受限制，人民權利不受保障。是以有憲法的國家，不必然實施憲政主義（constitutionalism）。只有政府權力確實依憲法受到限制，人民權利依憲法受到保障，才是真正落實憲政主義的立憲政府（constitutional government）[6]。是以民主國家領導人固需依Huntington之主張方式產生，選出之領導人及其政府還必須恪遵憲政主義規範，遵憲與行憲，方能謂之民主國家。就此而論，我國在2000年至2008年少數政府時期，由於領導人經常逾越憲政規範，致使朝野、行政立法間衝突不斷，施政責任不明，導致憲政民主之倒退。

負責起草憲法的張君勱先生認為，我國憲法中的總統，是介於美國總統制與法國（指第四共和）總統制間的制度，政府體制是「修正式內閣制」（張君勱，1997）。過去經驗顯示，當總統與立法院多數黨同黨時，政府體制會因為政黨政治運作傾向總統制（只有蔣經國擔任行政院院長時傾向內閣制）。在同黨時，無論體制傾向何制，皆能正常運作。

一、少數政府逾越憲政主義

我國自1991年起經歷了七次修憲，遺憾的是，關於政府體制的爭議

5　所謂 "free country" 係指 "one where there is open political competition, a climate of respect for civil liberties, significant independent civic life, and independent media." 請參閱http://www.freedomhouse.org/images/File/fiw/FIW_Overview_2011.pdf。

6　請參閱Roskin *et al*., 2010, ch.4.

迄今仍未根本解決。1997年修憲後，總統任命行政院院長不再需立法院同意，如總統與立法院多數黨仍屬同黨，政府運作並無問題。惟當總統與國會多數黨不同黨，總統又拒絕多數黨組閣時，政府運作就會出問題。無論根據憲法本文或增修條文，行政院都是政府最高行政機關，且憲法明文規定行政院負責對象是立法院，並非總統。如總統拒絕多數黨組閣，不但無法落實行政院對立法院負責的憲政精神，也將導致政府施政陷於癱瘓[7]。

五十年前張君勱先生就擔心我國是否有實行憲法的能力，擔心國人將憲法視為具文。根據憲政主義的精神，他強調政府權力應受憲法限制，政府領導人應遵循基本大法的憲法[8]。令人遺憾的是，五十年後的今天，少數政府逾越了憲政主義分際，對我國民主憲政發展產生負面影響。陳水扁總統所屬政黨在立法院席次未過半，卻堅持少數政府。少數執政黨為反制立法院多數在野黨，乃不斷透過民粹方式對立法院多數黨施壓，要求多數黨支持執政黨政策與法案，嚴重違背「少數服從多數」之民主原則。如多數黨不支持行政院政策，即被冠以「為反對而反對」、「輸不起」、「惡意杯葛」、「野蠻」等大帽子，藉此醜化在野黨，也因而激化朝野政黨與行政、立法衝突。

少數政府時期，行政院重大政策不但很難獲得立法院支持，行政院也無法透過覆議機制反制立法院多數黨主導通過之決議。覆議的原意是為解決行政立法間重大爭議，1997年修憲將覆議門檻降低為全體委員二分之一，且覆議失敗，行政院長也無須辭職。覆議制原是總統制產物，總統只要掌握三分之一國會議員，即便無法主導法案，也不會受制於國會多數在野黨。覆議門檻改為二分之一後，行政院長若無法獲得全體立委二分之一支持，就無法透過覆議推翻立法院決議。在我國覆議的經驗中，2000年政黨輪替前國民黨穩居立法院過半多數，覆議都能成功。2000年政黨輪替

---

[7]　陳總統籌組的少數政府，由於無法獲得立法院多數黨支持，缺乏有效運作條件。施明德批評陳總統之作法是把人民當作白老鼠（聯合報，2000.11.21，第四版），進行憲政實驗。另請參閱周育仁，2011。

[8]　請參閱張君勱，1997，第一、二講。

後，民進黨少數政府除財劃法覆議成功外，其餘四項覆議案皆告失敗，而未提覆議之決議，即便提出恐也無法推翻立法院原決議。凡此皆顯示1997年修憲後的覆議制度不利於少數政府。行政院一旦覆議失敗，理應依憲法規定「接受該決議」，惟實際狀況卻是行政院消極不執行立法院決議（如319真調會條例），以致立法院決議實施成效不彰，行政院卻將責任歸咎於立法院決議窒礙難行，破壞憲法中行政院對立法院負責之規範。

　　民進黨政府經歷數次覆議失敗後，乃改以聲請釋憲或行使抵抗權等方式杯葛立院決議。此外，行政院欲推動的事項，如廢核四、中正紀念堂及中華郵政改名等，由於得不到在野黨支持，行政院乃逕以逾越憲政規範之行政命令強渡關山，試圖迴避憲法所設計立法院對於行政院之監督機制。1997年修憲雖提供總統籌組少數政府機會，惟就憲政主義而言，少數政府根本無法落實憲法規範之行政院對立法院負責精神。在少數政府時期，由於行政院和立法院多數黨屬於不同政黨，也會有責任不明問題。行政院認為立法院杯葛政府施政，立法院則認為行政院不尊重立法院通過的決議，以致責任不明，影響憲法所設計行政院對立法院負責的機制。

　　馬英九在2008年總統大選時宣示，其所屬政黨若未能掌握立法院多數，當選後將任命多數黨人士組閣，此一宣示符合我國憲政體制的規範與憲政主義的精神，若能形成慣例，將有助於憲政民主的發展。馬英九在2008年贏得總統大選，且其所屬政黨贏得立院七成席次，重回多數政府。未來總統候選人若皆能作出相同承諾，將有助於建立多數政府的憲政慣例，避免再度出現無法落實憲法所規範行政院對立法院負責的少數政府。朝野政黨與民眾若不能記取少數政府時期出現的各種違反憲政主義之弊病，我國憲政民主之發展恐仍有變數。

二、立委選舉制度之調整

　　上述代議民主特徵中多項與選舉有關，以我國而言，其中較受關注者為總統與立法委員的選舉。1947年選出的國民大會代表與立法委員，由於內戰遲遲無法改選，以致出現「萬年國會」。1969年後雖以增補選方

式增加台灣地區立法委員，最終還是難敵民主化壓力，於1992年全面改選。2005年之前，立法委員選制採大選舉區與政黨比例代表一票制，區域與原住民選舉為多名額選區、單記、比較多數當選制，不分區與僑選為政黨比例代表制，並依各政黨推薦區域與原住民候選人得票比率，分配不分區與僑選名額（謝相慶，2000）。從比較選舉制度角度分析，原有選制屬「單記不可讓渡複選區制」（Single Non-Transferable Vote under Multi-Member-District; SNTV-MMD），投票結果與席次分配經常符合比例性，主要政黨雖可能過度代表，但小黨也有一定生存空間（王業立，1999）。薩托利認為該制是一種比例代表制（Sartori, 1976）；李帕特則認為該制是一種半比例代表制（Lijphart, 1994）。

一般而言，單記不可讓渡複選區制有助於具有嚴密組織與強大配票能力的政黨爭取與維持穩定多數[9]。然而，該制存在許多問題，甚至影響到政黨政治與民主發展[10]，例如：當選門檻低，選票基礎薄弱；候選人與當選人易與特定族群或利益團體掛勾；防賄功能差；政黨比例代表正當性不足；選票不等值，違反選舉平等原則；容易造成同黨相爭，影響政黨政治之健全運作；與易受非理性因素操控，影響選舉結果[11]。

針對原有選制缺失，1996年召開的國家發展會議主張「中央民意代表選舉制度採單一選區制與比例代表制二者混合的兩票制」，亦即朝向單一選區兩票制方向規劃，惟朝野對於應採德國聯立制或日本並立制有相當大歧見。1997年修憲時，國民黨主張將立法委員選制調整為並立式單一選區兩票制，惟由於民進黨堅持聯立制，致未能完成選制改革；民進黨執政並於2001年成為立法院第一大黨後已改為支持並立制[12]。國民黨向來主

---

[9] 請參閱王業立，1999，頁153。

[10] 請參閱周育仁，2010，第十二章。

[11] 請參閱政府改造委員會第五次會議資料，2002.5.5，頁10-13。

[12] 民進黨之立法委員，也未必支持單一選區。在現制之下，候選人只需獲得特定選民支持就有機會當選。改為單一選區後，必須最高票才能當選，現任立委能否在新制之下順利當選，充滿許多變數。職是之故，立委是否會支持單一選區，充滿不確定性。有立委指出：實施單一選區兩票制的最大障礙就是立法委員自己。聯合報，2002.4.13，第四版。

張並立式單一選區兩票制,該黨連戰主席在2000年底出版的《新藍圖新動力》一書中,即明確指出立委選舉制度「應調整為日本的並立式單一選區兩票制,同時,單一選區席次應高於政黨比例代表席次。」(連戰,2000)歷經總統大選與立委改選,國民黨雖喪失執政權與第一大黨優勢,該黨支持並立式單一選區兩票制的立場未曾改變。

2005年修憲結果,立委選制改為「並立式單一選區兩票制」,其中單一選區選出七十三席,採相對多數當選制,比例代表三十四席,以全國為選區,採取「封閉式政黨名單」。為確保女性參政空間,國民黨主張不分區女性當選名額不得低於一半,並順利入憲。2008年選舉結果,國民黨掌握立法院七成以上席次。由於隨後的總統選舉代表國民黨參選的馬英九也獲勝,進而在5月組成國民黨多數政府,結束了過去八年的少數政府憲政亂象。惟就政治平等而言,由於修憲規定「每縣市至少一人」,以致出現離島選民以幾千票即可選出一位立法委員,而有的縣人口超過四十萬人也只能選出一位立法委員,似不盡符合票票等值原則。對照美國參議員選舉,不論大州或小州,每州都只選出兩位參議員,此雖顧及州與州間的平等,但似也無法兼顧票票等值原則,此顯示在實際政治運作中要完全落實政治平等並不容易。

三、總統直選不等於總統制

在總統選舉方面,1994年修憲規定總統自第九任開始由人民直接選舉產生;也規定總統發布依法經國民大會或立法院同意人員之任免命令,無須行政院院長副署。此項調整雖削弱了行政院院長部分權力,惟並未將政府體制調整為總統制,行政院院長對總統公布法律與發布命令之副署權仍在,行政院院長對立法院負責的機制也未改變。總統直選後,有人認為政府體制已隨之轉換為總統制,其實不然。總統改為直接民選後,憲法並未將政府體制調整為總統制,朝野對總統制也並無共識[13]。

───────────

[13] 根據郝柏村的說法,1992年3月在台北賓館所達成的協議:總統直選並不代表是總

　　有人以為總統直選後政府體制就會變成總統制，總統所屬政黨就是執政黨[14]。就他國經驗觀之，奧地利、愛爾蘭、冰島、新加坡與葡萄牙總統都是直選產生，但皆非總統制國家，此顯示選舉方式與總統權力大小或政府體制無關。總統改為直選，並不等於政府體制轉變為總統制（周育仁，1996）。

　　就憲政主義而言，政府官員權力來自憲法，與民意多寡並無直接關係[15]。總統直選雖擴大總統民意基礎，惟強化的係總統行使憲法所賦予其權力的正當性基礎；其權力不會因直選變大，也不會因直選就變成實權總統。我國總統直選後，由於憲法並未在政府體制上配合調整，總統權力與直選前其實差異不大。若無立法院多數黨支持，直選總統的權力相當有限。就行政院人事而言，憲法規定是由行政院院長提請總統任命之。根據司法院第387號解釋文，「行政院副院長、各部會首長及不管部會之政務委員，則係由行政院院長依其政治理念，提請總統任命」。此明確表示，內閣人事由行政院院長主導，並對其負責，總統不應干預行政院院長人事權。在立法院多數黨黨魁擔任總統情況下，行政院院長人事權，會因政黨政治運作，實質上受制於總統。惟若總統與行政院院長分屬不同政黨，總統就應尊重行政院院長之人事權，否則將破壞行政院對立法院負責的機

統制。中國時報，1994.4.22，第二版。國民黨修憲策劃小組執行秘書施啓揚亦指出：總統選舉方式與中央政府體制並無關係，總統直選後並不當然成為總統制。中國時報，1994.4.24，第四版。前立法院院長劉松藩指出，總統直選並未增加總統職權，即便行政院院長改由總統直接任命，也未改變行政院向立法院負責的憲法規定。中國時報，2000.11.14，第二版。

[14] 行政院研考會主委林嘉誠曾發表類似主張，2000.10.1，中國時報。陳水扁總統經常舉美國總統為例，為其主導行政院人事背書，顯示其以總統制之下的總統自居。惟美國內閣人事係由總統提名，送參議院聽證同意後方能任命，總統無權直接任命閣員。

[15] 荆知仁教授認為我國係採行成文憲法的國家，是以無論總統如何產生，其所行使的權力必須有憲法上的依據。荆知仁，1996，頁4。謝復生教授指出：根據現行憲法，政治權力的重心是在立法院與行政院，總統直選並未改變此一事實，不能因總統直選就不依法辦事。謝復生，1995，頁7。陳水扁當選總統後，強調總統權力來自人民，行政院院長權力來自總統，並不符合憲政主義之精神。請參閱周育仁「總統權力來自憲法不是來自人民」，中華日報，2000.4.5，第四版。

制。即便總統直選後，此一原則並未改變[16]。

以上分析顯示，總統直選後我國政府體制運作的重心仍應是立法院和行政院，只有在立法院多數黨黨魁擔任總統情況下，才會透過政黨政治使政府體制實際運作偏向總統制。換言之，總統直選後決定執政黨誰屬的選舉，依憲政規範之設計，應是立法委員選舉，而非總統選舉。根據前述「多數決」原則，掌握國會過半席次的政黨本來就有權主導法案決議，總統若任命國會多數黨領袖組閣，行政院所提法案自然較易獲得國會支持，也能落實行政院對立法院負責的憲政機制。惟若無黨籍或立法院少數黨人士當選總統，又拒絕讓立院多數黨組閣，迫使國會多數黨擔任在野黨，由於總統或其所屬政黨無法強迫立院多數服從少數，自無力主導立法院議事，政府將缺乏有效運作條件，甚至陷於癱瘓，2000-2008年少數政府的慘痛教訓就是最佳的例證。

根據憲法增修條文，總統直選後政府權力仍掌握在行政院與立法院，總統權力依憲法並未明顯擴張。總統與行政院院長之關係、行政院與立法院之關係、總統與立法院之關係仍維持直選前架構。李登輝總統與馬英九總統具有實權，除了有民意基礎外，關鍵還是在於其係立法院多數黨黨魁。陳水扁總統由於未能掌握立法院過半席次，是以即便擔任民進黨黨

---

[16] 有人認為總統直選後，必然大權在握。在第九任總統選舉過程中，四組人馬無不視總統為實權總統，皆提出許多治國理念與政策主張。請參閱荊知仁，1996，頁2-5；楊日青，1996，頁12-13。林洋港雖主張內閣制，惟其對民選總統角色的認知仍然認為具有實權。林洋港表示：當選後將提名陳履安擔任行政院長；此外，要改革中央政府體制，將勞委會升格為勞工部、農委會升格為農業部、衛生署改為婦女衛生福利部、文建會升格為文化部、環保署升格為環境部，聯合晚報，1996.3.20，第四版。上述看法顯示林洋港認為總統有權主導政府人事與制度。在新黨僅有十一席立委、且在國民大會居於少數的情況下，林洋港上述構想完全不切實際。此一問題也同樣出現在陳履安身上，試圖建立服務性政府，將台灣建設為東方瑞士。這充分顯示各總統候選人對民選總統的角色，皆有過高期望。第十三任總統選舉中，親民黨宋楚瑜之參選，也同樣存在上述問題。由於親民黨在立法院幾乎沒有席次，即便宋楚瑜當選，若學陳水扁搞少數政府，政府將完全缺乏運作條件。若同意由立法院其他多數黨組閣，總統則將淪為虛位元首。換言之，在我國現行體制之下，由於缺乏立法院的支持，獨立總統候選人即便當選，也很難有所作為。

魁，也無法扮演實權總統角色或主導立法院議事。一味想當實權總統的結果，就是逾越憲法所設計的「行政院對立法院負責」與「多數決」原則，試圖以民粹等方式對抗立法院多數黨，蓄意製造行政、立法衝突。陳水扁執政期間，不斷挑戰憲法規範，試圖以「憲政實踐」造成事實，進而取代「憲政規範」，其實都有違憲政主義之精神。

四、族群衝突衝擊憲政主義

吳重禮教授在本書第七章「族群意識對台灣民主化之影響」指出，「台灣政治的核心議題即為族群政治」，民主化後「台灣族群議題的重要性與敏感度似乎並未降低……基於族群的政治結構，形成尖銳激化的藍綠政黨立場，近年來有益形明確的趨勢，成為嚴重的社會分歧，阻礙社會共識的形成」（吳重禮，2011）。嚴格來講，絕大多數本省人與外省人在血緣上都是漢族，只是先來後到有別而已，之間並無族群差異。如今演變成族群之爭，固然與台灣光復初期二二八事件有關，政治人物的刻意操作恐怕才是導致族群衝突對立的罪魁禍首。影響所及，國民黨變成代表外省人的政黨，民進黨則代表本省人，政黨之爭被不當簡化為本省人與外省人的藍綠、統獨之爭。所謂「台灣人選台灣人」、「賣台」的訴求，更是極力撕裂族群融合。某些政治人物與政黨為求勝選，不惜激化族群衝突對立，以實現一黨或一己之私。少數政府期間，執政黨為對抗立法院多數在野黨，訴諸族群衝突對其而言更是本小利大的手段，對在野黨也產生相當程度嚇阻效果。問題是：訴諸族群就如同吸嗎啡一般，這也是為何在我國已然民主化的情況下，族群衝突仍不斷衝擊我國憲政民主之鞏固。透過族群意識的加持，少數政府直接、間接衝擊了我國的憲政規範，影響行政對立法之負責，並削弱了立法院多數有效主導立法之能力。換言之，族群衝突儼然已成為逾越憲政規範的幫兇。

五、媒體淪為政治工具

1988年1月1日政府解除報禁，象徵我國新聞自由往前邁進。新聞自

由固有助於推動我國民主化之發展，然而，誠如彭懷恩教授在本書第九章所述，自由化後我國媒體出現了「政治平行主義」，媒體與政黨間出現連結（彭懷恩，2011）。政黨統獨、藍綠之爭，也反映在媒體的立場。特定媒體政黨立場分明，各擁視聽大眾。前述有人擔心新聞自由會導致媒體濫用第四權，有人則認為媒體競爭與制衡，將限制媒體作不公正與不客觀報導，我國經驗顯示，新聞自由似無法確保媒體不會濫用第四權，媒體競爭也無法限制媒體作不公正報導。特定媒體淪為政黨傳聲筒，不少視聽大眾只會選擇閱讀或收看特定媒體。影響所及，媒體與民眾只問政黨或統獨立場，不問是非。部分媒體非但無法提供正確資訊，反而試圖激化政黨或統獨對立。在此情況下，政府或政治人物任何逾越憲政規範的行為，都可以因為「政治正確」，免於受到立場相同媒體之批判，甚至獲得媒體聲援。此種惡質化的媒體生態不但削弱了媒體公信力，也助長特定政黨與政治人物逾越憲政規範之行為，若不能改善，必將不利於我國憲政民主之繼續發展與鞏固。

肆、結　論

根據本書各章之介紹與分析，不難發現我國已具備代議民主之各項條件。惟若以1996年總統直選作為我國民主化之基準年，迄今也只不過15年，期望我國民主能一步登天，與歐美先進民主國家並駕齊驅，顯然過於理想。作為一個新興民主國家，在我國民主化過程中，仍存在不少障礙與挑戰。兩岸關係所引發的國家認同危機，導致統獨、藍綠、族群之爭，甚至政黨惡鬥，凡此都不利於我國憲政民主之深化與鞏固。

我國現階段民主化，除面對兩岸關係帶來之衝擊外，更大的問題其實來自國內政黨與政治人物對於憲政規範的挑戰。少數政府時期，政治人物無視於憲法的規範，一味試圖逾越憲法，擴張總統或行政部門的權力，甚至試圖透過民粹、族群衝突、藍綠對峙，削弱立法院對行政院之監督制衡，或違反「多數決」原則強迫立法院多數黨支持少數政府，不但不符憲

法所規範「行政院對立法院負責」機制，更導致責任不明，影響民眾對執政黨之課責，不利於正常政黨輪替。

　　要深化與鞏固我國憲政民主之發展，基本前提是政治人物必須遵守憲政規範，絕對不可企圖以「憲政實踐」造成不符憲法規範之事實，再以此為藉口企圖否定或修改憲政規範。我們相信：惟有政治人物甘於服從憲法，願意接受憲法對政治權力的約制，方能確保憲政民主之永續發展與鞏固。馬英九總統堅持「遵憲、行憲、不修憲」，我們希望其他政治人物也有相同主張，如此則國家之大幸也。

參考書目

中文部分

王業立，1999，〈立委選舉制度改革之探討〉，《理論與政策》，第50期。

呂亞力、吳乃德編譯，1993，《民主理論選讀》，台北：風雲論壇出版社。

吳重禮，2011，〈族群意識對台灣民主化之影響〉，《台灣民主化的經驗與意涵》，台北：五南圖書出版有限公司。

周育仁，1996，〈總統直選對我國憲政體制之影響〉，《問題與研究》，第35卷第8期。

周育仁，2000，〈總統權力來自憲法不是來自人民〉，《中華日報》，4月5日，第四版。

周育仁，2010，《政治學新論》，第三版，台北：翰蘆出版公司總經銷。

周育仁，2011，〈行憲以來我國行政立法關係之演變——憲政規範與實際運作經驗分析〉，《2011年台灣展望》，台北：財團法人國家政策研究基金會。

高永光，2011，〈直接民主的嘗試與困境〉，《台灣民主化的經驗與意涵》，台北：五南圖書出版有限公司。

荊知仁，1996，〈憲法修改與憲政改革獻言〉，《政策月刊》，第12期。

楊日青，1996，〈總統直選與行政立法之關係〉，《政策月刊》，第12期。

彭懷恩，2011，〈新聞自由與台灣民主化〉，《台灣民主化的經驗與意涵》，台北：五南圖書出版有限公司。

連戰，2000，《連戰的主張——新藍圖新動力》，台北：天下文化。

張君勱，1997，《中華民國民主憲法十講》，台北：洛克出版社。

謝復生，1995，〈內閣型態與憲政運作〉，《問題與研究》，第34卷第12期。

謝相慶，2000，〈立法委員選舉制度改革〉，台北：智庫研究報告（台北），2000年9月16日。

英文部分

Freedom House, 2011, *Freedom in the World 2011*, http://www.freedomhouse.
org/images/File/fiw/FIW_Overview_2011.pdf.

Huntington, Samuel P. 1991. *The Third Wave: Democratization in the Late
Twentieth Century*. Norman, OK: University of Oklahoma Press.

Lijphart, Arend.1994. *Electoral System and Party System: A Study of Twenty-
Seven Democracies, 1945-1990*. New York: Oxford University Press.

Ranney, Austin. 2001. *Governing: An Introduction to Political Science*. Upper
Saddle River, New Jersey: Prentice-Hall, Inc.

Roskin, Michael G. *et al*. 2010. *Political Science: An Introduction*. Englewood
Cliffs: Prentice-Hall International, Inc.

Sartori, Giovanni. 1976. *Parties and Party Systems: A Framework for Analysis*.
Cambridge, England: Cambridge University Press.

Schumpeter, J. A. 1950. *Capitalism, Socialism and Democracy*, N.Y.:Harper &
Row.

第二章

憲政改革的回顧與展望

隋杜卿

壹、前　言

　　中華民國成立於1912年，也是亞洲第一個民主共和國。雖然從1912年開始陸續有「臨時政府組織大綱」、「臨時約法」、「天壇憲草」，乃至1923年10月10日第一部「中華民國憲法」的頒佈（荊知仁，1984：215-265），但其間亦有袁世凱稱帝改元、張勳復辟、曹錕賄選以及軍閥割據等亂政事件，使得立憲運動與制憲大業困阨無成。

　　殆至1928年國民政府北伐成功後，初步完成了國家統一的目標，便依據孫中山先生制訂的革命方略[1]，除於1931年6月1日公布「中華民國訓政時期約法」外，並於1933年1月成立憲法起草委員會，積極進行憲法起草工作，而後乃有1926年5月5日「中華民國憲法草案」（五五憲草）的公布，並決定於1927年11月12日召開國民大會制憲（荊知仁，1984：414，427），惟又因對日抗戰爆發而推遲。

　　1945年8月日本無條件投降，1946年1月召開跨黨派的「政治協商會議」，提出憲法草案修改的十二項原則，作爲修改五五憲草的基礎，復經朝野數度協商後，通過「政協會議對五五憲草修正案草案」，國民政

---

[1] 孫中山先生制訂的革命方略，最早出現於1906年中國同盟會的「軍政府宣言」，首次將革命程序分爲三個時期：「軍法之治」、「約法之治」與「憲法之治」。但一般多以1924年孫中山先生手書之「建國大綱」中所提出之「軍政時期」、「訓政時期」以及「憲政時期」爲定。

府逐於11月28日提交制憲國民大會審議，12月25日三讀通過「中華民國憲法」，並決議訂於1947年1月1日公布，同年12月25日實施，國家正式邁入憲政時期。

　　然行憲初起即遭逢中共叛亂，國民大會為使「行憲與戡亂不悖」，逐有1948年「動員戡亂時期臨時條款」的制訂。政府遷台後，臨時條款又歷經4次修正，直至1991年國民大會通過「中華民國憲法（第1次）增修條文」，並決議廢止「動員戡亂時期臨時條款」，同年4月30日李登輝總統依照國民大會之咨請，明令宣告動員戡亂時期將於同年5月1日零時終止。

　　「中華民國憲法增修條文」於1991年制訂後迄今，又分別於1992年、1994年、1997年、1999年、2000年以及2005年等進行多次修訂，其中1999年第5次增修條文因「違反修憲條文發生效力之基本規範；……為自由民主憲政秩序所不許」，而為司法院釋字第499號解釋宣告：「應自本解釋公布之日起失其效力」，其餘各次修訂內容對當前我國自由地區[2]政治運作的各個層面，諸如政府組織架構、權力配置、政黨體系……等，都產生了重要的影響。

貳、「憲政改革」的意涵

　　「憲政改革」並不是一個新興的詞彙，而且以「憲政改革」或「Constitutional Reform」為題的中外學術文獻可謂汗牛充棟，但截至目前為止，少有政治學典籍給予「憲政改革」一詞精確的定義，更遑論已構成一套理論。

　　有學者曾經對「憲政改革」提出過如下的定義：「所謂『憲政改革』，即是透過『改革』途徑進行憲法內容的調整。」（周世輔、周陽山，1992：201）。而改革的途徑，依據「憲法變遷」的概念，又可以分

2　這是依據憲法增修條文第1條、第2條、第4條、第11條及第12條的規定，對我國當前政府統治權行使範圍所使用的詞彙。

爲正常與不正常的變遷途徑；前者主要有下列幾種：制訂新憲法、正式修改憲法、經由立法補充憲法規範、憲法解釋、由慣例修改憲法；而後者的表現型態可以歸納爲：憲法凍結、憲法廢除、憲法破棄以及憲法侵害（隋杜卿，2007：149-62）

　　如果以上述「憲政改革」的意義來檢視，那麼從民國成立後至1947年之間的歷次立憲運動的推展，撇開部分政治菁英包藏禍心的私慾不論，確有期望憲法的制訂能夠建立新的政治秩序，以達成國家長治久安或人民安居樂業的理想，從這個角度來說，也與「憲政改革」的概念若合符節。而現行憲法於1947年制訂、頒布、實施後，動員戡亂時期臨時條款的制訂與歷次修改，司法院頒布多號對憲政運作產生重大影響的解釋[3]，也可以說各有其當時的現實需要，也不能否認其具有「憲政改革」的意涵。

　　不過，本章所討論的「憲政改革」，是以在「自由地區」1987年「解除戒嚴」以後爲時空背景的前提下，通過「修憲」作爲改革手段，而帶來憲法規範內容的調整是謂，可以說是一種狹義的意涵。然而，不必諱言的是，在這一段憲政改革的進行過程中，主張「制憲、建國」的聲音從不曾中斷，但並沒有成爲政治現實所選擇的途徑，因此，「憲政改革」從廣義的意涵上來說，也同時可以視爲是一個政治性訴求，它通常被用來指涉與制憲、修憲以及變更國家憲政體制等相關的行爲，以期符合現時現地的環境需要與民意需求（曾鋒禎，1995：8）。

---

[3]　例如1954年1月29日司法院釋字第31號解釋指出：「在第二屆委員未能依法選出集會與召集以前，自應仍由第一屆立法委員、監察委員繼續行使其職權。」固然解決了第一屆中央民意代表任期屆滿，卻因政府失去大陸統治權而不能改選的現實困境，但也埋下日後所謂「萬年國會」的爭議。

參、我國憲政改革的回顧

一、從「政治革新」到「憲政改革」

　　政府自1949年遷台，在動員戡亂時期臨時條款配合威權統治的政治環境下，固然維持了政治穩定、社會安定、經濟快速發展的局面，但也「隨著台灣經濟社會結構變遷之快速，相對於政治體系中分配機能（distribution function）與參與機能（participation function）的僵化，已到了令人無法接受的時候了」（李炳南，1992：21）。

（一）蔣經國總統與「政治革新」

　　蔣經國自1978年當選第六任總統後，便感於面對來自海峽對岸、國際局勢的變化和台灣本土化潮流的壓力，而銳意推動經濟自由化、政治民主化，除了爭取美國的支持外，也力圖維護國民黨統治的正當性。其後，蔣經國雖於1984年連任第七任總統，但接續發生的江南案（1984年10月）、十信案（1985年2月），均重創了國民黨的執政形象，加上1986年9月28日部分反對人士挑戰「黨禁」而宣告成立民主進步黨，在在都考驗著蔣經國總統的政治威信。

　　面對這些挑戰，蔣經國總統在1986年3月29日召開的國民黨第十二屆三中全會中，提出「政治革新」案，要求「以黨的革新帶動全面的革新，開拓國家光明前途」。並由12名中常委組成「政治革新小組」，研議六大政治革新方案，涵蓋：充實中央民意代表機關、地方自治法治化、制訂國家安全法令、開放黨禁、革新黨務及解除戒嚴等重要議題，進而造就了1987年7月15日零時起解除戒嚴、1987年12月5日開放黨禁、1988年1月1日開放報禁等多項重大政策的實現，促成開放社會的進一步發展。

（二）李登輝總統與「憲政改革」

1988年1月13日蔣經國總統逝世，副總統李登輝依憲法繼任總統，並代理國民黨主席。在接任的初期，李登輝總統多次宣示將繼承並擴大蔣經國總統的政治革新路線，並未具體主張將推動「憲政改革」。至於在政治改革途徑方面，由李登輝總統在1989年行憲紀念日向國民大會的致詞中提及：「憲法本文與臨時條款的並存，更可顯示我們堅持理想」，可見國民黨對政治改革途徑最大限度的選擇，應該就是繼續採用修正〈動員戡亂時期臨時條款〉的方式來進行。

然而，當時民間社會對於憲政改革的期望甚殷，一項由張榮發基金會贊助，國家政策研究資料中心主辦的「民間國建會」，便率先於1989年12月23日至27日舉行，其中憲政改革分組針對「憲政結構、憲改途徑、中央政府體制、考監兩院、司法功能、地方自治」等議題，分別邀請學者撰文與討論，會後並出版專書[4]。

事實上，促成李登輝接受「憲政改革」的關鍵因素，毫無疑問的就是1990年的「三月學運」了。而三月學運的肇因，則是源自於同年2月19日起，為改選總統、副總統及討論臨時條款修訂有關事宜，而召開國民大會第八次會議的亂象。

國民大會第8次會議召開前，李登輝總統便於1989年2月3日公布「第一屆中央民意代表自願退職條例」（魏廷朝，1998：437），政府雖已具備鼓勵資深中央民代自願退職的方案，但實施頗多阻力；反對派則以群眾運動與民意機關內杯葛議事與肢體語言的方法來逼迫資深民代退職（呂亞力，1998：420），因而引發許多第一屆國大代表的不滿。此輩國大代表遂借修訂臨時條款的機會，通過任意擴張職權的不當決議：第一，將1986年所選出的增額國代任期由六年延長為九年；第二，國民大會每年自行集會一次，並行使創制、複決兩權。

4　參見蕭全政主編（1990）。

　　1990年3月16日，9名台灣大學學生為此率先到中正紀念堂前靜坐抗議，為「三月學運」揭開了序幕（林美娜編，1990：35），隨後短短的數日內靜坐的學生已達數千人，並提出「解散國民大會、廢除臨時條款、召開國是會議、訂定政經改革時間表」等四大訴求（齊光裕，1998：87）。

　　甫當選第八任總統的李登輝於3月21日下午在總統府接見53名學運學生代表，李登輝總統除了較為明確的承諾召開國是會議外，並未就其他訴求有所具體回應。但全體靜坐學生經過討論，仍然決定在3月21日撤離中正紀念堂廣場，「三月學運」始告落幕。

　　李登輝總統於1990年5月20日第八任總統就職演說中雖未提出「憲政改革」一詞，但由「……經由法定程序，就憲法中有關中央民意機構、地方制度及政府體制等問題，作前瞻與必要的修訂……，政府必將以最大的誠意與無私的精神，廣徵各界建言……，以兩年為期，促其實現。」（李登輝，1990a：4），已等同宣告將召開國是會議，以及以修憲（而非制憲）的方式進行憲政改革。

　　繼之在5月22日舉行的總統中外記者會中，李登輝總統終於首次提出「憲政改革」一詞[5]，隨後便經常見諸李登輝總統的正式致詞、談話，「憲政改革」從此也成為朝野人士共同運用的一種政治性訴求。

（三）小　結

　　我們在探討憲政改革的回顧與前瞻以前，必須先釐清的是，近代的政治學者，多數都指出民主政治乃為最艱難的政治，其所以特別艱難，並不在於它運作上的那種程序，而是由於它所需要的那種普遍良好的社會條件[6]，不易具備（荊知仁，1984：169）。更何況一個國家的憲法亦同時反

---

[5]　「整個的『憲政改革』工作，我們很希望差不多是兩年之內可以完成。」（李登輝，1990b：20）

[6]　美國著名的政治學者R. A. Dahl曾經指出：「民主的關鍵條件在於：一、軍隊和警察是由選舉產生的官員所控制；二、民主信念和政治文化的提升；三、外部不存有強大而敵視民主的勢力；四、現代的市場經濟與社會；五、微弱次文化的多元主

映了社會的歷史經驗、文化背景以及在立憲當時制憲者主觀的企圖[7]，便沒有一部可以稱做「完美」的憲法（隋杜卿，2007：173），自然也沒有放諸四海而皆準，或垂諸百世而不迨的憲法。

因此，無論是政治革新也好，憲政改革也罷，放到解嚴前後當時的政經環境來看，其實是有其歷史或社會背景的必然。因此，兩位國家領導人以此作為降低或消除執政危機的手段，或是搭乘社會需求的順風車以提高自己的領導威信，亦誠然有其不得不為的結構性限制。

我們必須承認，長達四十餘年的臨時條款所造成的爭議很多，但持平地說，其對憲政體制的發展有正面的價值，亦有負面的影響（齊光裕，1998：24-27）。訂定臨時條款的本意乃在維繫憲法範圍的前提，賦予政府因應變局的權力，以早日弭平巨變而重回民主憲政的正軌。惟台海兩岸對峙日久，動員戡亂亦長期未能宣告解除，致使臨時條款不僅超載了階段性任務的重責，甚而成為阻礙國家整體發展與遲滯實施民主憲政的絆腳石（隋杜卿，2000）。

所以，「回歸憲法」曾是解嚴前最為動人的呼籲與期待，但「中華民國憲法」卻在解嚴後被異議人士惡意批判的一無是處。平心而論，伴隨著台灣的經濟成長，社會上逐漸孕育出廣大的中產階級，民眾開始要求更多的政治參與，以及公開的表達異見；甚至進入國家體制內部從事反對運動，並且獲得制度性的保障，這都是源自於這部憲法所創設的憲政架構。

正如同西方學者Jim Seymour對我國憲法的忠實評價：「問題並不是該憲法是一部壞的憲法，而是它從來都沒被遵守，只是紙張上的文字。」（Feldman ed., 1991: 19-20; Gaer, 1995: 81）同樣的，從1975年到2004年陸續出現所謂「台灣共和國憲法（草案）」的不同版本，F. Gaer便曾指出：「在1946年憲法中規定的所有政治權利，在新的憲法草案中幾乎都受到

義。」（Dahl, 1998: 147）
7 當然，蘊含在憲法條文裡的企圖會不會被具體實現，就不是憲法制定者所能預見或節制的了。

再肯定。」（Gaer, 1995: 75）更進一步說，沒有這部憲法，哪有「民主先生」可言？沒有這部憲法，又何來「和平的」政黨輪替的可能？國人豈有不辦之理。

二、國是會議與「憲政改革」

　　國是會議的召開固然是李登輝總統回應「三月學運」的結果，但是政經結構改變所帶來整體社會期望改革的壓力，才是最重要的動力來源，同時，李登輝總統在黨、國體系內權力基礎尚未穩固之際，亦有意藉助國是會議形成社會共識與輿論，來壓制黨內保守力量（李炳南，1992：35），也是不能忽略的個人因素。

　　李登輝總統於1990年3月20日宣示召開國是會議，並以「如何健全憲政體制」及「謀求國家統一」兩大問題為研討議題（國是會議實錄小組編輯，1990：5）。不過，後來在國是會議籌備過程中，民進黨代表認為，「國家統一」已明顯地預設了統一的立場，不該成為協商議題（李炳南，1992：39），因此，籌備委員會議中做出的國是會議五項議題的決定：即一是國會改革問題、二是地方制度問題、三是中央政府體制問題、四是憲法（含臨時條款）修訂方式有關問題、五是大陸政策與兩岸關係問題（國是會議實錄小組編輯，1990：7）。

　　國是會議於1990年6月26日至7月4日在台北召開，五項議題均獲致若干共同意見及不同意見（國是會議實錄小組編輯，1990：18），茲摘錄各議題分組的總結報告如表2.1：

表2.1　國是會議各議題分組總結報告意見整理

	共同意見（或多數意見）	不同意見
一、國會改革問題	1.第一屆資深中央民意代表應該全部退職。 2.絕大多數反對國民大會維持現狀。 3.多數主張保存監察院，但監察委員選舉方式應由間接改爲直接。 4.多數認爲新國會的名額並非主要問題。 5.僑選代表、職業代表、婦女代表以及大陸代表產生方式，以「併入全國不分區代表」占最多數。 6.淨化選舉風氣。	1.退職的期限上，有四種不同的意見。 2.國民大會存廢有兩種不同意見。 3.新國會產生的時間可分爲「1991年7月底以前」和「1992年底以前」兩種。
二、地方制度問題	1.一致主張地方制度應予合憲化與法制化。 2.多認爲台灣或台灣省的名稱不宜廢除。 3.應通過法制化以確定地方自主權。 4.大多數認爲鄉鎮（市）並非地方自治單位，應予廢除或改官派。	1.地方自治的實施方式則有四種不同的主張。 2.主張「多省制」者反對省虛級化；主張「多市制」者贊成。 3.地方首長產生方式，主要有兩種意見：「省市長民選」及「省長應由行政院長提名，經省議會提名後任命」。
三、中央政府體制問題	1.絕大多數認爲現行總統選舉之方式應予改進，原則上應以民選產生。 2.中央政府體制多數贊成「混合制」。	1.總統產生方式則頗有分歧，直接民選或委任選舉意見不一。 2.有主張內閣制者，也有主張美國式總統制者。 3.主張維持監察院（但監委應改由直選產生）與撤裁監察院者，在人數上大致相當。

	共同意見（或多數意見）	不同意見
四、憲法修訂方式問題	取得共識部分： 1.「動員戡亂時期」宣告終止後，憲法之「動員戡亂時期臨時條款」應予廢止。 2.中華民國憲法應予修訂。 3.憲法之修訂，應以具有民意基礎之機關及方式為之。	未取得共識部分： 1.在憲法修訂的體例選擇上，主張應以修憲的方式從事改革者，超過七成；主張制憲者共有三十二位。 2.憲法修訂的途徑：主張應由第二屆立法院通過修憲案後，交由第二屆國民大會複決，為人數最多之意見。
五、大陸政策與兩岸關係問題	1.絕大部分肯定現階段兩岸關係的界定為「兩府」——兩個對等的、在大陸與台灣地區分別擁有統治權的政治實體。 2.兩岸關係的實際運作，應以「（功能性）交流從寬，（政治性）談判從嚴」為原則。 3.一致督促政府從速設立專責的政策機構和授權的中介團體。	・對現階段兩岸關係的界定為「一國」，意見分歧。

資料來源：國是會議實錄小組編輯（1990：1325-1328，1331-1334，1337-1339，1337-1346，1353-1354）。作者整理。

　　李登輝總統在國是會議閉幕典禮中指出：「……今後經由政府各有關機關持續不懈的努力，能儘速研訂憲政改革的具體程序及時限，務使本次會議的結論，徹底落實……。」（李登輝，1990c：32）換言之，國是會議畢竟是憲政體制外的運作機制，即使是國是會議的共同意見，也必須將改革的議程納入憲政體制的程序；同時，國是會議的諸多共識，也僅是原則性的決定。因此，國民黨於7月11日在黨內成立了「憲政改革策劃小組」，一方面研議具體的憲改內容與策略，另一方面也進行黨內、黨外的意見溝通。

　　國民黨憲改小組於12月26日做成「一機關兩階段」的決議：

（一）建議國民大會在1991年4月底前舉行臨時會，完成第一階段修憲，及訂定「中華民國憲法增修準備期間有關過渡條文」，並廢止〈動員戡亂臨時條款〉；

（二）建議總統於國民大會完成前項任務，咨請公布過渡條文及公布〈臨時條款〉之廢止時，宣告動員戡亂時期終止；

（三）建議政府在1991年12月辦理第二屆國大代表選舉；

（四）建議國民大會在第二屆國大代表選出後一個月內舉行臨時會，進行第二階段修憲，訂定「中華民國憲法增修條文」，廢止前述過渡條文，並在1992年年中完成憲政改革（高永光編著，1991：21）。

同時，由於在野黨在國民大會中的實力不足[8]，國民黨除了主導修憲程序議題的設定外，也訂下憲政改革的基本立場：「堅持統一立場」、「維護五權體制」與「不動憲法本文」（李炳南編著，1997：44-77）。但大體而言，1991年、1992年以及1994年三次增修條文的訂定，確實將國是會議的多項共識逐一落實。

（一）第一次憲法增修條文

1991年5月1日公布全文10條，重要內容如下：

1. 在「前言」中明確揭示為「為因應國家統一前之需要」，乃增修本憲法條文。

2. 國民大會、立法委員由自由地區選舉產生，並引入（平地、山地）山胞代表、僑選代表以及不分區代表。（第1、2條）

8　民進黨雖然反對資深國代參與任何程序或實質的修憲，但在1991年4月8日為第一階段修憲，所召開的第一屆國民大會第二次臨時會中僅有9席代表，毫無發揮空間，除了採取抗議行動，並於4月16日退出臨時會；同樣的，由於1991年10月民進黨第五屆第一次全國黨員代表大會通過「建立主權獨立自主的台灣共和國」，即所謂的「台獨黨綱」，導致同年12月21日舉行的第二屆國民大會代表選舉，民進黨僅獲得23.3%的選票，當選66席，連同第一屆增額代表合計77席，占當時全部國大代表總席次403席的19.11%，未獲得修憲的少數否決權，最後也選擇了退出第二階段修憲。

3. 監察委員由省、市議會選舉產生。（第3條）

4. 第二屆國大代表選舉應於1991年12月31日前選出，任期自1992年1月1日起；第二屆立法委員、監察委員應於1993年1月31日前選出，均自1993年2月1日開始行使職權[9]。（第5條）

5. 總統得發布緊急命令，但須提交立法院追認。（第7條）

6. 總統為決定國家大政方針，得設國家安全會議及所屬國家安全局；行政院得設人事行政局。（第9條）

7. 授權法律訂定自由地區與大陸地區間人民權利義務關係。（第10條）

此次憲改內容，除了「前言」係反映國民黨的基本立場、第7、9條係延續臨時條款的建制外，其餘各條均為國是會議共同意見的體現。

（二）第二次憲法增修條文

1992年5月28日公布第11至18條，重要內容如下：

1. 增加國民大會職權：行使司法院、考試院、監察院之人事同意權；聽取總統國情報告，並提供建言；每年集會；第三屆國大代表任期四年；國民大會得自定行使職權之程序。（第11條）

2. 總統、副總統由人民選舉之，但選舉方式於1995年5月20日前召集國民大會定之；第九任總統、副總統任期四年，連選得連任一次；總統、副總統之罷免由監察院或國民大會之提議，由國民大會議決。（第12條）

3. 司法院大法官組成憲法法庭，審理政黨違憲之解散事項。（第13條）

4. 確立省、縣自治原則，省長、省議員、縣長、縣議員由省民、縣民選舉之，其方式由法律定之。（第17條）

5. 增訂基本國策條款。（第18條）

---

[9] 1990年6月21日釋字第261號解釋即已指出：「第一屆未定期改選之中央民意代表……應於中華民國八十年十二月三十一日以前終止行使職權。」

　　本次憲改內容，最重要的就是落實國是會議「地方制度應予合憲化與法制化」的共同意見，但因國民黨內部對總統選舉方式，仍有「公民直選」與「委任直選[10]」的重大歧見，雖通過延後決定的妥協性條文，也埋下第三階段修憲的伏筆（李炳南編著，1998：3）。

（三）第三次憲法增修條文

　　總統選舉方式未定，固然是第三次憲政改革的主要議題，但也不能避免要求納入其他議題的聲音。其實，在1994年4月29日第二屆國民大會召開第四次臨時會前，總統直選案已經獲致多數國民黨籍國代支持，憲法增修條文第三次增修的內容看似應該相當單純。不過7月29日三讀通過的第三次憲法增修條文，除了形式上將原本18條已失時效的內容刪除而整合為新的10條，在實質內容上，亦增加了與國是會議無關的其他議題，其重要內容[11]如下：

　　1. 將山胞改稱原住民；第三屆國民大會設議長、副議長。（第1條）

　　2. 1996年第九任總統、副總統由中華民國自由地區全體人民直接選舉之；總統、副總統罷免案由立法院提出，交由公民投票決定之；取消行政院院長對總統之人事任免及解散立法院之命令的副署權。（第2條）

　　3. 國民大會代表與立法委員之報酬或待遇，應以法律定之。除年度通案調整者外，單獨增加報酬或待遇之規定，應自次屆起實施。（第7條）

　　其中較具爭議者為國民大會「設置議長」，是繼「國民大會得自定行使職權之程序」後，又一次自我擴權、坐收「修憲租」（葉俊榮，2003：131）的證明。

---

[10] 所謂「委任直選」，係指由國大代表候選人應事前公布所支持的總統、副總統候選人，再由選民投票所選出的國大代表，依選民委任之意旨投給特定的總統、副總統候選人（周世輔、周陽山，2000：260）。

[11] 與原第1條至第18條內容相同而保留者，不再贅述，後文皆同。

三、國家發展會議與「憲政改革」

　　1994年修憲雖確立總統直選，相對於所衍生的總統權力調整或中央政府體制定位等憲政體制的理論爭議，則未能進一步釐清；更重要的是，李登輝總統雖然於1996年以54%得票率當選連任，但國會全面改選後帶來政治權力結構的變化，尤其是1995年12月第三屆立法委員選舉結果揭曉，國民黨雖獲得總額164席立法委員過半的85席，但卻是一個不穩定的多數，特別是在民進黨與新黨倡議「大和解」的氣氛下，隔年2月便在立法院院長改選與行政院院長同意權上，突顯了國民黨執政的窘境；因此，基於政治現實需要，如何為行政、立法之憲政僵局解套[12]，提供了再度推動憲政改革的正當性。

　　國家發展會議工作小組原擬之課題依其優先順序為：1.健全憲政體制；2.加速經濟發展；3.增進兩岸關係；4.拓展務實外交；及5.推動文化建設五項（黃昆輝等編，1997：2）。後經籌備委員會確定國家發展會議議題為「憲政體制與政黨政治」、「經濟發展」、「兩岸關係」（黃昆輝等編，1997：9）。

　　國家發展會議於1996年12月23日至28日正式召開，由於會前已確知同年5月20日舉行的第三屆國大代表選舉，國民黨獲得183席，占總席次334席的54.79%[13]，已經喪失了主導修憲的條件，因此，國家發展會議一開始便確立了：「經協商取得共識者，列為『共同意見』，其他只要有一方不同意者，則列為『其他意見』」（黃昆輝等編，1997：23，

---

[12] 行政、立法之憲政僵局最為著稱的案例，就是1996年5月20日原行政院長連戰就任副總統後，向李登輝總統提出行政總辭，但經李登輝總統批示「著毋庸議」後，遂發生朝野為「副總統兼任行政院長」是否違憲之憲政爭議，司法院雖做出釋字第419號解釋，但內容模稜兩可而未能化解當時的朝野對立。直到1997年修憲，賦予總統直接任命行政院長，而無需經由立法院行使同意權後，李登輝總統任命蕭萬長出任行政院長，憲政爭議始告平息。

[13] 另外，民進黨獲得99席，占總席次29.64%，新黨獲得46席，占總席次13.77%。這是後來國民黨必須與民進黨合作修憲，也是新黨退出國家發展會議及1997年修憲的結構性因素使然。

109-110，781）的原則。

由前述社會背景可知，國家發展會議的召開，直接原因為李登輝總統在其第九任總統就職演說的政治宣示[14]，間接原因則係憲政中若干議題擬透過國民黨、民進黨兩黨的高層之力，以體制外運作達成下一步修憲的目標（齊光裕，1998：173）。綜觀第四次修憲的濫觴，與其說是「落實國家發展會議」的結論，毋寧說是國內朝野政黨重新調整權力結構的佈局（楊世雄，1998：1）。

國家發展會議總共在三大議題上獲得了192項共識，但因新黨對中央政府體制與凍結省級選舉兩項議題上，無法與國、民兩黨達成共識而退出國家發展會議，因此，「憲政體制與政黨政治」議題總結報告的22項「共同意見」，也僅代表國、民兩黨的共識，茲錄如下：

（一）釐清中央政府體制

1. 總統、行政院、立法院的關係
(1) 總統任命行政院長、不須經立法院同意。
(2) 總統於必要時得解散立法院，而行政院長亦得咨請總統解散立法院，但須有必要之規範與限制。
(3) 立法院得對行政院長提出不信任案。
(4) 審計權改隸立法院。
(5) 對總統、副總統之彈劾權須符合憲法嚴格程序，並改由立法院行使。
(6) 立法院各委員會建立聽證制度及調閱權之法制化。

2. 國民大會與創制權之行使
凍結國民大會之創制、複決權，人民得就全國性事務行使創制、複決

---

[14] 「將儘速責成政府針對國家未來發展的重要課題，廣邀各界意見領袖與代表共商大計，建立共識，開創國家新局。」（參見黃昆輝等編，1997：1）

權。

（二）合理劃分中央與地方權限，健全地方自治

　　1. 調整精簡省府功能業務與組織，並成立委員會完成規劃及執行，同時自下屆起凍結省自治選舉。

　　2. 取消鄉鎮市級之自治選舉，鄉鎮市長改為依法派任。

　　3. 縣市增設副市長，縣市政府職權應予增強。

　　4. 地方稅法通則、財政收支劃分法應儘速完成立法或修正，以健全地方財政。

（三）改進選舉制度、淨化選舉風氣

　　1. 中央民意代表總額與任期

　　(1) 主張國民大會代表的總額適度減少，改由政黨比例代表產生，並自下屆起停止選舉，任期維持現制四年。

　　(2) 立法委員之總額要視國民大會與省議會名額的調整情形，於必要時得增加至200至250名為原則，任期應改為四年。

　　2. 中央及地方民意代表選舉制度暨選區劃分

　　(1) 中央民意代表選舉制度採單一選區制與比例代表制二者混合的二票制，並成立跨黨派的小組研議。

　　(2) 選區的劃分則希望成立超然中立的超黨派選區劃分審議委員會。

　　3. 淨化選風、修改選罷法、改善選舉制度。

（四）落實政黨政治，促進政黨良性互動與發展

　　1. 有關政黨財務、補助及政治獻金之擬定

　　(1) 黨營事業不得從事壟斷性事業之經營，不得承接公共工程，不得

參與政府採購之招標，不得赴大陸投資。

(2) 國家對於政黨之補助應以協助政黨從事政策研究及人才培養為主。現階段可以在選罷法中，酌予提高補助額度。

2. 政黨不得干預司法，司法人員應退出政黨活動。

3. 公務人員應保持政治（行政）中立。

4. 立法院協商機制應予法制化、制度化。

5. 政黨組織及運作應受法律規範。（黃昆輝等編，1997：774-776）

由於國家發展會議仍然是一項憲政體制外的機制，所以國發會的共同意見仍然要由體制內機構來為憲政改革背書[15]，遂有以下各次憲法增修條文的修訂歷程。

（一）第四次憲法增修條文

第三屆國民大會第二次會議於1997年5月5日開議，國、民兩黨亦分別提出兩黨修憲條文版本，其中與國發會共同意見相關者，可謂大同小異。但因兩黨內部尚有體制流派之爭[16]，所以未能順利進行修憲。在兩黨各自擺平黨內爭議後，兩黨國大黨團先於6月26日凌晨達成14項修憲協議，最後，國民黨為了避免修憲破局，不再堅持總統當選標準採絕對多數決，而於7月18日完成憲法第四次增修條文三讀程序（隋杜卿，2001：72-74）。

第四次憲法增修條文於1997年7月21日公布，重要內容如下：

---

[15] 國家發展會議委員李慶華於12月23日召開的預備會議中便指出：「二十八日散會後將由國民黨團、民進黨團、新黨黨團在立法院、國民大會和議場，透過修法、立法及修憲來推動協商所達成的共識。」（黃昆輝等編，1997：107）

[16] 國民黨內為凍省與反凍省之爭，民進黨內為雙首長制與總統制之爭。

　　1. 總統於立法院通過對行政院院長之不信任案後，得宣告解散立法院，但不得於戒嚴或緊急命令生效期間解散立法院。（第2條）

　　2. 行政院院長由總統任命之；行政院移請立法院之覆議案，立法院應於送達十五日內作成決議，逾期未議決者，原決議失效；如經全體立法委員二分之一以上決議維持原案，行政院院長應即接受該決議；立法院得對行政院院長提出不信任案，如經全體立法委員二分之一以上贊成，行政院院長應於十日內提出辭職，並得同時呈請總統解散立法院。（第3條）

　　3. 第四屆立法委員增加為225席；增列總統解散立法院後發布緊急命令的處置程序；增加立法院對於總統、副總統犯內亂或外患罪之彈劾案發動權；縮限立法委員僅於會期中得享有免責權。（第4條）

　　4. 司法院大法官任期八年，不得連任，半數任期交錯；行政院不得刪減年度司法概算，但得加註意見，送立法院審議。（第5條）

　　5. 第十屆台灣省議會議員與第一屆台灣省長任期屆滿後不再辦理選舉。（第9條）

　　6. 取消各級政府教育、科學、文化之經費，至少應占預算固定百分比之限制。（第10條）

　　國家發展會議雖有部分共同意見如：國大代表與立法委員選舉制度改革、取消鄉鎮市級自治選舉等，並未進入1997年憲政改革議程，但第四次憲法增修條文對國民黨而言，取消立法院對行政院長的同意權，至少解決了國民黨不穩定多數的困境，而民進黨則達成「凍省」（或稱「廢省」）的目的，可謂各有所獲。惟從2000年後發生了另一波「少數政府」的憲政危機來看，顯然「釐清中央政府體制」的本意並未達成。而「取消教科文預算下限」，顯非國家發展會議的共識，亦未經社會充分討論，一時引發輿論譁然。

（二）第五次憲法增修條文

　　第四次憲法增修條文通過後，國、民兩黨隨即就14項協議中尚未入憲的議題，如：絕對多數決的總統選舉制度、立法院之聽證權、調閱權，審

計權歸立法院等，以及民進黨所希望的議題：單一國會兩院制、總統制的中央體制、國大產生方式等，達成在本屆總統任滿前完成修憲的約定。

1999年3月，國、民兩黨國大黨團對「國代依政黨比例制產生」與「立委任期改為四年」已有高度默契（陳新民主撰，2002：198）。6月8日第三屆國民大會第四次會議召開後，因國民黨與在野的民進黨、新黨在修憲立場差距過大，無法獲致共識而停會一個月。7月29日國民大會復會，除了上述兩議題外，各黨派國代積極串連「國代延任」案，即使在國、民兩黨高層公開反對下，9月5日凌晨仍然通過了包含「國代延任」案在內的第五次憲法增修條文，重要內容如下：

1. 第四屆國大代表300人，以比例代表方式選出；第三屆國民大會代表任期至第四屆立法委員任期屆滿之日止。（第1條）
2. 第四屆立法委員任期至2002年6月30日止；第五屆立法委員任期四年。（第3條）

換言之，原本應於2001年1月31日任期屆滿的第四屆立法委員，將可延任1年5個月；而應於2000年5月19日任期屆滿的第三屆國民大會代表更可延任2年1個月又11天，因而引發社會強烈的反感。第四屆立法委員於10月28日分別向司法院提出五件釋憲聲請，司法院於2000年3月24日做成釋字第499號解釋，宣告「第三屆國民大會……表決通過憲法增修條文……；其中第一條第一項至第三項、第四條第三項內容並與憲法中具有本質重要性而為規範秩序賴以存立之基礎，產生規範衝突，為自由民主憲政秩序所不許。上開修正……應自本解釋公布之日起失其效力，……。」一場修憲鬧劇始告落幕，也是對憲政改革最大的反諷。

（三）第六次憲法增修條文

釋字第499號解釋公布後，中央選舉委員會亦公告訂於2000年5月6日進行第四屆國民大會代表選舉，然而在朝野國代的強烈反彈下，甚至基於防範宋楚瑜於總統大選失敗後籌組親民黨投入國代選舉的考量，第三屆國

民大會第五次會議隨即於4月8日召開，28日三讀通過第六次憲法增修條文，重要內容如下：

　　1. 國民大會代表300人，於立法院提出憲法修正案、領土變更案、總統、副總統彈劾案後，改採「任務型」集會行使職權；第三屆國民大會任期至2000年5月19日止。（第1條）

　　2. 副總統缺位時，由立法院補選。（第2條）

　　3. 領土變更案改由立法院提出，國民大會複決。（第4條）

　　4. 司法院、考試院、監察院之人事同意權，改由立法院行使。（第5、6、7條）

　　此次修憲後的國民大會雖不能用「走進歷史」來論斷，但至少可以用「虛級化」來加以形容。

（四）第七次憲法增修條文

　　2000年民進黨籍的陳水扁就任第十任總統後，立刻表示「不會推動兩國論入憲」，2002年論及憲政改革時，也僅表示「修憲應以國會改革或政府改造為限」，嚴格說來，還是延續國家發展會議的改革議題。即使陳水扁總統在2003年9月，民進黨17周年黨慶大會中提出「2006年共同催生台灣新憲法」的主張，並交由公民投票決定，不過並沒有具體的行動，都可以視為是為了挽救低迷的政治聲望，以爭取2004年總統連任的政治口號。

　　回顧第七次憲法增修條文的研議，國家發展會議未竟的共識固然是遠因，近因卻源自2001年第五屆立法委員選舉時，部分親民進黨的人民團體率先喊出「立委減半、國家不亂」，這又肇因於陳水扁總統面對一個不能掌握過半數席次的立法院，卻沒有尊重1997年修憲所建構的「雙首長制」精神，任命國會多數黨（聯盟）所支持的行政院長，均堅持「少數政府」的執政模式，而造成朝野對立、政局擾攘不安的局勢有關。

　　2004年第六屆立委選舉結果仍然是國、親、新的泛藍聯盟過半，總統大選前，中央研究院院長李遠哲與前民進黨主席林義雄共同發表聲明，

呼籲朝野支持國會減半。面對總統大選的壓力，朝野政黨爲了避免被扣上反改革的罪名，立法院召開修憲院會，將憲法增修條文第4條有關立委席次減半等條文修正草案逕付二讀案。

8月23日立法院修憲院會以198位出席立委全數贊成，三讀通過「國會改革、公投入憲」憲法增修條文修正提案，依憲法需公告六個月後，再經由任務型國大複決。2005年5月14日舉行的任務型國代選舉，共有贊成或反對修憲案12個政黨或選舉聯盟登記參選[17]，投票率僅有23%，創歷年全國性選舉投票新低記錄，但在300席當中，贊成修憲案的政黨共獲249席，超過總席次八成，反對修憲案的政黨與聯盟僅獲51席。6月7日任務型國大通過了第七次憲法增修條文，重要內容如下：

1. 立法院提出之憲法修正案、領土變更案，經公告半年，交由自由地區選舉人投票複決。（第1條）

2. 立法院立法委員自第七屆起113人，並改採（日本並立式）單一選區與政黨比例混合式的選舉制度產生之。（第4條）

3. 憲法之修改，由立法院提出憲法修正案，公告半年後，經自由地區選舉人投票複決，有效同意票過選舉人總額之半數，即通過之。（第12條）

此次修憲的結果，國家發展會議中立委選舉制度改革的共識固然得到落實，但政黨體系將由「多黨制」轉變爲「兩黨制」，對我國憲政發展的影響，仍有待觀察。長期以來民進黨一直訴求的「廢除國大」、「公投入憲」，也正式列入憲法增修條文，應該是眞正的贏家。

肆、我國憲政改革的前瞻

第七屆立委與第十二任總統的選舉後，再度形成一致性政府，政局

---

[17] 其中包括國民黨、民進黨在內的五個政黨對修憲案持贊成立場，而親民黨、台聯、新黨、民主行動聯盟等七個政黨或聯盟持反對立場。

趨於安定，再加上馬英九總統堅持「行憲不修憲」的原則，所以2008年迄今，至少未曾聽聞執政黨有主張再修憲以進行憲政改革的聲音。

一、未來修憲的可能性分析

以現行增修條文訂定的修憲程序[18]來進行分析，由於現行立法委員選舉制度的運作，極可能持續維持一個以兩大黨為主的國會結構，一旦兩大黨對憲政改革的任何議題能夠達成共識，那麼達到「立法委員四分之一之提議，四分之三之出席，及出席委員四分之三之決議」的門檻提出憲法修正案，並非難事。不過，接下來要面對的公民投票門檻「中華民國自由地區選舉人投票複決，有效同意票過選舉人總額之半數，即通過之」，則絕非易事[19]。

因此，未來啓動修憲程序的前提，必須是立法院兩大黨具有高度共識的議題，同時，從技術面而言，任何的修憲案最好是以單一、清晰的議題方式呈現，例如降低公民投票年齡為18歲，亦即修憲案不宜混搭不同議題的模式，以免造成對混搭議題有不同意見的公民，於投票時的困擾而拒絕投票，提高修憲案無法通過的困難。

二、「修憲」與「制憲」之爭

D. M. Pickles指出：「成功的立憲政府的兩個必要條件，那就是一個長期民主制度建立的經驗，以及憲政共識的匯集，政治鬥爭就絕不會演變

---

[18] 中華民國憲法增修條文第12條：「憲法之修改，須經立法院立法委員四分之一之提議，四分之三之出席，及出席委員四分之三之決議，提出憲法修正案，並於公告半年後，經中華民國自由地區選舉人投票複決，有效同意票過選舉人總額之半數，即通過之，不適用憲法第一百七十四條之規定。」

[19] 以2000年以來，陸續併同總統或立法委員選舉所辦理的6項「全國性公民投票」來看，沒有一項獲得「通過」的結果，而且其原因均爲未達到公民投票法第30條所規定「……投票人數達全國……投票權人總數二分之一以上，且有效投票數超過二分之一同意者，即爲通過。」的門檻，相對於修憲案所需要的門檻更高，便足以證明通過絕非易事了。

成憲政危機。」（Pickles, 1970: 108）

　　依民主國家成例觀之，憲法變遷最重要的方法就是「制訂新憲法」與「修改憲法」兩種。我國1990年以來的憲政改革確實都是以「修憲」的方式進行，但「制憲」的主張也從來未曾稍歇，而且，提倡「制憲」的憲改模式，通常也結合了「建立新國家」的訴求。雖然以「制憲」途徑進行憲政改革的條件尚不存在[20]，但以中華民國憲法架構進行的憲政改革，也從來得不到主張「制憲正名」者的認同[21]。畢竟，從政治效果的觀點看來，一部新憲法的確要比一部修改了的舊憲法有更大的象徵性意義，就比較適合於宣告與過去決裂（Maarseveen and Tang, 1978: 285）。

　　顯然，「修憲」與「制憲」之爭的背後，涉及的是對中華民國憲法所建構之「國家認同」的歧異。國是會議代表也是增額立法委員的謝學賢便認為，國是會議首先應該談到的問題，是統獨問題。憲法要怎麼修？總統要怎麼選？國會要怎麼改？每一件事情都必須牽涉到統獨的根本問題，……其實這些問題是避不開的（李炳南，1992：347）。

　　謝學賢的觀點當然是擲地有聲的，但是，檢視全球憲政改革的案例可知，無論以修憲或制憲進行的憲政改革，或許可以解決政府組織、權力分配等下層結構的爭議，卻絕對無法創造「國家認同」此一上層結構的共識[22]，「修憲」做不到，「制憲」也做不到。

三、鄉鎮（市）自治的前景

　　「廢除鄉鎮市級自治選舉」與「鄉鎮市長改為派任」兩項議題，從國

---

[20] 不必諱言，當前海峽兩岸之間特殊的政治互動情境，使「制訂新憲法」一途帶有高度的風險，並不宜輕言實踐。

[21] 即使是高度認同中華民國憲法體制者，也不能不承認：「政治體制的核心價值是其道德正當性，也就是它能夠創造出被道德地正當化，及對於那些服從它的人有拘束力的能力」（Lijphar and Waisman, 1999: 197）。

[22] 國內學者呂亞力曾經指出：「憲法是共識的產物，而不能產生共識。」（Leng, 1993: 62）

是會議到國家發展會議，一直都是朝野共識，但也一直未具體落實。

其實，目前鄉鎮（市）自治的法源基礎是「地方自治法」，廢除鄉鎮（市）自治原本就不是憲法層次需要處理的議題。特別是在2011年新北市、台中市、台南市、高雄市等新的直轄市升格後，原本所轄的鄉鎮市改設「區」，區長即由直轄市長派任，這足以證明是「爲與不爲」的取捨，而不是「能與不能」的限制。

地方自治不健全的病灶絕對不在廢除鄉鎮（市）級自治選舉，而是如何合理劃分中央與地方（包含直轄市、縣市政府）的權限，以及賦予地方政府相當的自有財源，那麼妥善研議地方稅法通則、財政收支劃分法，便是中央政府不能迴避的課題。

伍、結　論

憲政改革對我國民主化發展的正面貢獻，當然無庸置疑。但「國家」作爲一個「想像的共同體」，卻無法藉由憲政改革來形塑。

解嚴以來的憲政改革，雖然均以修憲而非制憲的改革途徑進行，與其說這是國民黨的決定或是李登輝總統的定調，不如從結構面來看，是民進黨必須妥協甚至是不得不接受的結果。畢竟，一個和平、民主的過程，通常都不會排除以談判、調解和妥協的方式解決政治衝突。

若將「國家認同」的爭議存而不論，我國當前大部分憲政問題的根源，既不是現行憲法不能提供民主憲政秩序的基礎工程，也不能卸責諉過於種種社會條件的不足。根本問題還是肇因於政治人物與當權者缺乏踐履憲法的誠意與敬意，因而種種詆毀憲法的言論、毀棄憲法的行爲，自然就層出不窮了（隋杜卿，2007：174）。例如，1997年國民黨與民進黨協商修憲所完成的政府體制定位，很清楚的是以法國第五共和憲法爲藍圖的「雙首長制」，只是民進黨執政後得了集體健忘症，才是政局不安的關鍵因素。

　　憲法乃人所定，也為人所用。好的憲法雖不一定能促成令人滿意的民主政治，但是好的民主政治卻能夠妥善的運用憲法（Pickles, 1970: 112-113）。在憲法增修條文已設下通過修憲程序高門檻的前提下，未來遇有憲政爭議之際，透過修改憲法增修條文來謀求解決的可能性必然大為降低，而如何善用「立法補充」、「司法解釋」以及「創建憲政慣例」等途徑，或將成為我國未來持續推動憲政改革的重要關鍵。

參考書目

中文部分

呂亞力，1998，〈行憲十年人權保障上的成就〉，收錄於國民大會編印，《中華民國行憲五十年》，台北：國民大會，頁413-427。

李炳南，1992，《憲政改革與國是會議》，台北：永然。

李炳南編著，1997，《第一階段憲政改革之研究》，台北：自刊。

李炳南編著，1998，《不確定的憲改：第三階段憲政改革之研究》，台北：自刊。

李登輝，1990a，〈開創中華民族的新時代〉，收錄於中國國民黨文化工作會編印，《以民意修憲向歷史負責》，台北：中央文物供應社，頁3-7。

李登輝，1990b，〈改革必須在軌道中進行——總統就任後舉行中外記者會問答全文〉，收錄於中國國民黨文化工作會編印，《以民意修憲向歷史負責》，台北：中央文物供應社，頁9-25。

李登輝，1990c，〈改革必須兼顧理想與現實——親臨國是會議閉幕典禮致詞〉，收錄於中國國民黨文化工作會編印，《以民意修憲向歷史負責》，台北：中央文物供應社，頁31-33。

周世輔、周陽山，1992，《中山思想新詮：民權主義與中華民國憲法》，台北：三民。

周世輔、周陽山，2000，《國父思想綱要》，台北：三民。

林美娜編，1990，《憤怒的野百合：三一六中正堂學生靜坐紀實》，台北：前衛。

荊知仁，1984，《中國立憲史》，台北：聯經。

高永光編著，1991，《修憲手冊》，台北：民主文教基金會。

國是會議實錄小組編輯，1990，《國是會議實錄》，台北：國是會議秘書處。

陳新民主撰，2002，《1990年～2000年臺灣修憲紀實：十年憲政發展之見證》，台北：學林文化。

曾鋒禎，1995，《解嚴後我國憲政改革與政體轉型之分析》，未出版之碩士論文，國立政治大學中山人文社會科學研究所，台北市。

隋杜卿，2001，《中華民國的憲政工程：以雙首長制為中心的探討》，台北：韋伯文化。

隋杜卿，2002，〈勿以憲政改革製造憲政危機〉，台北：財團法人國家政策研究基金會，憲政（評）091-495號。網址：http://old.npf.org.tw/PUBLICATION/CL/091/CL-C-091-495.htm，上網日期：2011年9月1日。

隋杜卿，2005，〈第七章　「憲法與人權」〉，收錄於陳義彥主編，《政治學》，台北：五南，頁135-177。

黃昆輝等編，1997，《國家發展會議實錄》，台北：國發會秘書處。

楊世雄，1998，《憲政改革的理論與實踐：以第四次修憲為例》，台北：五南。

葉俊榮，2003，〈九七憲改與台灣憲法變遷的模式〉，收錄於葉俊榮，《民主轉型與憲法變遷》，台北：元照，頁111-156。

蓋爾（Gaer, Felice），1995，〈民進黨新憲法架構下人權問題的探討〉，收錄於陳隆志編，《台灣憲法文化的建立與發展》，台北：前衛，頁71-81。

齊光裕，1998，《中華民國的憲政發展：民國卅八年以來的憲法變遷》，台北：揚智文化。

蕭全政主編，1990，《改革憲政》，台北：國家政策研究資料中心。

魏廷朝，1998，〈近十年來人權的增進與實踐〉，收錄於國民大會編印，《中華民國行憲五十年》，台北：國民大會，頁230-250。

英文部分

Dahl, Robert Alan. 1998. *On Democracy*. New Haven, Conn.: Yale University Press.

Feldman, Harvey J. (ed.). 1911. *Constitutional Reform and the Future of the Republic of China*. N.Y.: M.E. Sharpe.

Leng, Shao-Chuan. 1993. Constitutional Reform and Democratization in the

Republic of China. in *Republic of China in International Perspective*. New York: Carnegie Council on Ethics and International Affairs. pp.57-63.

Lijphar, Arend and Carlos H. Waisman. 1999,蔡熊山、陳駿德、陳景堯譯,《新興民主國家的憲政選擇》,台北:韋伯文化。

Maarseveen, H. Th. J. F. van and Ger van der Tang. 1978. *Written Constitutions: A Computerized Comparative Study*. Dobbs Ferry, N.Y.: Oceana Publications.

Pickles, Dorothy Maud. 1970. *Democracy*. London: Batsford.

第三章

行政、立法互動與台灣民主化

陳志華

壹、前　言

　　美國《外交政策》（*Foreign Policy*）期刊，2011年7月出刊的一期，有一篇文章題目爲「混亂的國會」（Parliamentary Funk，副標題是：美國不是世界唯一國會不能運作的國家）。這篇文章評選出全球擁有最惡劣國會的國家，日本、台灣和比利時都上榜。其中形容台灣藍綠陣營水火不容，已到了敵視對方的地步，一天到晚在立法院打架，很難在政治上攜手合作，2000年亞洲金融危機時，根本無暇處理經濟危機。對此評述，立法院院長王金平表示，立法院以前發生衝突，是因審查政治高度對立議案，但這也是民主的過程，第七屆立法院至今三年多沒發生激烈衝突。事實上，立法院上會期通過100多項議案，不能謂無能[1]。而令人訝異的是，立法院已有三年未打架。

　　行政與立法部門，基於權力分立及制衡，是憲法基本原則。而現代法治國家，立法機關或將政策制訂成法律，或監督政策制訂與執行，二者關係密切。國會雖然是複雜而自成一格，也不斷發展演進[2]，但由於處理災難變故，整個政府組織必須重行調整，更必須改變做事的型態。政府與人民是伙伴，應一起重新思考政府的價值以及所要保護的是什麼。（美國前

---

[1] 2011年8月10日中央社、蘋果日報等報導。

[2] Polsby, Nelson W. "The Making of The Modern Congress," in Robinson, W. H., and H. Wellborn C. (eds.), 1991, *Knowledge, Power, and the Congress*. Washington, D. C.: Congressional Quarterly Inc. pp.80-90.

檢察總長、賓州州長D. Thornburgh）美國從2001年911恐怖攻擊事件，以及Katrina颶風，得到了教訓[3]。

權力分立原則下行政、立法之互動，在詮釋化約憲法意涵，有促進及維護民主的目的。而民主的操作意涵：一、多數決（多數統治）：以多數決尋求民意，民主政治就是多數統治；二、國民主權：政府程序透明公開，以符國民主權原則；三、大眾諮商：政策制訂、法規訂定（甚至司法判決）允許人民參與；四、政治平等[4]，也是行政、立法互動的指導原則。

一般相信1987年的解嚴，是啟動台灣民主化的起點。人民的言論（出版、媒體）自由、結社（組織政黨）自由，恢復憲法保障，逐步體現「國民主權」、「大眾諮商」（司法院於2011年7月決定試行觀審制，亦是大眾諮商原則的實踐）。1990年起，中央民意代表全面改選、總統直接民選、公投入憲以及以公投修憲等，驗證「國民主權」。人民、政黨及族群的「政治平等」是有具體成效。唯2000年5月起為時八年的內閣，是否合於「多數決（多數統治）」原則，引發台灣民主化最嚴峻而持久的爭議。

貳、行政與立法的關係

憲政有常規。行政與立法的關係建制於近代以來的政治理論，是憲政的應然面。而憲政的應然面與實然面往往有落差。

一、立法、行政機關的基本功能

按立法機關有兩大基本功能，其一是代表的功能。國會議員是經由

---

[3]　Kettl, Donald F. 2007, *System under Stress: Homeland Security and American Politics*, Second Edition. Washington, D. C.: Congressional Quarterly Inc. Foreword.

[4]　'Parliamentary Function of Representation', Agora-parl.org. website.

人民選舉產生，議員常常代表特別的、地區的、族群的，甚至於是宗教的利益。但國會是這些林林總總的利益之整合，代表整個國家的思想與信念[5]。我國憲法第62條明定：「立法院為國家最高立法機關，由人民選舉之立法委員組織之，代表人民行使立法權」，當作如是觀。

其次是監督的功能。「國會監督是民主的基石。監督不僅要求行政部門為其行為負責，更要求政策有效執行。」而國會的監督功能，是在維護權力平衡，也在捍衛人民的利益[6]。其監督的目的是：確保行政透明、公開，維持行政及財政責任，提升法治。而監督的方法則有：聽證、不信任投票、質詢、詢問、委員會調查、預算監督、首長任命審議等[7]。

基於權力分立原則，行政部門主要職責在依據法律、制訂並執行政策。然實際上，行政權是高度角色混合（mingling of roles）。以美國總統言，他是國家元首、行政首長，也是外交領導人、三軍統帥。他甚至是政黨首領、立法領袖。狄奧多‧羅斯福認為總統一職，幾乎是國王加上內閣總理。杜魯門說他必須整天坐鎮白宮，努力說服許許多多與總統有關的人。

二、立法機關功能以監督行政為主

洛克在《政府論次講》一書，所描述的立法權是：（一）最高的權力，立法相當程度認為是用來抵抗專制，又因為法律是「經過公眾同意才有效」，如此人民財產方能確切獲得保障；（二）由定期改選的議會行使；（三）與執行兩權必須分開，不許由一人獨攬[8]。往後孟德斯鳩《法

5　'Parliamentary Function of Oversight', Agora-parl.org. website.

6　Idem.

7　Ranney, Austin, Governing, Eighth Edition, *Upper Saddle River*, New Jersey: Prentice Hall, 2001, pp.95-99. 又盧梭認為立法機關必須時時刻刻維護平等；Sartori, Giovanni, *The Theory of Democracy Revisited*. Chatham, New Jersey: Chatham House Publishers, 1987, p.337.

8　洛克著，葉啓芳、瞿菊農譯，《政府論次講》，台北市：唐山出版社，1986年初版，頁47-92。

意》一書，明確指出政府三權，行政、立法與司法，應當分立而且相互制衡。

　　英國是議會政治發祥地。早期英國地主與商人的領袖，不願意與貴族一起開會，因此產生了兩院制議會。十九世紀中葉以後，英國屬行社會立法，逐漸注意勞工與貧民的福利，於是國會兩院處於對立。內閣處境困難。遂有1911年巴力門法（國會法）之制訂。從此，國會兩院一高一低，一重要一次要。兩院制實際表現一院制的精神，貴族院的作用減少了。德、法、日等國莫不仿效學習。再者，議會職責在監督政府，至如解散權，不是行政權與立法權之間的平衡器。有謂解散權使內閣不至完全受制於議會控制，此觀念與事實不符。議會的作用已偏向於批評的工作，這是英國內閣制的精神，民主政治的眞義[9]。然立法控制行政範圍雖廣，但非全然掌握。行政部門在法制角色外的獨特能力，也能使其完成任務。對行政唯一的限制是，經費預算必須經過議會同意[10]。

三、立法機關影響政府政策

　　各國議會與政府政策的關係，約有三個類型：（一）制訂政策，國會具有自主性；（二）影響政策，國會只能改變政策，或對行政部門的提案反應；（三）不能影響政策，國會如同橡皮圖章。其差異的關鍵在於，國會是否有：明顯的權限並受到尊重、獨立於行政之外、團隊組織、一致立場[11]。

　　美國憲法第1條、第2條，依序規定掌握立法權的國會、治理行政的總統，學理上認爲美國立法權優於行政權。實務上雖然國會制訂法律、審議

---

[9]　鄒文海，1981，《比較憲法》，台北市：三民書局，頁86-87、129-130。

[10]　Daintith, Terence C. "The Techniques of Government," in J. Jowell and D. Oliver (eds.), *The Changing Constitution*. Oxford: Clarendon Press, Third Edition, 1996, pp.210-212.

[11]　Heywood著，楊日青等譯，《政治學新論》，新北市：韋伯文化，2009年，頁497-498。又有關各國議會制度，可參左潞生等編著，1981，《各國議會制度》，國民大會憲政研討會編，台北市：正中書局，各章。

預算，但實際執行法律、決定經費使用優先次序的是行政部門[12]。總統向國會提出國情咨文、經濟報告，對國會立法及預算審議有指導作用，總統甚至有「立法首長」之稱。然國會主要工作是審查總統提出的立法計畫，不免減弱了國會提出法案的角色，而有所謂「總統提案，國會處理」的情況。水門事件（1973-1974年）之後，國會復甦，對歷任總統採取強硬立場[13]。故2011年，歐巴馬總統從健保制度的改革到國債上限的調整，無不花時間爭取社會輿論支持，以說服國會。

英國國會歷經十九世紀幾次大改革以及選舉權擴大，權力增加，決定政權輪替、閣員、法案。行政一體配合剛性政黨，內閣領導議會，內閣主張的法案國會幾乎都能通過，甚至限期完成，與美國形成對比。

參、立法與行政的互動

行政與立法之互動，基於憲政架構，是國政運作主要部分，至為重要。

一、互動焦點

從憲法及相關法律觀察，我國行政院與立法院的互動，要有以下焦點：

（一）人事任命同意權：檢察總長由總統提名，經立法院同意任命之。

（二）法案的提出、審議及公布：行政院首長向立法院提出之法律案、預算案等事項，立法院有議決之權。總統依法公布法律、發布命令，

---

12 雷飛龍，《社會科學與比較政府》，第七章「論行政與立法的關係」，新北市：韋伯文化，2002年9月，頁147。

13 Austin Ranney, op cit., p.260.

須經行政院院長等之副署。

　　（三）施政報告與質詢：行政院有向立法院提出施政方針及施政報告之責。立法委員在開會時，有向行政院及其各部會首長質詢之權。

　　（四）覆議：行政院對於立法院決議之法律案、預算案、條約案，如認為有窒礙難行時，得移請立法院覆議。如經全體立法委員二分之一以上決議維持原案，行政院院長應即接受該決議。

　　（五）倒閣與解散：立法院得對行政院院長提出不信任案。如經全體立法委員二分之一以上贊成，行政院院長應提出辭職，並得同時呈請總統解散立法院。

　　（六）財政監督：行政院應將下年度預算案提出於立法院。審計長應於行政院提出決算後完成審核，並提出審核報告於立法院。

二、互動模式

　　各國行政、立法互動模式主要有三，其一，內閣制，行政、立法融合一體，並得相互以倒閣、解散對抗。行政權屬內閣總理，行政一體、完整統屬。其二，總統制，行政、立法分立制衡，各自對人民負責。總統是國家元首，也是行政首長，一樣呈現行政一體、完整統屬的特質。亦即內閣制，公民透過一次選舉決定執政黨及政府；總統制，公民經由兩次選舉決定行政、立法權歸屬[14]。

　　其三，雙首長制或半總統制，或總統是人民直選，權力有限，如愛爾蘭、冰島；或總統民選，支配行政權，如俄羅斯、法國；或總統與總理分享權力者，如葡萄牙、芬蘭（參考圖3.1）。有指，雙首長制國家行政權歸屬不明確。憲法清清楚楚規定，總理是政府或內閣首長，總統則掌專屬的元首權。現實生活，權力則依據人格特質、政黨版圖消長以及國家整體形勢，遊走於總統與總理之間[15]。

---

[14] 王靖興，〈立法委員的立法問政與選區服務之分析〉，《台灣政治學刊》，第11卷第2期，2009年12月，頁116-117。

[15] Lane Jan-Erik and Svante Ersson著，何景榮譯，《新制度主義政治學》，新北市：

愛爾蘭、冰島 ─────── 葡萄牙、芬蘭 ─────── 法國、俄羅斯
（傾向內閣制）　　　　　　　　　　　　　　　（傾向總統制）

圖3.1　雙首長制國家體制光譜定位

（一）雙首長制與聯合內閣

我國政府體制一向被稱爲雙首長制。1996年總統由公民直接選舉，台灣因而一直都被評比爲「選舉自由」（自由的民主）國家[16]。又因總統直接民選，雙首長體制悄然轉變。

1997年修憲規定總統直接任命行政院院長，總統更直接面對立法院，有因此認定我國政府體制明顯傾向總統制（或稱半總統制）[17]。釋字第627號（2007年6月15日公布）解釋直指總統是最高行政機關，也是最高行政首長。先前司法院釋字第520號解釋（2001年1月22日公布），理由書肯定行政部門執行總統政見。2011年5月內政部公布，總統2008年選舉政見內政部相關者70項，截至4月底止，三年來整體執行率高達九成，「完成或達成階段性目標」[18]。總統政見「計入」行政計畫。

2000年5月政黨輪替，而總統得票未過半，第一年雖遇核四案嚴重爭議，立法院多數卻不願輕啓倒閣權。處此情境，學界多思考以聯合政府爲

韋伯文化，2002年，頁177。

[16] 李酉潭，〈邁向先進的民主：二十一世紀台灣民主化的展望〉，收錄於：高永光主編，《民主與憲政論文彙編》，國立政治大學中山所，2001年9月，頁547。

[17] 2000年5月之後學界論述，如黃德福，〈少數政府與責任政治：台灣半總統制下之政黨競爭〉，《問題與研究》，第39卷第12期（2000年12月）。隋杜卿，《中華民國的憲政工程：以雙首長制爲中心的探討》，新北市：韋伯文化，2001。吳東野，〈多數政府？少數政府？雙首長制憲政運作的省思〉，國家政策研究基金會等主辦，政黨政治與選舉競爭學術研討會，2001年10月6日。蘇子喬：〈我國雙首長制爲什麼不會換軌？〉，中國政治學會年會研討會，2005年10月1日論文。黃秀端，〈雙首長制中總統的角色：台灣與波蘭之比較〉，東吳大學「2010轉變中的行政與立法關係」研討會，東吳大學政治系主辦，2010年5月13-14日。

[18] 2011年5月18日中央社報導。

出路。畢竟「沒有單一政黨能夠獲得國會半數以上席次的情況下，國會黨
團之間的結盟正是所謂聯合政府的成立基礎，這也是民主憲政國家的成立
基礎」[19]。然而政黨間「聯合政府約定」，是一種妥協合作，必須政黨對
國會議員具強大約束力量、政黨間結盟或有信賴關係，惜這些條件「在我
國無一存在」，故難以期待聯合政府順利運作[20]。

再觀察司法院大法官政府體制相關解釋，從釋字第387號至第627
號，不同時空有相同解釋，同一時間有不同論點（第613號與第627號公布
時間間隔不到一年，前者論證為內閣制，後者則傾向總統制）。我國政府
體制定向尚未明確可證。大致這些解釋指涉之體制及光譜定位如次（參考
圖3.2）：

（387號、613號）——————（520號）——————（627號）
（傾向內閣制）　　　　　　　　　　　　　　　　（傾向總統制）

圖3.2　政府體制解釋的光譜定位

（二）從雙首長制到半總統制

2000年5月「少數政府」成立，國會多數未得到尊重，學界舉行研討
會，主題幾乎集中在提醒政府體制依舊屬雙首長制或內閣制。2009年再
次政黨輪替之後，研討會則出現「半總統制」，而且明白取代「雙首長
制」。論者更明確指1996年總統直選為分界點，此後是「半總統制」，
然學界論衡析述，步調不一，至今仍不乏持雙首長說者。唯我國「半總統
制」與法國體制對照，仍有差異：

其一，主持國政會議：法國總統主持部長會議（內閣會議）。我國總
統則主持國家安全會議決定國家安全有關大政方針。行政院院長主持行政

---

[19] 陳愛娥，〈憲政體制下政黨與政府組成的關係〉，台灣大學政治學系等主辦，憲政
　　體制與政黨政治走向研討會，2000年12月23日，論文。
[20] 同上。

院會議（內閣會議）。雖然法國總統在部長會議上可能只是個主持人或被動角色[21]；總理掌握行政權，共治時期總理更可決定總統的政策，兩國體制仍有差異。

其二，解散國會：法國總統於諮詢總理及國會議長後，得宣告解散國會。我國體制是立法院通過不信任案，行政院院長得呈請總統解散立法院，仍有差別。

通說多指我國憲改脈絡近似法國第五共和憲法。然法國到第五共和，憲法已經歷十五次修改，軌道明確；我國憲法自1911年至1947年歷經各種草案及至制訂施行，幾乎沒有真正落實過。與法國二百年民主經驗比較，我國仍欠純熟與圓融[22]。

肆、行政、立法的互動與民主化

從解嚴經兩次政黨輪替，行政、立法互動，各階段趣舍萬殊、靜躁不同。

一、1987-1990年：靜態中的配合

過去一大黨執政的形勢，國會較為靜態，自1986年年底辦理增額立委選舉之後，行政、立法必須重視溝通。1987年6月，解嚴前夕，行政院

---

[21] 陳瑞樺，《法國為何出現左右共治？》台北市：貓頭鷹，2001年，頁42-54。

[22] 吳志中，「政權移轉一年來之回顧與前瞻」，國策研究院等主辦，台灣民主鞏固與發展研討會，2001年3月30日，論文。另，我國學界，有指中華民國憲法未經修訂時就是雙首長制（許宗力）；也有認為歷次修憲後，體制往雙首長制走。或指1997修憲後，是往總統制調整（施正鋒）。然亦有指是傾向內閣制（蘇永欽）或還是內閣制（陳新民）。施正鋒，「分裂政府下行政與國會的關係」，九七修憲與憲政發展學術研討會，國家政策研究基金會主辦，2000年12月9日。並參考吳重禮、吳玉山主編，《憲政改革：背景、運作與影響》，台北市：五南書局，2006年出版，第七章，〈制度制約下的行政與立法關係〉，頁155-190。

曾強調：「一個活躍的立法部門和一個有作爲的行政部門是相輔相成的。行政院一定和立法院盡力溝通協調，使民意能夠在法案審查過程中充分體現，這是民主精神所在。」面對反對勢力勃興，行政院體認：「民主政治之所以有別於極權政治，就在於能容許不同意見有充分表達的機會。民主社會，任何意見都值得重視」[23]。行政部門已感受到與立法部門關係需要調適。

及至1990年5月29日，立法院行使閣揆郝柏村任命同意權。上午投票時，反對黨即不斷以軍人組閣等各種話題拖延程序，朝野立委持續爆發衝突，直到下午四點多才完成開票，「輕騎過關」不易。8月1日一位資深立委退職，定期改選的增額立委人數首度超過資深立委，國會結構悄悄在變化。國會裡朝野互動及生態，反映時代在變、潮流在變。

議會質詢，按理應具有四項基本功能：監督政府施政、瞭解政府政策、表達民意與授意提問（質詢）[24]。然此一階段，由於多數立法委員屬執政黨黨員，且未全面定期改選，質詢功能侷限於表達民意、授意提問（明知故問，或經政黨授意提出質詢，藉以使民衆瞭解政策）。

再從公職人員財產申報法個案觀察。1990年6月初，立法委員已提出兩個草案版本，態度積極，相對之下，行政院似顯保守消極。學者推測，這是因爲執政高層未經歷國會全面選舉，感受不到民意的壓力，另外則是此種未討好軍公教的政策，故缺乏推動意願。其實行政院對此一法案研議不能謂不努力，且立法委員又有人提出草案，但經過中央資深民代全面退職，翌年（1992年）2月新國會誕生，行政院依然未見行動。直到6月中旬，立法院通過「政風機構人員設置條例」三讀會，「附帶決議」要求行政院於下一會期前送「公職人員財產申報法草案」交立法院審議，行政院態度始轉爲積極[25]。當時，行政、立法靜態關係裡，民主步履蹣跚。

---

[23] 薛心鎔編著，《變局中的躍進：俞國華的政院五年》，台北市：正中書局，1996年初版，頁88-89。

[24] 周萬來，《立法院職權行使法逐條釋義》，台北市：五南圖書，2004年，頁155-157。

[25] 陳建仲，《政體轉型期政商關係的法制化》，台灣大學政治所碩士論文，1995

二、1991-2000年：動態中的協調

　　1992年第二屆立法院是全面改選後「全新」的國會，一方面，院內次級團體如雨後春筍增多，成為政黨與立法院中介團體，削弱政黨在立法院的力量，立法委員更以團體的力量施壓，對行政部門產生實質影響力。另一方面，立委參選靠自己的力量或地方派系，致選區利益或特定團體利益凌駕黨意，「以黨領政」情勢轉變。執政的國民黨政策協調備受挑戰[26]。

　　這一年國民黨取消「立法院黨部」，改為「立法院黨團」；翌年中央政策委員會改制，其下設置立法院黨政協調工作會等四個工作會。而中央政策委員會並置「高層黨政首長會議」，成員包括行政、立法兩院院長及副院長，中央黨部主要成員等，就行政、立法部門重大議案先期協調[27]。然黨部雖銳意改革，但未能與內閣制精神的「內造政黨」配合，改造不是一蹴可幾。

　　全面改選後，國會政黨林立，擾攘中產生所謂「立法怠惰」的現象[28]。政黨形勢改變，執政黨有時掌控多數，黨鞭動員無力，缺席者眾，反而變成「少數」。因此常見反對黨贊成、執政黨反對的法案通過，逼得執政黨在院會以「包裹表決」加以推翻，如此不僅法案強渡關山，難以施行，甚至法案堆積如山，影響行政部門施政[29]。我國加入世貿組織相關法

年6月，頁49-51。

[26] 劉淑惠，〈立法院議事過程的非法制面因素〉，《理論與政策》，第11卷第3期，1997年6月，頁23-26。

[27] 饒穎奇，〈黨政運作與政策訂〉，1994；引自劉淑惠，同上，頁25。

[28] 1990年代，政黨競爭激烈，形成惡鬥，立法院因此民生法案積壓未能及時審議。輿論對「立法怠惰」的立法院，有更具體的厭惡理由。而「立法怠惰」竟成憲法議題的討論。參「立法怠惰之回應」學術研討會，憲政時代，第21卷第1期，84年7月，頁1-57。依學理，「立法權之最高性當以不超越憲法規範為其界限」。「立法怠惰」可視為是「立法不做為」。「立法怠惰」有對立法不信任之意涵。「立法怠惰」是立法者逾越適當期間，未履行其憲法上立法義務，已構成違憲。如立法院至今未能依憲法規定，制定「創制複決法」即是。

[29] 雷飛龍，〈社會科學與比較政府〉，同前，頁149。

律修正,是1996年出現「包裹立法」的範例[30]。

　　1993年2月,連戰接任行政院院長,面對的是三分之一反對黨的立法院。52席的在野立委,各有不同的主張。立法院總質詢期間,常見議事癱瘓,法案難通過,施政報告陷入僵局。一年兩次總質詢,每次長達三個月,立法院多枯坐、杯葛、吵鬧等情事。1994年9月6日,第二屆立院第四會期開議,原本要採新制「即問即答」的質詢,但爭議過多,最後決定採取每一位立委「四十分鐘,四問四答」的方式詢答。儘管新會期、新的總質詢方式,仍爆發陳婉眞因新聞台被抄台事件,帶著球棒企圖攻擊連院長的情事。由於總質詢耗費時間,改採聯合質詢、書面質詢。行政院副院長徐立德負責行政院與國會間的聯絡工作,穿梭於立法院、黨部政策會及行政院溝通、商議,常以黨部或政策會為家。同時,與各部會副首長、立法院聯絡員建立動員系統。1994年健保法審議過程,黨內有不同意見,因1995年立委選舉在即,考量健保法可能是票房毒藥。為此,李登輝在官邸召開黨政會議[31]。

　　觀察全民健保法的立法,仍然可以在協調中完成。1994年6月,由於時間緊迫,將勞、農保全部納入全民健保。行政院重新擬訂修正案,再送立法院。1994年7月18日,在國民黨下達動員令,各部門配合黨籍立委的情況下,立法院院會決定以「逐案表決」、「邊表決邊協商」的方式審查,甚至挑燈夜戰。這時其他黨派人士靜坐、唱歌、霸占發言台強力抗爭,一直到晚間11時30分才開始逐條表決。氣氛緊繃,一觸即發。第12條強制投保的規定遭到否決。至19日凌晨,終於進入三讀程序,1時9分通過。歷經七年,四任行政院院長,1995年3月1日正式開辦[32]。

　　1995年第三屆立委選舉結果,三個主要政黨席次都未過半。如此

30 韓毓傑,〈實施綜合立法的迫切需要〉,蘇永欽主編,《國會改革:台灣民主憲政的新境界?》台北市:新台灣人文教基金會,2001年,頁397-399。
31 徐立德,《情義在我心:徐立德八十回顧》,台北市:天下文化,2010年9月9日,頁298-306。
32 同上。

（1996年2月第三屆）立法院院長選舉、行政院院長同意權之行使，不時出現驚險過關的鏡頭[33]。行政院原民會的快速成立，不免被指與立法院院長選舉以及閣揆任命同意有關，甚至1997年修憲，閣揆任命同意權被取消。雖然1999年6月立法院通過「國會改革法案」（國會五法：立法院、各委員會組織、議事規則、立委行為、職權行使等之修訂），在「大聯合」「大和解」聲中，財團進駐財政委員會，黑道擠進司法委員會，立法院一時尚難脫胎換骨。

間或，執政黨更以召集「行政、立法黨政運作協調會」取代施政總質詢，這種制度外運作、變調質詢，彰顯我國行政、立法定位及互動，混淆不清、章法模糊[34]。由於決策重心在黨部與行政院，許多政策送達立法院之前，早已決定，執政黨立委僅為被動協助，難有發揮的空間。是以立委的心力時間多投入選區服務。反之，在野立委表現團結，往往採取一致行動，為黨的政策辯護或杯葛阻撓法案通過，與選民關係不若國民黨立委[35]。如此一黨獨大，以黨領政，重行政、輕立法，立法院遂處於弱勢，甚至被稱「立法局」[36]。

唯立法院仍出現黨團聯合、集體行動、發言干擾（filibustering），以及「少數思爭取權利，多數想掌控規則」等一般國會現象。社會仍期盼朝野在憲法常規、遊戲規則上競技[37]。

1997年修憲，行政、立法互動發生相當大的變化：（一）立法院閣揆任命同意權取消。（二）覆議案降低門檻，並取消立法院政策變更權。（三）立法院得提出對閣揆不信任投票，行政院院長並得呈請總統解散

---

[33] 吳燕玲，1996，〈閣揆同意權前途坎坷有立委揚言將會跑票〉，《新新聞週刊》，第465期，頁16。

[34] 中國時報，1999年3月9日，社論。

[35] 王靖興，同前，頁118-119。

[36] 楊日青，2002，〈從憲政走向探討立法院角色及其應有的調查權與聽政權〉，《理論與政策》，第61期，頁59-60。

[37] Binder, Sarah A. *Minority Rights, Majority Rule*, UK: Cambridge University Press, 1997, Chpter 7.

立法院。內閣制精神突顯，學界論述注意到「政治生態改變後的組閣問題」，多作因應內閣制發展的思考與建議，論述溫和[38]。學理的呼籲，透露著政府體制應該調整的方向。而此階段，往前衝的民主卻欠缺明確管道。

三、2000-2008年：對抗中的衝撞

（一）學界多呼籲聯合內閣

首次政黨輪替，總統當選人得票率39.3%，主政後不能尊重國會多數組閣，學界論述轉趨嚴厲，指責當局「橫柴入灶」，多呼籲採行「聯合內閣」，或仿法國「換軌」為內閣制。其間或視聯合內閣為「多數統治原則下的必要之惡」[39]。或指徒有最高行政機關首長虛名的行政院院長，只是總統的分身，是「異口同聲」的雙首長制，是假雙首長制，「絕不能與法國共治相提並論」[40]。然總統與立法院直接對抗，立法院怎堪發動倒閣，總統豈容聯合內閣存在？

事實上，2001年立委選舉，民進黨延續總統選舉氣勢，贏得相對多數，但泛藍國、親、新仍經由聯盟形成絕對多數，控制立法部門。2004年3月大選，民進黨繼續取得政權，年底12月泛綠陣營則仍舊未能贏得國會

---

[38] 如謝復生，1995，〈內閣型態與憲政運作〉，《問題與研究》，第34卷第12期，頁1-10。楊日清，1996，〈立法院生態改變後的組閣問題〉，《問題與研究》，第35卷第1期，頁1-16。黃德福，1996，〈政黨合作的必要性及其瓶頸〉，《理論與政策》，第10卷第4期，頁132。高永光，1998，〈政黨競爭與政黨聯合：議題取向分析〉，《理論與政策》，第10卷第4期，頁157-173。

[39] 蘇永欽主編，（新野論壇），《聯合政府：台灣民主體制的新選擇？》台北市：新台灣人文教基金會，2001年，編者序；楊日青，〈政府體制、選舉制度、政黨制度與內閣組閣的關係〉，（新野論壇），同前，頁195-218；隋杜卿，〈國會選舉制度對聯合政府影響的探索〉，（新野論壇），同前，頁219-248。

[40] 隋杜卿，〈我國政府定向的回顧與前瞻〉，高永光主編，《民主與憲政論文彙編》，政治大學中山所，2001年9月，頁116-118。

多數。這次政黨輪替前後，持續維持「分立政府」型態[41]。

（二）國會監督功能受挫

2000年5月首次政黨輪替後，第一任行政院院長唐飛回憶立法院，他的印象是：「國事論壇」是立委個人發表政見，委員極少參加，而行政院全員到齊，浪費許多立法院與行政院的資源；執政黨立委在總質詢時，總是以個人身分提出質詢，這哪叫「政黨政治」；（政黨協商）政黨間的妥協及交換，造成法案審查水準低落；不法立委以「個人質詢」，向主管機關施壓，背後謀求個人利益[42]。

雖然陳水扁主政宣示組織「全民政府」，朝野關係未曾改善。第一年兩項重要政策，如勞基法「工時案」，6月中旬行政院通過「縮短工時案」，每週工時為44小時，在野三黨一派皆表反對。11月總統府「九人決策小組」確定修正草案，行政院即迅速通過。在野黨聯手於程序委員會否決，自在意料中[43]。繼之核四案，行政院片面停止預算之執行，更引發立法院提議罷免總統而形成「在野聯盟」。總統直接指導政府政策，行政、立法難以溝通（執政的民進黨，直到「八掌溪事件」才建立黨政管道：協商會報）。

少數政府的第一年，即爆發核四停工案，總統直接面對國會，甚至直接對抗喊話。於是立法院無奈地以罷免總統取代不信任投票，總統更要求赴立法院報告政策。往後兩岸事務監督也想在國會之外，另闢蹊徑。1987年解嚴後大陸事務以任務編組（工作會報）處理，幾由行政部門主導。

---

41 吳重禮，〈分立政府與經濟表現〉，《台灣政治學刊》，第11卷第2期，2007年12月，頁55。

42 唐飛，《台北和平之春：閣揆唐飛140天全記錄》，台北市：天下文化，2011年8月，頁140-141。

43 黃德福，〈少數政府與責任政治：台灣半總統制之下的政黨競爭〉，收錄於：明居正、高朗主編，《憲政體制新走向》，台北市：新台灣人文教基金會，2001年，頁125。

1991年兩岸事務法制化,設立機關,各黨派以立法院爲溝通、監督的平台。然而,此階段的「少數政府」運用公民投票(2004年320公投),直接訴諸民意。

實證研究,「朝小野大」政局下,國民黨立法院召集委員明顯運用議程設定權力,監督行政部門(設定立法議程減少約百分之十,監督議程則增加百分之十)[44]。首次政黨輪替,值立法院第四屆第三會期,行政、立法兩院互動,迭生齟齬。加以國會質詢制度設計不良,部會首長身陷議事堂,無法抽身處理行政,立法院又背負致「國家空轉」的罵名。另一方面,強勢總統主導下,在野居多數的「立法院遭架空」。

本來,「在野多數」只能以立法院作爲奮力一搏的根據地,做出業績。總質詢、法案及預算審查之外,「專案報告」及備詢成爲立法院用來制衡、監督行政首長最重要的利器[45]。立委熱衷於要求首長到會備詢,構成國會特殊生態的景觀。然此階段,「超級總統」下的行政院不但不願意向立法院負責,甚至想擺脫立法院的監督。於是,多數黨黨團曾決定,提案於刑法增列「藐視國會罪」,力求加以改善。同時,明定行政首長不配合立法院之調查、詢問、聽證會、調閱文件等之責任[46]。往後立法院職權行使法修訂即作些宣示性質的要求,例如(第25條)規定「不得拒絕答覆」;(第26條)規定部會首長因故不能出席,「應於開會前檢送必須請假之理由及行政院院長批准之請假書」。

(三)多數抗衡,覆議頻仍

覆議,不是國會用來擴權的武器,而是用來防衛立法權的工具。其目

---

[44] 鄭勝元,《立法院召集委員議題設定之研究》,政治大學政治研究所碩士論文,2005年。

[45] 行政部會首長如有立法院兩委員會同時邀請備詢,以業務多者爲優先;羅傳賢,《國會與立法技術》,台北市:五南圖書,2004年初版,頁277。又依立法院各委員會組織法第8條,行政首長應出席立法院各委員會備詢;周萬來,《立法院職權行使法逐條釋義》,同前,頁243。

[46] 「推動國會組織再造」,國策中心研討會,2006年6月27日書面資料。

的是出於維護權力制衡原理、保護人民權利，免於受到思慮不周的權力侵害[47]。行憲以來少見的覆議案，「少數政府」時期八年內即有四件，其中行政院覆議成功一件，失敗則為三件。其要如次：

第一件：立法院於2002年1月17日三讀通過財劃法修正案，行政院認為修正案未兼顧財政較差縣市的平衡及調劑功能，造成中央與地方經常支出的嚴重失衡，要求立法院覆議。立法院於2月19日表決，109票對103票，立法院失利，行政院覆議成功。這是少數政府時期唯一覆議成功的案例。

第二件：公民投票法於2003年11月27日三讀通過，行政院認為窒礙難行，要求覆議。12月19日立法院以118票對95票維持原決議。

第三件：「319槍擊案真調會條例」於2004年8月24日三讀通過，行政院認為嚴重違反權力分立原則、正當法律程序，並且侵犯司法偵察權及審判權，移請立法院覆議。2004年9月14日立法院以114對0票，維持原議。經行政院聲請解釋，司法院公布釋字第585號解釋，認該條例之規定違反權力分立等之不當。

第四件：2007年5月1日農會法修正案三讀通過，放寬農、漁會總幹事任用限制，二審判決應解除職務，改為判刑確定才解除。行政院認為違背當前社會各界反黑金的期待，且不符公平正義原則。行政院遂於5月30日提請覆議，結果仍失敗。

立法院處理覆議案，具有裁量權[48]，其結果行政院當予以尊重。而行政院覆議雖然多失敗，有些往後進而聲請大法官解釋，其中有兩案則被大法官認定違憲（第585號有關真調會條例與第645號有關公投審議委員會組織之解釋）。覆議與聲請解釋操持急切，行政、立法互動異於尋常。

（四）司法火花一再爆發

首次政黨輪替之際，朝野氣氛緊張，要建立制度解決爭議，難有共

---

[47] Immigration and Naturalization Service v. Chadha, 1983.
[48] 羅傳賢，《國會與立法技術》，同前，頁320-321。

識[49]。我國憲法未能發揮「換軌」功能，因應時局調適體制，亦無可如何。然此八年，執政當局一再聲稱要「國會過半」，實際政局卻是國會多數不能組閣執政，行政院不願對立法院負責。時局的壓抑逼迫，國會多數遂被迫作激烈演出，因此曾出現三次有關行政、立法衝撞的解釋：

其一，第585號解釋（2004年）：立法院職司立法，設置調查機構，執行行政權，侵越現行機關的調查權，破壞權力分立的憲法原則。

其二，第613號解釋（2006年）：NCC委員之任命屬於行政權之一部分，屬於最高行政機關的行政院。基於行政一體原則，首屆委員之任命侵奪行政院及閣揆職權。

其三，第645號解釋（2008年）：公民投票法關於委員之任命，實質上完全剝奪行政院依憲法應享有之人事任命決定權，顯已逾越憲法上權力相互制衡之界限，自屬牴觸權力分立原則。此三項解釋，為我國憲政史上行政、立法兩權之衝撞留下記錄。

（五）國會議長被機車大鎖鎖住

2007年1月19日立法院（第五屆第五次會期）該會期最後一天的會議，朝野對中選會組織法修正案依舊僵持不下，議程嚴重延宕。下午2時40分院長王金平宣布開會，藍綠立委擠滿發言台，相互對峙，至有委員提議停止討論逕付表決，拉扯更劇烈，兩位女性立委四次「鞋攻」，場面失控。休息時有些立委一度以繩子綁住議場內通往主席台的大門，不讓主席進入議場。10時在人群霸占主席台的情況，表決通過延會至午夜12時。中間又因中選會委員政黨比例協商破滅。當晚此刻，王金平院長已被「關在」議場外，直到20日凌晨10分，議事人員終於打破機車大鎖鎖住的主席出入門，王金平始得進入會場，只能宣布散會。此會期創下立法院通過的法案少、擱置的法案多，以及未能如期通過中央政府總預算即草草休會的

---

[49] 游清鑫，〈國會中的政黨競爭：限制、策略與結果〉，2001，政治大學政治學系憲法研究成果發表會：台灣新政局下的立法院。

惡例[50]。

　　依照常理，國會多數反受制於少數情勢下，多數黨立委試圖以「國會警察權」爲「尚方寶劍」排除「立法路障」，可以理解。王金平院長則堅持國會自律，事緩則圓[51]。然立法院是否成爲「立法局」，議長角色應否中立，才是政府體制的試金石與觀察點。唯根據1995年研究，不論是「一致政府」或「分立政府」，議場秩序有別，在重大議題設定上，立法院扮演的角色沒有太大的差異。從提案比例觀察，執政黨的立法委員議題設定的能力，有被行政院取代的趨勢；反之，在野黨立委則善用其此一能力，增強其影響力，且尋求政黨聯盟，第四屆泛藍政黨聯盟持續至第五屆即是[52]。

（六）閣揆任命牴牾憲法精神

　　2000年5月，陳水扁任命的首任行政院院長唐飛，在職僅140天即請辭匆匆離任。他自承是「跳入火坑」，自嘲「政治幼稚」。唐飛感慨，修憲後行政院院長已淪爲總統行政的幕僚長，當時執政黨必然要掌控行政院，邀唐飛擔任院長「乃陳前總統的權謀之計」，「這院長一職僅是過渡性」[53]。140天過去，輿論稱執政當局的「石頭已搬開」。唐飛的接任或下台，成爲個人去留的事，當然也不會有「總辭」的意義。對當局言，如惡夢一場，實際上是總統與立法院及在野多數直接交鋒，行政院對立法院負責的體制顯然被漠視。

　　這八年期間閣揆之任命從未得到立法院支持，即便最後一任行政院

50　參考網路下載；聯合報2007年1月20日報導。
51　狹義的國會自律，不包括警察權。參許劍英，《立法審查：理論與實務》，台北市：五南圖書，2006年四版，頁115-116。
52　鄭勝元，〈立法院召集委員議題設定之研究〉，同前。並參考盛杏湲，〈立法機關與行政機關在立法過程中的影響力〉，《台灣政治學刊》，第7卷第2期，2003年12月，頁51-105。
53　唐飛，《台北和平之春》，同前，頁284、312-313。

院長的去留，依然顯示憲政體制蕩然失序。2008年1月12日，第七屆立委就職前夕，內閣向總統提出將在1月28日總辭。陳總統表示面對新國會的局勢，執政團隊人事調整將展現最大誠意尋求最大公約數。其間，還出現「CEO組閣說」的插曲，仿韓國李明博出身企業執行長尋找閣揆人選[54]。1月24日，行政院為「以利總統人事佈局」，提前總辭。26日總統府表示，陳總統正慎重考慮是否退回總辭案，以穩定政局，延續政務，並建立新的憲政慣例。民進黨前立委林濁水則力主重新任命閣揆，且應在立委就職後任命，以示行政院向立法院負責的體制。

　　1月28日，總統府公共事務室發佈新聞稿，陳總統批示退回張揆總辭案，其中要點是：1.1997年修憲明定行政院長由總統任命，無需經立法院同意，行政院長與立法委員的選舉無關。行政院院長在立法委員改選後，第一次集會前提出總辭，已非憲法上的義務。2.2005年修憲延長立法委員任期，與總統同為一任四年，就職日期只差三個月十九天，其間如行政院院長必須總辭兩次，勢必影響政務推動及政局安定，允宜慎重考慮。3.1997年及2005年修憲前，司法院大法官釋字第387號與第419號解釋意旨應不再適用。4.行政院院長在立法院委員改選後，第一次集會前總辭的往例，固值肯定，但依循最新憲法規定，應重建憲政慣例，始符全民利益[55]。

　　對此，前司法院大法官董翔飛質疑「退總辭，大總統自己釋憲？」[56]。學界有稱：我國政府體制是「雙首長的半總統制，而且近年來逐漸向總統制傾斜」[57]。然有指這種說法其實是似是而非。台灣總統的職權不及法國，台灣現行體制「相較於法國，更傾向於內閣制的半總統制」[58]。而國人所目睹的是，一方不讓國會多數「整碗捧去」，一方堅持「多數執政原則」，毫無交集，爭議不止。

---

[54] 中國時報、聯合報，2008年1月20日報導。

[55] 中國時報，2008年1月29日報導。

[56] 文見聯合報，2008年1月30日。

[57] 楊永明，〈這叫一黨獨大？國民黨還早〉，《聯合報》，2008年1月21日。

[58] 謝復生，〈朝小野大是人的問題〉，《中國時報》，2008年1月3日。

（七）預算執行增添朝野衝突

　　一般國家預算例由行政部門編列，送立法機關審議，交互影響。如美國，總統提出預算案，國會撥款委員會可以在審議預算時，將整體預算分為許多撥款法案，控制行政機關[59]。我國預算由行政院主計處彙整，經行政院會議通過，送交立法院審議。因核四案而做成的釋字第520號（2001年1月15日公布）解釋，延續第391號解釋指出：預算亦屬一種法律，主管機關因施政方針或重要政策變更涉及法定預算之停止執行時，行政院首長適時向立法院提出報告並備質詢。論者指2000年10月27日行政院停止執行核四預算之決定，引起激烈抗爭，問題出在行政院的「莽撞」。而第520號解釋，希望核四爭議回歸民意政治，指出：1.釐清了修憲後行政與立法兩院的分權關係；2.行政機關「不願」執行預算，已屬政治決定的問題；3.九七修憲後，立法院「參與」決策，不限於「聽取報告及質詢」。第520號解釋理由書指，立法院可做成「反對或其他決議」，行政院不必然「主導」兩院權力的分配。總之，九七修憲後，立法院居於體制的優越地位，總統依立法院政黨席次比例，可主導行政，或保有行政權[60]。

　　我國預算制度上的問題之一，如「附帶決議」而引發爭議的立法院「凍結預算」，主要是根據預算法第52條：法定預算附加條件或期限者，從其所定。2006年11月，立法院審議中央政府總預算案，即凍結部分預算，更認定NCC、中選會等怠忽職守。此舉是否介入行政業務，超越監督立場，引人關切。朝野恣意對峙，難怪有一年度總預算案送到立法院，立法院以該編的預算未編（如延續性工程之預算），卻用特別預算編製，遂退回行政院。當時行政院院長怒斥立法院此舉「違法違憲」，堅持不改。後來立法院還是審議，但通過決議，將行政院主計長及行政院發言人移送監察院糾彈。立法院此舉又引發行政院院長斥責「違法違憲」。兩部

[59] 雷飛龍，《社會科學與比較政治》，新北市：韋伯文化，2002年9月，頁157。

[60] 蘇永欽，〈從五二○號解釋看行政立法關係〉，收錄於氏著，《走入新世紀的憲政主義》，台北市：元照，2002年，頁189-201。

門就在「違法違憲」中較勁，互動沒有軌道[61]。

　　從「多數統治」、「國民主權」、「大眾諮商」、「政治平等」等要素評量，此時期行政、立法的互動，從閣揆執意任命、立法過度積極、議長關在議場外以及預算的操縱，顯然民主化遭受挫折。或許經過司法解釋、媒體監督、輿論評議而得到矯正，民主化畢竟是唯一可以選擇的路。

四、2008年5月之後：挫折後的復原

（一）立法表現成績亮麗

　　以第七屆立法委員通過的法案數目統計（如表3.1）觀之，其立法績效應可以交代得過去。第二會期「一致政府」出現，通過法案增加，當初的憂慮或可以得到紓解。

表3.1　第七屆立法院各會期通過的法案數目統計

會期別	法律案	廢止案	其他	預決算案	立法院內規	總計
第7會期	92	2	11	24	0	129
第6會期	73	0	4	13	0	90
第5會期	65	2	3	6	0	76
第4會期	83	2	12	26	0	123
第3會期	113	2	10	7	2	134
第2會期	67	1	7	5	8	88
第1會期	50	4	9	8	0	71

「其他」包含戒嚴案、大赦案、宣戰案、媾和案、條約案、憲法修正案、總統副總統罷免案、覆議案、不信任案、行使同意權案、重要決議等議案。臨時會資料未列入。

資料來源：立法院國會圖書館（更新日期：100年6月20日）

61　楊智傑，《祭司還是大法官？》台北：三文印書館，2004年，頁55-72。

當時，論者對於開始運作的第七屆立法委員的立法效率，特別關切。並比較第四屆到第七屆第一會期平均通過的法案數量來看，其平均數爲96件。而第七屆第一會期爲71件，僅高於第六屆第一會期的47件，遠低於平均數。若從第四屆到第六屆的總通過法案件數與平均各會期通過的法案件數來看，第四屆到第六屆通過的法案數量分別爲644、611與499件，各屆平均每會期通過法案數量107、101與83件，都高於第七屆第一會期的71件（資料來源：立法院全球資訊網）。

論者有因此悲觀地認爲，國會減半無助於提升國會立法效率；國民黨「一黨獨大而故態復萌」，或認爲總統、行政、立法與黨中央間，缺乏溝通協調[62]。更有擔心行政、立法合一，過去黨國威權體制，即霍布斯所描述的集體威權「利維坦」（巨靈）（Leviathan）出現，以穩定秩序之名，行威權之實[63]。所幸，第七屆立法院的第三、四、六、七會期，通過的法案總數增加許多。第七屆通過的法案不少於前面幾屆，帳面上的績效堪稱漂亮，更期望有利於民主發展。

（二）回歸憲政維護民主

2008年2月開始的第七屆立委，由於立委人數僅有113位，利益團體容易施壓，爲防制不當利益交換，議事程序亟需公開，應允許隨選視訊系統（VOD）實況轉播，以符資訊公開原則、民主原則。各種會議記錄限期上網公布。此外，民間監督國會團體對第七屆立委提出八大要求，其中如遵守利益迴避原則，黨團協商過程完整記錄並透明化，民間團體於院會或委員會開會時成員進場觀察議事[64]。輿論對人數減少後的國會及黨團協商，依舊不放心。

2008年5月20日，執政黨組織行政院，並掌握立法院絕對多數席次，

---

[62] 黎家維，〈立法院也該上緊發條！〉，《國政評論》（2008年8月），國家政策研究基金會。

[63] 劉子琦，〈利維坦的威靈會重現？〉，《中國時報》，2008年1月27日。

[64] 中國時報，2008年1月28日報導。

形成「一致政府」。雖然「總統應站在第一線」，民意要求強烈，行政、立法關係受到衝擊，兩部門關係隱然在調適磨合（有卸任閣員以兩部門溝通有障礙，批立法院是「三害」之一）。至今尚未出現覆議案，兩部門互動趨於常態（美國小布希總統八年任期中，前六年「一致政府」只出現一次覆議，後兩年「分立政府」則出現十一次）[65]。

　　而扮演行政、立法間聯繫韌帶的政黨，角色依然重要。執政黨邀請從政黨員參加中常會、中山會報（2005年設置），增益黨政關係的柔性與廣度。如能堅持並拿捏「黨政分際」（不是「黨政分離」），行政、立法關係可以更靈活。

　　2011年7月，看到朝野立委，包括李明星（僑選，國民黨籍）、徐少萍（國民黨）與涂醒哲（民進黨）等人到美國華府、紐約等地訪問，與美方官員、參眾議員，就軍售、美國入境免簽證、美國牛肉進口爭議、台美貿易投資協議與引渡協定等，做進一步瞭解[66]，令人欣慰。立法委員代表全民利益，跨黨派行動，一如英國柏克（Edmund Burke）憧憬中的國會議員。柏克1774年在布里斯托（Bristol）對選民演說，就指出：「國會不是利益敵對的大使之集會所，而是代表全民整體利益的審議集會。我們的確是在選一位民意代表，可是，當我們從布里斯托選出來一位代表時，他就是國會的一份子。」[67]

　　2011年8月22日一個民間監督國會的團體成立，邀請朝野立法委員，討論立法院的使命及核心價值。其中三位的發言摘要如次：

　　賴士葆立委（國）：因為立委審查法案要等行政部門的意見，立法院快成為行政部門的立法局了。行政部門專業人才多，立法院預算中心就應擴大為「局」。

---

[65] Wasserman, Gary, 2011, *The Basics of American Politics*, Fourteenth Edition. Boston: Pearson Education Inc. pp.114-115.

[66] 聯合報，2011年7月17日引中央社報導。

[67] Harrison, Kevin and Tony Boyd, *The Changing Constitution*. Edinburgh: Edinburgh University Press, 2006, p. 2.

　　黃偉哲立委（民）：行政院政策多變、法案常更改，如美國牛肉進口事件、產創條例立法，致立法院難形成共識。常見立法過程，一旦「老闆」指示，就進行政黨協商，然後推翻原決議。如協商不成，就吵架。

　　吳育昇立委（國）：避免立法院成為立法局，議事不應等行政院版本。除非像國土復育條例、國土計畫法，無行政院意見難以形成共識，才需要等行政院提出版本。立法院打架，多因為與大陸有關的法案而起，如陸生就學案、加入ECFA等。2008年5月20日至今，立法院打架六次。立法院每屆通過的法案約600件，第六屆為499件，第七屆至今已有735件。

　　第七屆立委通過法案的業績，顯然較第六屆（「少數政府」時期）耀眼，展現憲政之路的績效。但仍有引起爭議的課題，如集會遊行（2010年）、土地徵收（2011年）等法律之修訂，還需克服困難。

　　論者評量：「立委減半」及單一選區制採行後，立委自主性增強；總統在直接民選後介入行政已然是不可迴避的趨勢，兼任黨主席自是勢所必然。而政黨扮演溝通者角色日益重要是可以斷言[68]。

（三）前瞻未來深化民主

　　洛克（John Locke）在十七世紀提醒：立法機關的權力來自人民經由積極而自願及依制度的授予。立法機關職責在立法，不在製造立法者[69]。故現今行政機關為處理個案，得發佈命令，運用裁量權，不能牴觸法律。如此，立法者在立法過程擔負責任（the buck stops），行政（總統）善盡職務，法律反映政治社會，實現良善的政策[70]。

---

[68] 單文婷，「政黨的國會領導力：第七屆立法院第一至第四會期國民黨團運作的觀察」，東吳大學「2010轉變中的行政與立法關係」研討會，東吳大學政治系主辦，2010年5月13-14日，論文集。賴競民，「立法與行政部門互動下執政黨角色及其定位」，同上，論文集。

[69] John Locke, Second Treatise of Civil Government, 1690. Quoted in Industrial Union Department, AFL-CIO v. American Petroleum Institute, 1980.

[70] Idem.

　　1980年代的西歐國家，國會爲多功能組織，在政黨穿梭連結中，與行政部門、媒體、社會團體聯繫協商[71]。民主議會，逐漸增益制衡者、修正者及監督者的角色，並從競技場議會（行政、官僚、政黨及壓力團體角逐權力）趨向轉換型議會（具獨立能力並從各種來源將建議轉變爲法律），但是大部分還是接近競技型。法國第四共和（1945-1958年）時期，國會主導行政並控制政策制訂，第五共和國會角色縮小[72]，自非無故。而美國，國會由多元、多重的委員會治理，行政首長的總統成爲「總協調者」（coordinator-in-chief）[73]。「政府」（government）已走向「治理」（governance），其動態不僅包含政府三部門，也包括公民社會[74]。

　　近代大國家中，只有代議政治可以表現國民主權的精神。代議政治之失敗，就是國民主權之幻滅。而爲政在人，人民若不能選舉出賢明的代表處理眾人之事，那麼我們又何必斤斤於國民主權的理想[75]。美國超過一半以上的國會選區少數族群居多數[76]；南非1996年脫離種族隔離的夢魘，因尊重南方一個白人的省，採行聯邦制。民主本身也要學習，民主需要深化。

伍、結　論

　　政府體制牽涉廣泛，其成長及發展需要歲月時間琢磨。1990年釋字第261號解釋公布，1991年第一次修憲以還，迄今憲政改革爲時不過二十

---

[71] Meny, Yves, *Government and Politics in Western Europe*, Oxford: Oxford University Press, 1992, pp.192-194.

[72] Ranney, Austin, op cit., pp.258-260.

[73] Kettl, Donald F. 2007, op. cit., pp.135-138

[74] Drewry, Gavin, "The Executive: Towards Accountable Government and Effective Governance?" in J. Jowell and D. Oliver (eds.), op cit., pp.285-286.

[75] 鄒文海，《自由與權力：政治學的核心問題》，台北市：鄒淑班刊行，1994年，頁7。

[76] McClain, Paula D. and Steven C. Tauber, 2010, *American Government in Black and White*. Boulder, USA: Paradigm Publishers, p.129.

年。唯行政與立法互動關係常引發爭議，特別是「少數（分立）政府」的八年，因此改革難脫困境。美國制憲先賢之一漢彌爾頓（Alexander Hamilton）自承，美國憲法制訂時，不可能是盡善盡美，憲法「必須靠時間以完善之」，改革是可以期待。但須知「許多政府的典型是長成的，不是被選擇的」[77]。回首過往，我們卻多在「選擇最好的」，民主總在雲霧擾攘裡。

憲法原來是具備內閣制精神，只是因歷史傳統、公民直選總統、總統直接任命行政院院長，體制已然變化轉型。所以當馬英九表示，在他任內如立法院改選他的政黨成少數黨，他願意尊重最新民意採行內閣制，錚然一葉，讓人耳目一新。然而體制出於社會各界想像推論，行政、立法互動出現問題，而民主化腳步一路受到牽絆。

相較於資源豐富，兵多將廣的行政部門，立法部門顯然弱勢。美國二百多年前制憲時，華盛頓因此期盼：「只有立法機關能夠把公眾與一個智慧型的憲法對話連結起來」，立法機關有義務討論及審查他們制訂的法律之合憲性。美國司法部門一直以來也承認立法、行政部門等，都在執行和解釋憲法[78]。行政、立法的互動反映憲法內涵，也塑造民主歷程。

[77] 王歡、申明民譯，2009，羅素・哈丁著，《自由主義、憲政主義和民主》，北京：商務印書館，頁176-177。

[78] 信春鷹、葛明珍譯，Sadra Day O'Connor著，《我在最高法院的日子》，台北市：博雅書屋，2009年初版，頁63-64。

參考書目

中文部分

王歡、申明民譯，2009，羅素・哈丁著，《自由主義、憲政主義和民主》，北京：商務印書館。

左潞生等編著，1981，《各國國會制度—國民大會憲政研討會編》，台北市：正中書局。

何景榮譯，2002，Jan-Erik Lane and Svante Ersson著，《新制度主義政治學》，新北市：韋伯文化。

吳重禮、吳玉山主編，2006，Donald L. Horowitz等著，《憲政改革：背景、運作與影響》，台北市：五南圖書。

周萬來，2004，《立法院職權行使法逐條釋義》，台北市：五南圖書。

許劍英，2006，《立法審查：理論與實務》，台北市：五南圖書。

楊日青等譯，2009，Heywood 著，《政治學新論》，新北市：韋伯文化。

楊智傑，2004，《祭司還是大法官？》台北：三文印書館。

葉啓芳、瞿菊農譯，1986，《洛克：政府論次講》，台北市：唐山出版社。

鄒文海，1981，《比較憲法》，台北市：三民書局。

雷飛龍，2002，《社會科學與比較政府》，第七章「論行政與立法的關係」，新北市：韋伯文化。

薛心鎔編著，1996，《變局中的躍進：俞國華的政院五年》，台北：正中書局。

羅傳賢，2004，《國會與立法技術》，台北市：五南圖書。

蘇永欽，2002，《走入新世紀的憲政主義》，台北市：元照。

蘇永欽主編，2001，《國會改革：台灣民主憲政的新境界？》台北市：新台灣人文教基金會。

蘇永欽主編，2001，《新野論壇，聯合政府：台灣民主體制的新選擇？》台北市：新台灣人文教基金會。

英文部分

Gormley, W. T. and Steven J. Balla, 2008, *Bureaucracy and Democrcy*. Washington, D. C.: Congressional Quarterly Inc.

Harrison, Kevin and Tony Boyd, 2006, *The Changing Constitution*. Edinburgh: Edinburgh University Press.

Jowell, J. and D. Oliver (eds.), 1996, *The Changing Constitution*. Oxford: Clarendon Press, Third Edition.

Kettl, Donald F. 2007, *System under Stress: Homeland Security and American Politics, Second Edition*. Washington, D. C.: Congressional Quarterly Inc.

Latour, Mark L. 2007, *American Government and the Vision of the Democrats*. Lanham, Maryland: University press of America.

Loomis, B. A. and W. J. Schiller, 2006, *The Contemporary Congress*, Fifth Edition. Belmont, CA, USA: Thomson Wadsworth.

Mayhew, David R. 2000, *America's Congress*, New Haven: Yale University Press.

McClain, Paula D. and Steven C. Tauber, 2010, American Government in Black and White. *Boulder*, USA: Paradigm Publishers.

Meny, Yves, 1992, *Government and Politics in Western Europe*, Oxford: Oxford University Press.

O'Brien, David M. 2008, *Constitutional Law and Politics: Struggles for Power and Governmental Accountability*. Seventh Edition. New York: W. W. Norton & Company.

O'Brien, David M. 2011, *Supreme Court Watch 2010*. New York: W. W. Norton & Company.

Paterson, Bradley H., 2000, *The White Staff*, Washington, D. C.: Brookings Institution Press.

Poole, K. T. and H. Rosenthal, 2007, *Ideology & Congress*. New Brunswick, New Jersey: Transaction Publishers.

Ranney, Austin, 2001, *Governing: A Introduction to Political Science*. Eighth

Edition. Upper Saddle River, New Jersey: Prentice Hall.

Robinson, W. H. and C. H. Wellborn (eds.), 1991, *Knowledge, Power, and the Congress*. Washington, D. C.: Congressional Quarterly Inc.

Sartori, Giovanni, 1987, *The Theory of Democracy Revisited*. Chatham, New Jersey: Chatham House Publishers.

Wasserman, Gary, 2011, *The Basics of American Politics*, Fourteenth Edition. Boston: Pearson Education Inc.

第四章

選舉制度變革與台灣民主化

王業立

壹、前　言

　　定期選舉是民主政治運作的必要條件，而選舉的遊戲規則是影響選舉結果非常關鍵性的因素。台灣過去政治發展與民主化的過程中，「選舉」無疑扮演著如同發動機的角色。

　　1949年中華民國政府播遷來台，雖然是處於動員戡亂時期，但是並未中止選舉，事實上從1950年至1951年所舉辦的第一屆縣市議員及縣市長選舉開始，國民黨即透過定期選舉的進行，一方面宣示其持續追求民主的決心，以爭取國際的支持；另一方面則是透過提名地方政治菁英的參選與當選，以建立其在台灣統治正當性的基礎（陳明通，1995；丁仁方，1999）。

　　國民黨剛來台灣之初，缺乏基層組織動員的能力；228事件之後，與台灣民間社會也存在著巨大的隔閡。透過次第展開的各種地方基層選舉與地方自治制度的設計，國民黨不但可以經由提名機制與地方政治人物進行垂直的結盟，將其都納入國民黨的統治結構之中，以建立其與本土菁英分享地方政治權力的制度性管道（黃德福，1990：84；趙永茂，1997：239；王業立，1998）；亦可以透過這些國民黨籍的民選政治人物，在地方上替國民黨進行組織動員，以完成水平的整合，藉由一次次選舉中所獲得的選票，來鞏固國民黨在台灣的統治基礎，並將其統治力量經由選舉直接穿透（penetrate）到基層（王業立，1998）。

　　1970年代民主化開始在台灣萌芽，「黨外」[1]人士也是透過選舉，進行準組織性的動員，經由贏得若干縣市長與省議員的席次，才逐漸集結並壯大反對勢力。例如1977年的選舉，「黨外」勢力一舉攻下4席縣市長及21席省議員，使得民主化在台灣已成為不可能逆轉的趨勢。

　　1986年9月28日民主進步黨宣布成立，1987年7月15日蔣經國總統解除戒嚴，1988年1月13日蔣經國總統過世，1988年1月27日立法院三讀通過「人民團體法」，「黨禁」正式解除，台灣進入到真正政黨競爭的時代，自此以後歷年所舉行的各種大小選舉即成為決定政黨實力消長的主要戰場。

　　1991年中央民代全面改選、1996年開始總統直選，隨著選舉的層級由地方提升至中央，台灣的政黨競爭遂進入到中央執政權爭奪的階段。2000年的總統選舉，國民黨首度失去了執政權；2008年的總統選舉，台灣出現二次政權輪替。而另一方面，2008年的立法委員選舉，台灣改採「單一選區兩票制」的新選制，造成小黨的當選空間受到嚴重的擠壓，台灣的政黨競爭也進入到了一個新紀元。

　　台灣從民主化（democratization）走向民主鞏固（democratic consolidation），大抵上就是以選舉為主軸的政治發展過程。政黨體系的變遷、政黨競爭的方式、乃至於政黨內部的組織運作，也莫不與選舉息息相關。然而「成也選舉，敗也選舉」，台灣此種「選舉式民主」（electoral democracy），也引發了許多負面的批評，包括金權政治、民粹政治、藍綠對抗、競選過程過度動員、立委議事品質低落等。展望未來，台灣「民主品質」的提升與進一步的「民主深化」，在走過「選舉式民主」之後，似乎仍然有很大的進步空間。

　　要深入瞭解台灣的民主化過程，必須要先瞭解台灣選舉與政黨競爭

---

[1] 所謂「黨外」係指台灣在解嚴開放黨禁前，所有非國民黨籍或無黨籍政治人物的總稱，尤其是指反國民黨的政治人物。1986年9月民主進步黨宣布成立時，主要也是以原來的「黨外」人士為班底。

的歷程；而要瞭解台灣的選舉與政黨競爭，則必須先瞭解其基本的遊戲規則，以及在這套遊戲規則底下，政治參與者彼此之間的競爭邏輯。因此在下文中，首先要介紹台灣選舉的起源與變革，其次也要介紹台灣目前所使用的選舉制度，說明包括總統在內的各級行政首長，以及包括立法委員在內的各級民意代表，是怎麼樣被選出來的。另外，本文也要進一步分析選舉制度對於台灣的政黨體系、政黨競爭、候選人的競選策略、選民的投票行為等所產生的影響。

貳、台灣選舉的起源與變革

台灣自1895年被割讓予日本後，即受到日本的殖民統治。然而自1920年代開始，台灣民眾自發性的「台灣議會設置請願運動」以及「地方自治改革運動」等政治運動即在全島各地陸續展開，而「台灣文化協會」、「台灣民眾黨」，以及「台灣地方自治聯盟」等則為其中重要的主導團體（鄭牧心，1988：39-46）。到了1930年代，日本當局一方面為了加緊鎮壓民族主義者以及左傾的激進團體，另一方面為了因應時代趨勢，緩和台灣人民爭民權、求自治的聲浪，終於做了有限的讓步（鄭牧心，1988：46；王業立，2011：96-97）。

1935年（民國24年、昭和10年）4月，日本殖民政府修改台灣地方制度，公布新的《台灣州制》、《台灣市制》、《台灣街庄制》，開始實施所謂的「地方自治」（王業立，2011：97）。根據這些法令，台灣之州（廳）、市、街庄為法人團體，享有部分之自治權，並得設置作為意見機關之州（廳）會、市會，及街庄協議會，這些意見機關組成份子之半數由選舉產生（另外半數由官選）：其中市會議員及街庄協議會員之半數由具有選舉權之選民直接投票選出。而當時之選舉，並非採取全民普選，依相關法令規定，必須年滿25歲以上，營獨立生計之男子，在當地居住六個月

以上，並且在當地繳納稅金年額5圓以上者，始擁有選舉權與被選舉權[2]。另外州會議員之半數則採間接選舉，由市會議員及街庄協議會員選舉之（吳密察，1989：1-36）。在這種新制度之下，1935年11月22日，同時舉行了市會議員及街庄協議會員之選舉，此為台灣史上第一次的自治團體選舉。翌年11月20日，舉行州會議員之間接選舉（吳密察，1989：1；鄭牧心，1988：47；王業立，2011：97）。因此台灣的選舉雖然始於日本殖民政府時期，但當時並非採普選制，且半數由官方指派，殖民政府仍有相當的操控能力。日本戰敗將台灣歸還中華民國政府後，1947年11月的第一屆國民大會代表選舉，以及1948年1月的第一屆立法委員選舉，台灣亦和大陸各省同步舉行。

　　台灣光復後，除了短暫舉辦過的間接選舉外（例如1946年的第一屆縣參議員選舉、省參議員選舉；1951年的臨時省議會第一屆議員選舉）[3]，1950年4月台灣省政府公布《台灣省各縣市實施地方自治綱要》及《台灣省各縣市議會組織規程》後，即開始辦理地方層級的縣市議員選舉（1950年7月）及縣市長選舉（1950年10月至1951年初）。1959年行政院公布《台灣省議會組織規程》，舉行省議員選舉，台灣省議會正式成立，台灣地方選舉的層級也因此提升至省的位階。然而由於《省縣自治通則》受到各種主客觀政治因素的影響，一直未能制定，因此在90年代開始進行修憲以前，台灣地方層級所舉辦的各項公職人員選舉，其所依據的法源，多為訓政時期的法規，或是行政命令（張治安，1994：114）。

　　在1992年的第二次修憲中，透過《憲法增修條文》的制定，才將台灣實施地方自治法制化的問題予以解決。在當時的《憲法增修條文》第17條中規定，省縣地方制度，以法律定之；並明文規定省長、省議員、縣長、縣議員分別由省民、縣民選舉產生。隨後立法院根據《憲法增修條

---

[2]　參見《台灣市制》第10條和第11條，以及《台灣街庄制》第10條和第12條之規定。轉引自台中縣政府編印，《台中縣志》，卷6，〈選舉志〉，第1冊。

[3]　參見1944年國民政府公布之《省參議員選舉條例》、《縣參議員選舉條例》，以及1951年行政院頒布之《台灣省臨時省議會議員選舉罷免規程》。

文》第17條的規定，於1994年7月，分別通過《省縣自治法》與《直轄市自治法》，台灣的地方自治才算是正式進入了法治化的階段。1994年12月，根據《省縣自治法》以及《公職人員選舉罷免法》，台灣舉行了首次也是唯一一次的省長選舉（王業立，2007：309）。

依照《中華民國憲法》第十一章的規定，省、縣二級原本為實施地方自治的基本單位，然而1997年7月，第四次修憲中所通過的《憲法增修條文》第9條規定，台灣省長及省議員選舉自下屆起停止辦理；而台灣省政府之功能、業務與組織也將予以精簡、調整。隨後於次年1月25日公布的《地方制度法》第2條明文規定，省非地方自治團體，而成為行政院之派出機關（王業立，2007：309-310）。自1998年以後，在地方層級的選舉中，省長及省議員的選舉即停止舉辦。

而在中央政府層級，《中華民國憲法》於1947年正式實施後，依照憲法的相關規定，我國於1947年12月、1948年1月在全國各地區選出第一屆的國民大會代表與立法委員，而總統及監察委員則採間接選舉方式選出。1949年國民政府播遷來台，進入「動員戡亂時期」，中央民代皆無法按時改選，而任期六年的總統則依然由繼續行使職權的第一屆國民大會間接選舉選出。1969年，為了解決第一屆民代逐漸凋零，以及面對民意的壓力，除了由國民大會修訂《動員戡亂時期臨時條款》外，政府也公布了《動員戡亂時期自由地區中央公職人員增選補選辦法》來增加台灣地區所選出中央民意代表的數目。但依此辦法，總共才增補選出11名立法委員。1972年，國民大會再度修正《動員戡亂時期臨時條款》，並依此公布《動員戡亂時期自由地區增加中央民意代表名額選舉辦法》，將增額立委從11名增加至51名。然而在動員戡亂體制下，中央民代無法全面改選，終究無法平息日漸高漲的民主化浪潮。

1991年8月1日，李登輝總統宣布廢止《動員戡亂時期臨時條款》，相關的中央民代增補選辦法也隨之失效，並由新制定的《中華民國憲法增修條文》及新修訂的《公職人員選舉罷免法》所取代。1991年12月，第二屆國大全面改選；1992年12月，第二屆立委全面改選，「萬年國會」走入

歷史，我國的中央民代，首度全部由台灣人民直接選舉產生，台灣民主化的歷程自此也邁入了一個新的里程碑。

1994年的第三次修憲，確立「總統、副總統由中華民國自由地區全體人民直接選舉之，自1996年第九任總統、副總統選舉實施」，並將總統、副總統任期縮減爲四年。1995年立法院三讀通過《總統副總統選舉罷免法》，1996年3月23日，台灣舉行首次的總統民選，正式進入到民主國家之林。

參、台灣各級行政首長與民意代表的選舉制度

台灣目前從中央到地方各層級的行政首長，包括總統、直轄市長、縣（市）長、鄉（鎮、市）長、村（里）長，都是由人民直接選舉產生，任期四年。並且除了最基層的村（里）長連選得連任外，其他各層級的行政首長，最多連選得連任一次（也就是任期最長爲八年）。各層級行政首長選舉，所使用的選舉制度都是「相對多數決制」（plurality）[4]，亦即當選者的票數不一定要超過有效選票的半數，只要領先其他候選人即可當選。例如2000年的總統選舉，在五組候選人當中，陳水扁得到39.3%的選票，領先宋楚瑜的36.8%以及連戰的23.1%。儘管當時有超過60%的選民並未支持陳水扁，但他仍然以「相對多數」的選票而當選總統。

而在立法委員選舉方面，在2008年以前，所採行的是一種非常特殊的「複數選區單記非讓渡投票制」（single non-transferable vote with multimember district system; SNTV-MMD）爲主的混合式選舉制度（mixed-member system）。所謂「複數選區單記非讓渡投票制」，係指每個選區可能選出不只一位立委（複數選區），但無論選區應選名額是多少，每位選民都只能圈選一位候選人（單記投票），而候選人按其得票多

---

[4] 1950年至1951年所舉行的第一屆縣市長選舉，曾經使用過一次「兩輪絕對多數決制」（Runoff Elections）（王業立，2011：74）。

寡依序當選。之所以被稱為「非讓渡投票」，主要係指不管候選人得到多少選票，均不能將多餘的選票移轉或讓渡給其他的候選人，以有別於愛爾蘭、馬爾他及澳大利亞（上議院選舉）等國所實施的「單記可讓渡投票」（single transferable vote; STV）（王業立，2011：14）。例如2004年第六屆立委選舉，台中市應選出8席立委，候選人共有18位，每位選民圈選一位候選人，得票數最多的前8名當選。2004年的第六屆立委選舉，共有225席，所使用的就是以「複數選區單記非讓渡投票制」為主的混合式選舉制度。其中168席的區域立委以及8席的原住民立委，是採行「複數選區單記非讓渡投票制」選出（占立委總席次的78.2%）[5]；另有41席的「全國不分區代表」以及8席的僑選立委，係根據各政黨所提名區域立委及原住民立委候選人所獲得的總得票比例（需超過5%的政黨得票門檻），來分配席次。

事實上台灣各級民意代表選舉，自1935年日本殖民政府時期首度舉行以來，即持續使用「複數選區單記非讓渡投票制」。1947年舉行的第一屆國民大會代表選舉，以及1948年舉行的第一屆立法委員選舉，亦是使用「複數選區單記非讓渡投票制」（王業立，2011：14）。台灣光復後，除了早年少數幾次的間接選舉外（如1946年第一屆縣參議員選舉、省參議員選舉；1951年臨時省議會第一屆議員選舉），各級民意代表選舉皆依循往例採行「複數選區單記非讓渡投票制」。

從1991年的第二屆國大選舉以後，雖然在中央民意代表（國民大會代表及立法委員）選舉部分，廢除了職業代表而改以政黨名單比例代表制（採一票制及5%的政黨門檻）產生全國不分區代表及僑選代表，但在區域選舉部分，仍然照舊制採行「複數選區單記非讓渡投票制」〔國民大會代表於2000年的第六次修憲後，全部改採「比例代表制」（proportional

---

5　2004年的第六屆立委選舉，只有台東縣、澎湖縣、金門縣、連江縣四個選區因人口較少，僅選出1席立委，其餘選區依人口多寡，都至少選出2席以上的立委，都屬於複數選區。例如花蓮縣、嘉義市應選名額為2；新竹市、宜蘭縣應選名額為3等。人口多的縣市，選出的立委數量就很龐大，例如台北縣共選出28席立委（又下分為三個複數選區）；台北市共選出20席立委（又下分為二個複數選區）。

representation system；PR）產生；2005年5月14日的「任務型」國大選
舉，即是以「比例代表制」方式選出300名國大〕。

　　自2008年起，立委選舉改採「單一選區兩票制」，並將總席次減
半，僅剩下113席[6]。所謂「單一選區」，係指每個選區只選出一人（像是
各級行政首長選舉當然必是單一選區）；所謂「兩票制」，係指每位選
民可投兩票：一票投區域立委、一票投政黨（台灣過去的立委選舉被稱
爲「一票制」，因選民只選區域立委，不直接投政黨票，如前述）。在總
席次113席中，其中73席區域立委採「單一選區相對多數決制」（plurality
with single-member district system；plurality-SMD）（占立委總席次的
64.6%），亦即全台灣劃分爲73個單一選區（每個縣市至少一席），每個
選區只有得票最多的候選人當選；另有34席「全國不分區及僑選代表」
（占立委總席次的30.1%），凡第二票的政黨得票率部分超過5%的政黨，
即可依政黨得票比例分配席次（每個政黨比例代表部分的當選席次中，至
少應有二分之一爲女性）；此外仍保有6席原住民立委（占立委總席次的
5.3%），仍然採行過去的「複數選區單記非讓渡投票制」。

　　因此目前台灣的立法委員選舉制度，是包括了「單一選區相對多數
決制」（區域立委）、「比例代表制」（全國不分區及僑選立委）與「複
數選區單記非讓渡投票制」（原住民立委）三種類型的混合式選舉制度。
至於其他各級地方民意代表，包括直轄市議員、縣（市）議員、鄉（鎮、
市）民代表，則依舊使用「複數選區單記非讓渡投票制」。另外《地方制
度法》第33條規定：「各選舉區選出之直轄市議員、縣（市）議員、鄉
（鎮、市）民代表名額達四人者，應有婦女當選名額一人；超過四人者，
每增加四人增一人」。

---

[6]　根據2005年6月7日國民大會複決通過的第七次修憲增修條文第4條的規定。

肆、選舉制度與政黨競爭

一、行政首長選舉

就各級行政首長選舉所採行的「相對多數決制」而言，一般而論，容易產生兩黨對決的局面（Duverger, 1966: 224-226; 1986: 70）。在相對多數決制下，由於在每個選區中只有最高票的候選人才會當選，對於小黨及無黨籍候選人不利。而當原本支持小黨的選民瞭解到小黨的候選人勝算不大，他們將選票投給小黨形同浪費選票時，許多原本小黨的支持者，自然會傾向於將選票轉移到他們原本不打算支持的兩大黨中較不討厭的一方，以防止他們最不喜歡的一方當選。此種投票行為稱之為「策略性投票」（strategic voting）（王業立，2011：45）。而在台灣，一般媒體或民眾習慣稱之為「棄保」投票。另外除了選民可能會做這種策略性的思考外，政黨與候選人本身當然也會無所不用其極的利用各種文宣攻勢，「提醒」選民進行此種「棄保」投票。這些因素都會造成在單一選區相對多數決制下，選票容易集中於兩個主要候選人的傾向（通常是兩大黨的候選人）。因此一般認為，除非是具有地區性的強大基礎或特殊因素（如族群因素等），在大多數的情況下，小黨在單一選區相對多數決制下不易立足（王業立，2011：45-46）。

1998年的台北市長選舉，是前述「棄保」投票的經典之作。當時準備競選連任的現任市長陳水扁，其施政滿意度獲得當時台北市民超過七成的肯定，而國民黨與新黨分別提名具有高知名度且形象良好的馬英九與王建煊參選。在競選過程中，國民黨打出「尊王保馬」的競選策略，一再強調王建煊不可能當選；投給王建煊等於支持陳水扁，呼籲藍軍支持者選票要集中投給馬英九，才有擊敗陳水扁的機會。選舉結果，馬英九以51.13%的得票率擊敗陳水扁（得票率45.91%），雙方的差距是5.22%；而王建煊僅獲得2.97%的選票。值得玩味的是，當時在台北市氣勢如日中天的新黨，在同一天所舉行的台北市市議員選舉中，一口氣拿下18.6%的選票。但是這一群當時占台北市選民總數近二成的新黨支持者（一般而言，

當時新黨支持者的「政黨認同」度非常高），顯然在市長選舉中，絕大多數並沒有投給新黨的市長候選人王建煊。而這15%～16%的選票究竟流向何處？可能就是決定了這場台北市長選舉最重要的關鍵。換言之，假如當時新黨的選民沒有「尊王保馬」，馬英九是否還能以5.22%的差距擊敗陳水扁？恐怕就是未定之天了。

　　台灣幾乎在所有的單一席次的各級行政首長選舉中，只要重要候選人的數目超過兩名，「操作棄保」似乎就成為選戰中的重要攻防策略。但是有些棄保可以成功；有些棄保卻功敗垂成。其成效如何，顯然並非候選人陣營單方面的「操作」便可克竟全功，而是需要許多主、客觀環境因素的配合。影響棄保最重要的因素便是民意調查。一位在選前各項民意調查中長期居於第三的候選人，是很容易成為被選民捨棄的對象。但若前三名的候選人在各項民調中互有領先，且都有兩成以上支持度的實力，則要操作棄保便不容易成功。例如2000年的總統選舉，選前連戰、宋楚瑜、陳水扁三組候選人纏鬥不休，但對於藍軍支持者而言，究竟要「棄連保宋」還是「棄宋保連」，從民調中並未獲得清楚的訊息，因此棄保方向並未在藍軍選民中形成共識。

　　其次，要棄誰保誰的兩位候選人之間，也要存在一定的「可替代性」。若雙方在形象、能力甚至意識形態上差距太大，則期待雙方的支持民眾要去棄誰保誰恐怕也非易事。例如2010年的五都選舉中，在高雄市長選舉部分，原屬綠營但以無黨籍身分參選的楊秋興（連任兩屆的高雄縣縣長）在競選過程中，便全力去除民進黨的意識形態框架，贊同ECFA，學習新加坡，極力爭取中間選民及藍營選民的支持。在競選過程中，楊秋興甚至邀請到親民黨主席宋楚瑜，以及藍營高雄縣白派大老前縣長林淵源前來站台，希望站穩民調第二的地位，再策動藍營的支持者「棄黃保楊」，才可能有擊敗現任市長陳菊的機會，便成為可以理解的選舉策略。而在國民黨方面，雖然黃昭順在各項民調中多位居第三，但國民黨仍強力護盤，唯恐棄保效應發酵，以避免基層組織全面崩盤，而影響往後國民黨在大高雄市的選票。因此雖然國民黨的組織力量在高雄市已是強弩之末，但國民

黨仍全力搶救，拒絕鬆手，全力圍堵「棄黃保楊」。而最後的選舉結果，棄保策略果然並未如楊秋興預期般奏效，民進黨候選人陳菊拿下過半數52.80%的選票，楊秋興居次，獲得26.68%的選票，而國民黨的候選人黃昭順仍然墊底，得票率創下國民黨在高雄市的歷史新低，僅獲得20.52%的選票。棄保效應並未發揮功能，楊秋興與黃昭順兩敗俱傷，這與楊秋興原來的綠色背景，使藍營支持者較難克服「心理障礙」，以致於無法大量轉移選票，可能也有不小的關聯。

　　在台灣，解嚴後進入真正政黨競爭的時期不過是二十多年的光景，但在總統、直轄市長、縣市長等較高層級的行政首長選舉上，就總體資料而言，政黨對決的傾向已非常明顯（並且多為國民黨與民進黨的兩黨對決）（參見表4.1），無黨籍人士或其他小黨的候選人在此類行政首長的選舉上，除非有地域性的特殊因素（例如過去嘉義市的「許家班」），否則當選空間並不太大[7]。換言之，在較高層級的行政首長選舉上，除了少數特例，政黨的標籤通常仍具有重要的影響力，並且兩黨對決的傾向在大多數選區中的確是存在的[8]。

---

[7]　如果以所謂的「泛藍軍」與「泛綠軍」來做區分的話，則在行政首長的選舉上，兩大陣營對壘的局勢更加明顯。例如2001年縣市長選舉，新黨之所以會獲得9.95%的選票，主要是國、親、新三黨在台北縣共同推舉新黨的王建煊參選。而在歷年無黨籍的得票中，亦不乏兩大黨脫黨參選的候選人，例如1996年總統選舉的林洋港、陳履安，1997年縣市長選舉，苗栗縣的傅學鵬、南投縣的彭百顯、台南市的許添財等，2000年總統選舉的宋楚瑜，2001年縣市長選舉，台中市的張溫鷹、台中縣的林敏霖、高雄縣的黃八野等，2005年縣市長選舉台東縣的吳俊立，以及2010年直轄市長選舉高雄市的楊秋興等，真正無黨籍候選人的得票更是稀少。

[8]　關於台灣各級行政首長選舉採行相對多數決制容易形成兩黨對決更進一步的探討，可參見王業立（2011：74-88）。

表4.1　解嚴後總統、省市長及縣市長選舉政黨得票率（％）（總體資料）

選　舉	國民黨	民進黨	新黨	親民黨	其他／無黨籍
1989年縣市長選舉	51.02	37.56	---	---	11.42
1993年縣市長選舉	47.32	41.16	3.08	---	8.45
1994年省長選舉	52.05	39.42	7.70	---	0.83
1994年台北市長選舉	25.89	43.67	30.17	---	0.28
1994年高雄市長選舉	54.46	39.29	3.45	---	2.80
1996年總統選舉	54.00	21.13	---	---	24.88
1997年縣市長選舉	42.12	43.32	1.42	---	13.13
1998年台北市長選舉	51.13	45.91	2.97	---	0
1998年高雄市長選舉	48.13	48.71	0.81	---	2.35
2000年總統選舉	23.10	39.30	0.13	---	37.47
2001年縣市長選舉	35.06	45.27	9.95	2.36	7.38
2002年台北市長選舉	64.10	35.90	---	---	---
2002年高雄市長選舉	46.80	50.00	---	---	3.10
2004年總統選舉	49.89	50.11	---	---	---
2005年縣市長選舉	50.96	41.95	0.20	1.11	5.78
2006年台北市長選舉	53.81	40.89	---	---	5.30
2006年高雄市長選舉	49.27	49.41	---	---	1.32
2008年總統選舉	58.45	41.55	---	---	---
2009年縣市長選舉	47.88	45.32	---	---	6.44
2010年五都選舉	44.54	49.87	---	---	5.59

資料來源：中央選舉委員會網站 http://www.cec.gov.tw

　　然而到了基層的行政首長選舉上（例如鄉鎮長、村里長選舉），政黨的標籤似乎就沒有太大的作用，選民「選人重於選黨」，候選人的人脈關係、服務績效、派系因素、動員能力等，才是此類選舉的重要關鍵。如表4.2所示，在過去兩次的鄉鎮市長選舉中，基層實力雄厚的國民黨固然仍贏得近半數的選票，但已在中央及許多縣市執政多年的民進黨卻只得到兩成左右的支持。須注意的是，國民黨雖然在鄉鎮市長選舉中仍獲得半數左右的選票，但並不一定意味著國民黨在基層仍擁有選民高度的政黨認

同，只不過是參選鄉鎮市長選舉的候選人中，屬於傳統椿腳網絡的國民黨籍候選人本來就占多數罷了。而選民在選擇候選人時，恐怕連他們的黨籍都搞不清楚。至於最基層的村里長選舉，「最大黨」反倒是「無黨籍」，並且其得票率連三屆都有大幅上揚的趨勢；不僅國民黨的得票率不斷下滑，民進黨籍的村里長候選人得票率更不到2%。這與較高層級的總統、直轄市長、縣市長選舉中所展現的政黨對決形勢，恰好形成強烈的對比。

表4.2　近年基層地方行政首長選舉政黨得票率（%）

選　舉	國民黨	民進黨	新黨	親民黨	台聯黨	其他／無黨籍
1998年鄉鎮市長選舉	55.48	18.65	0.94	---	----	24.93
1998年村里長選舉	43.83	1.38	0.07	---	----	54.72
2002年鄉鎮市長選舉	45.46	20.01	0.49	2.16	0.11	31.78
2002年村里長選舉	34.69	1.67	0	0.29	0	63.35
2005年鄉鎮市長選舉	46.46	23.69	0	1.08	0.72	28.05
2006年村里長選舉	26.96	1.92	0	0.08	0	71.04
2009年鄉鎮市長選舉	48.82	20.04	0	0	0	31.14
2010年村里長選舉	22.36	1.44	0	0	0.01	76.21

資料來源：中央選舉委員會與政大選舉研究中心，歷屆公職人員選舉資料庫。
　　　　　中央選舉委員會網站 http://www.cec.gov.tw
　　　　　《自由時報》2002.06.09，版2。

二、民意代表選舉

而在民意代表選舉方面，首先分析立法委員選舉。在2008年以前，由於其區域立委與原住民立委選舉部分，是使用「複數選區單記非讓渡投票制」（占立委總席次的78.2%），因此小黨仍有一些存活空間。以2004年的第六屆立委選舉為例，在總額225席中，儘管有5%的政黨得票率門檻，但獲得席次的政黨仍有6個之多（參見表4.3）。雖然兩個最大的政黨（民進黨與國民黨）掌握了近75%的席次，但是各小黨、甚至無黨籍人士仍不乏有生存的空間，而能在立法院中占有一席之地。

表4.3　2004年第六屆立法委員選舉結果

政黨別 ＼ 區分	區域選舉 得票率%	區域選舉 當選席次	不分區當 選席次	僑選立委 當選席次	總席次	總席次 率%
民主進步黨	35.72	70	16	3	89	39.56
中國國民黨	32.83	61	15	3	79	35.11
親民黨	13.90	27	6	1	34	15.11
台灣團結聯盟	7.79	7	4	1	12	5.33
無黨團結聯盟	3.63	6	0	0	6	2.67
新黨	0.12	1	0	0	1	0.44
無黨籍及其他	6.01	4	0	0	4	1.78
合計	100.00	176	41	8	225	100.00

資料來源：中央選舉委員會選舉資料庫網站，http://210.69.23.140/cec/cechead.asp

　　但是到了2004年第七屆立委選舉，選舉方式出現極大的變化，不僅總席次由原來的225席減半為113席，選舉制度也由原本以「複數選區單記非讓渡投票制」為主的混合式選舉制度，改為「單一選區兩票制」。對於政黨體系所造成的立即衝擊，便是小黨的生存空間幾乎消失，而兩個最大的政黨（國民黨與民進黨）囊括了超過95%的席次，國民黨更是一口氣拿下超過七成的席次（參見表4.4）。73席的單一選區，採取相對多數決制，本來就不利於小黨的競爭；而在全國不分區政黨比例代表部分，新黨與台灣團結聯盟（台聯）雖然分別得到3.95%及3.53%的選票，但在5%的政黨得票門檻下，並無法獲得任何全國不分區立委的席次。小黨席次率的大幅滑落（2001年小黨的席次率為31.11%，2004年小黨的席次率為25.33%，2008年小黨的席次率為4.43%），與立委選舉制度的改變，當然有非常密切的關係。

表4.4　2008年第七屆立委選舉結果

區分 政黨別	區域選舉 得票率%	區域及原 住民席次	全國不分區選 舉得票率%	全國不分 區席次	總席次	總席次 率%
中國國民黨	53.48	61	51.23	20	81	71.68
民主進步黨	38.65	13	36.91	14	27	23.89
無黨團結聯盟	2.25	3	0.7	0	3	2.65
親民黨	0.02	1	---	---	1	0.89
新黨	---	---	3.95	0	0	0.00
台灣團結聯盟	0.96	0	3.53	0	0	0.00
無黨籍及其他	4.64	1	3.68	0	1	0.89
合計	100.00	79	100.00	34	113	100.00

資料來源：中央選舉委員會選舉資料庫網站http://210.69.23.140/pdf/B2008006.pdf

如果我們以國會中的「有效政黨數」（effective number of parliamentary parties；ENPP）指標（以各政黨在國會中所擁有的席次率為計算標準）[9]來檢視自解嚴以來的歷屆立委選舉結果所造成立法院中的政黨分化（party fractionalization）程度，則可發現立法院中的「有效政黨數」，已由國會全面改選前的1.92，漸漸增加至第六屆立委的3.26（參見表4.5）。政黨分化程度的逐漸擴大，至少意味著過去立法委員選舉所使用的「複數選區單記非讓渡投票制」不會刻意的封殺小黨的生存空間，第三黨及無黨籍人士在此選舉制度下，仍然有一定的當選空間。但在2008年第七屆立委選舉，區域選區部分改採單一選區相對多數決制後，立法院中的「有效政黨數」即明顯減少（1.75）（王業立，2011：101）。

---

[9]　所謂「有效政黨數」指標，係由Markku Laakso & Rein Taagepera所發展出來的。其一般化公式可表示如下：

$$N = 1 / \sum P_i^2$$

此處 N 為有效政黨數；Pi 則為各別政黨的得票率。

參見Laakso & Taagepera（1979: 3-27）。

表4.5　1989年至2008年立委選舉結果「有效政黨數」指標*

選舉類別	1989年 增額立委	1992年 二屆立委	1995年 三屆立委	1998年 四屆立委	2001年 五屆立委	2004年 六屆立委	2008年 七屆立委
有效政黨數	1.92	2.28	2.54	2.48	3.47	3.26	1.75

*以各政黨選後在立法院中所擁有的席次率做爲計算標準,此處將無黨籍視爲一個單位。
資料來源:中央選舉委員會歷年立委選舉實錄。統計數據由作者自行整理。

　　1989年的增額立委選舉(共選出101席),是民進黨首度以合法政黨的名義所參與的選舉,也是台灣正式進入到政黨競爭時代的一次關鍵性選舉(當時是「三合一」選舉,同一天還舉行縣市長及省議員選舉)。選舉結果國會中的「有效政黨數」是1.92,意味著相當接近兩黨制,但兩黨的大小規模仍不相當。到了1992年立法院全面改選,立委席次大幅增加爲161席,許多無黨籍立委的當選(14席),致使國會中的「有效政黨數」亦增加爲2.28。1995年的第三屆立委選舉,席次增加爲164席,剛由國民黨分裂出來的新黨氣勢正旺,一口氣拿下21席,也使得國會中的「有效政黨數」增加爲2.54,第三屆立法院中儼然成爲兩大黨一小黨的政黨格局。1998年的第四屆立委選舉,由於「凍省」效應,廢除省議會,立委席次增加爲225席。而新黨的聲勢也開始下滑,僅當選11席,反映在國會中的「有效政黨數」,也略降低爲2.48。

　　2001年的第五屆立委選舉,民進黨躍居國會最大黨,獲得87席,國民黨僅得到68席,而首度參選的親民黨大放異彩,一舉攻下46席;新成立的台聯也拿下13席,造成國會中的「有效政黨數」一夕之間暴升爲3.47,第五屆立法院似乎形成三大黨一小黨的政黨格局。到了2004年的第六屆立委選舉,民進黨仍以89席維持國會最大黨的地位,國民黨得到79席,親民黨席次下滑至34席,而台聯守住12席(可參見表4.3),國會中的「有效政黨數」也略降爲3.26。值得注意的是,雖然在2001年、2004年兩屆的立法院選舉中,民進黨都拿下了最多的席次,成爲國會最大黨,但席次皆未過半(113席),反而是「泛藍軍」(國民黨、親民黨、新黨、無黨團結聯盟,再加上部分無黨籍立委)仍然一直掌握國會中過半數的席次。這也是陳水扁總統執政八年期間,被稱爲「少數政府」(minority government）的原因。而這個「少數政府」，面對泛藍居多數的國會，八年來行政與立法部門的互相對抗，是造成民進黨政府執政績效不佳的重要因素之一。

　　到了2008年的第七屆立委選舉，立法委員的任期延長為四年，但是席次減半為113席，並且選舉制度改採「單一選區兩票制」（根據2005年第七次修憲的結果）。由於113席中有高達73席區域立委係採「單一選區相對多數決制」（占立委總席次的64.6%），所以兩黨對決的傾向十分明顯，小黨的生存空間受到嚴重的壓縮，再加上受到陳水扁一連串弊案的影響與國民籍總統候選人馬英九超人氣光環的加持，致使國民黨在第七屆立委選舉中一舉拿下超過七成的席次（參見表4.4），成為「一黨優勢」體制（dominant-party system）[10]，而國會中的「有效政黨數」也驟降為1.75。

　　而在地方基層民意代表選舉中，由於選舉制度長久以來一直使用「複數選區單記非讓渡投票制」，候選人只要獲得一小比例的選票即可當選，因此小黨及無黨籍候選人當選的空間就比「單一選區相對多數決制」下大上許多，並且是選區應選名額愈多，小黨及無黨籍候選人的生存空間也就愈大。另外在基層民代選舉中，許多選民較關切的，更是一般地方性、社區性的議題，而人際關係網絡也更為密切，因此政黨色彩相對而言更為淡薄。所以在過去地方基層民意代表選舉中，我們皆可看到有大量無黨籍候選人當選（參見表4.6），這是與單一席位的行政首長選舉、甚至中央層級的立法委員選舉較為不同之處。以2009年12月所舉辦的縣市議員選舉為例，無黨籍候選人的得票比例為30.89%，但一年前（2008年）所舉辦的第七屆立委選舉，無黨籍候選人的得票比例卻只有3.93%。而在2010年6月所舉行最基層的鄉鎮市民代表選舉中，無黨籍候選人更獲得超過六成（61.05%）的選票，各政黨皆瞠乎其後。此種在基層民代選舉中，無黨籍候選人得票率逐漸上揚的趨勢，與中央層級的立委選舉，或是較高層級

---

[10] 關於「一黨優勢」體制的探討，可參見Giovanni Sartori, 1976, *Parties and Party Systems*. Cambridge: Cambridge University Press.

的行政首長選舉，所表現出愈來愈明顯的政黨競爭局面，恰好呈現出完全相反的走向。而另外一個值得觀察的現象是，即使民進黨於2000年以後已在中央執政，但在執政後2002年和2006年最基層的鄉鎮市民代表選舉中，該黨的得票率竟然只有5.02%以及5.70%（2010年則達到10.83%），這是在全世界民主國家中都極為罕見的現象，這也充分顯示出民進黨在地方基層經營上，仍有極大的努力空間（王業立，2011：113）。

表4.6　基層地方民意代表選舉政黨得票率（%）（總體資料）

選　舉	國民黨	民進黨	新黨	親民黨	台聯黨	其他／無黨籍
1998年縣市議員選舉	48.85	15.81	3.06	---	---	32.28
1998年鄉鎮市代選舉	NA	NA	NA	---	---	NA
2002年縣市議員選舉	35.96	18.19	0.44	7.01	1.47	36.93
2002年鄉鎮市代選舉	35.57	5.02	0.05	1.56	0	57.79
2005年縣市議員選舉	40.21	22.25	0.45	3.97	2.34	30.78
2006年鄉鎮市代選舉	34.14	5.70	0.03	0.39	0.11	59.63
2009年縣市議員選舉	43.94	24.42	0.00	0.13	0.62	30.89
2010年鄉鎮市代選舉	28.11	10.83	0.00	0.01	0.00	61.05

資料來源：中央選舉委員會網站 http://www.cec.gov.tw

伍、選舉制度與候選人的競選策略

一、相對多數決制下的競選策略

　　一般而言，在單一選區相對多數決制下，兩個主要的候選人或政黨如欲獲勝，則他們的政見絕不能太激進或太保守。因為在只選出一席的情況下，如要獲勝就必須要吸引多數而非特定少數選民的認同與支持。根據著名的「中間選民理論」（或譯為「中位數選民理論」）（the median voter theorem）（Black, 1948: 23-34; Downs, 1957），在一場兩方對決的單一選區相對多數決選戰中，候選人如想獲勝，他的競選策略會有向「中間」靠

攏的傾向；誰能夠站穩「中間」的位置，誰就能獲得較多選民的支持而獲勝（王業立，2011：47）。因此在大多數的狀況下，在單一席位相對多數決制的選舉競爭中，兩大黨的候選人為了要爭取多數選民的支持，在政見訴求上自然不會標榜太強烈的意識形態色彩或太激進的言論，而是傾向以較溫和的訴求為主，以期能吸引「中間」選民的支持（王業立，2011：47-48）。

在台灣過去單一席位的選舉競爭中，我們便可以發現此種「趨中競爭」的態勢十分明顯。尤其是在縣市長、直轄市長，甚至總統等此種較高層級單一席位的行政首長選舉中，候選人爭取「中間選民」以贏取多數支持，幾乎是競選策略的不二法門。但是「趨中競爭」的選舉策略，亦有可能會造成位於意識形態光譜兩端的「基本教義派」（例如急統或急獨選民）覺得受到忽視而降低投票意願，而這群「基本教義派」的政策偏好強度（intensity）與在黨內決策體系中的影響力，可能又遠高於一般代表「沉默多數」（silent majority）的中間選民。因此在競選過程中，我們會不時看到候選人偶而也必須去安撫一下傳統支持者的情緒，以免因「趨中競爭」而造成「基本教義派」的選票流失。

二、複數選區制下的競選策略

如前文所述，台灣在2008年以前，立法委員選舉一直是使用以「複數選區單記非讓渡投票制」為主的混合式選舉制度。而地方民意代表選舉，更是自日本殖民時代至今，一直使用「複數選區單記非讓渡投票制」。此種選舉制度，過去曾經長期使用於日本的國會議員選舉將近一個世紀，但該國已於1994年將此制度廢除。一般而言，此種長期在台灣民意代表選舉所使用的「複數選區單記非讓渡投票制」，各政黨所能分配到的席次比例，大致上還算是接近各政黨在選舉中所獲得的選票比例；而小黨在此種選舉制度下，也有一定的生存空間。那麼為何歐美各民主先進國家都不採行此種選舉制度？而曾經使用過此種選舉制度的日本、南韓在近年也改變其選舉制度？實乃因為此種選舉制度的弊遠多過於其利（王業立，

2011：103）。

　　台灣過去實施「複數選區單記非讓渡投票制」的經驗顯示，複數選區下的提名過程雖然有利於各政黨內部派系的席位分配，但也使得各政黨藉由選舉甄拔政治人才的管道會漸漸為派系所壟斷（王業立，2011：103-104）。而此種選舉制度往往也容易造成在競選過程中的黨內競爭（intraparty competition）可能比黨際競爭（interparty competition）更為激烈（Cox & Rosenbluth, 1993: 579; Cox & Thies, 1998）。因為政黨在一個複數選區中可能要提名不只一位候選人參選，候選人除了要面對其他政黨候選人的挑戰，更要防範同黨候選人前來分食票源甚至「拔椿」。事實上在競選期間，爭取相同票源的往往是同黨的候選人，每位候選人都必須努力做好市場區隔，堅壁清野，加強釘椿，鞏固死忠鐵票，以防止跑票倒戈。另一方面卻又為求自保以順利上榜，總是想挖同志牆腳（因票源類似），犧牲同志以成全自己（王業立，2011：103-104）。因此在台灣複數選區的競選過程中，候選人最大的競爭對手往往不是其他政黨的候選人，而是自己的同黨同志。同志反目、兄弟鬩牆便成為複數選區的競選過程中常見的戲碼。此種因選舉而產生的政治恩怨或利益衝突，往往也是台灣地方派系產生的重要因素之一。而「複數選區單記非讓渡投票制」對於地方派系的形成與強化，至少具有推波助瀾之效（王業立，2011：103-104）。進一步而言，一個選區要選出若干名席位本來就有助於派系的分配，而同一政黨所提名的諸多候選人為爭取選票，突顯派系色彩（無論是紅派或黑派、蘇系人馬或謝系人馬）即成為許多候選人競選的必要手段。因此候選人向派系靠攏，派系也因選舉的成敗而壯大、式微、或重組。透過複雜的人際關係網絡與椿腳系統，派系遂成為「複數選區單記非讓渡投票制」下的必然產物了（王業立，2011：104）。

　　而對於選民而言，在複數選區制下，除非政黨在該選區只提名一位候選人，否則政黨的標籤便不是那麼重要。當一個政黨在同一個選區要提名若干名候選人的情況下，即使選民認同該政黨，他們仍然必須在此政黨所提名的若干名候選人當中，進一步再挑選一位候選人（因為是單記投票，

如前述），因爲光憑「政黨認同」（party identification），尚不足以讓選民就能決定最後的投票對象。因此在此種選舉制度下，選人的因素勢必重於選黨的因素，選民至少也必須是「先選黨，再選人」。

而對於候選人的競選策略而言，在一般情形下，候選人如何在同黨的諸多候選人中突顯自己，以爭取選票，是選舉過程中極爲重要的競選策略。除了前述的派系色彩外，極力突顯個人色彩或高舉鮮明旗幟，似乎也成爲許多候選人鞏固死忠鐵票或爭取游離選票的重要手段。在複數選區下，候選人往往只需要爭取特定少數的選票即可當選（例如在2004年的第六屆立委選舉中，台北市南區的候選人只須獲得5.77%的選票即可當選），他不必也不需奢望能獲得選區中「多數」選民的選票。對於候選人而言，他所欲努力爭取的，只是足以使其當選的一小比例（例如6%～8%）特殊選民的衷心支持即可。因此走偏鋒、甚至買票賄選便成爲複數選區制下常見的競選手段了。根據前述的「中間選民理論」，在單一選區下，候選人爲求獲勝，會儘量向中間靠攏，以期吸引多數選民的認同，但在複數選區制下，由於候選人所爭取的是「特定少數」而非「多數」的選票，因此他們不會都向中間靠攏，反而會產生離心動機（centrifugal incentive）。在同一個選區中，形象或意識形態差異極大的候選人，可能會來自於同一個政黨的提名；一個或許有90%絕大多數的選民都極度厭惡的某候選人，在此選舉制度下，依然有可能高票當選，並且當選後還可能處處以代表選區「多數民意」自居（王業立，2011：104-105）。

最後在此種複數選區選舉制度下，對於多數的選民及候選人而言，政黨的標籤都不太會受到重視。對於許多候選人而言，他們的個人利益，甚至派系的利益，都遠比黨的整體利益來得重要。個人的當選既然不太依賴政黨的標籤，派系的利益又凌駕在黨的整體利益之上，進入議會後，黨紀不彰、議事效率低落、黨鞭難以揮舞即成爲必然的結果。並且既然黨部不能幫他來和同黨的其他候選人競爭，候選人只有自求多福。在面對複數選區同黨候選人的競爭壓力下，不僅是派系，連財團（提供競選經費）與黑道（綁樁護盤，甚至黑道自己參選）的力量都很容易趁虛而入了（王業

立，2011：106-107）。

綜上所論，「複數選區單記非讓渡投票制」容易造成同黨同志同室操戈、候選人競選時的偏激取向、派閥與地方派系操控選局、選風敗壞、黑金介入、黨紀不彰、政黨政治與議會政治難以健全發展等缺點。因此在經過多年的討論後，我國終於在2005年6月7日通過的第七次國大修憲案中，將立法委員的選舉制度改成「單一選區兩票制」，並自2008年第七屆立委選舉開始實施。然而其他各層級地方民意代表選舉，則繼續沿用「複數選區單記非讓渡投票制」。

2010年底的五都選舉，為我們提供了一個很好的觀察選舉制度影響的機會。在五都市長選舉部分，係採行單一選區相對多數決制，但同時舉行的市議員選舉，卻是使用「複數選區單記非讓渡投票制」。這兩種內涵與性質截然不同的選舉制度，對於民意的匯集，卻產生兩股方向正好相反的拉力。在相對多數決制下，易使候選人有向中間逼近的向心誘因，以爭取多數選民的支持；而選民基於「棄保」的心理效應，也容易將選票集中於兩位主要的候選人身上（高雄市例外）。然而在「複數選區單記非讓渡投票制」下，候選人卻有離心的動機，以爭取特定少數的選票。影響所及，選民在同一天所舉行的單一席位的市長選舉上，與複數選區的市議員選舉上，所表現出的投票行為是未必相同的。而反映在整體得票率上，各小黨及無黨籍候選人在市長選舉的得票率，和市議員選舉的得票率也是不能等量齊觀的（參見表4.7）。

2008年第七屆立委選舉制度改成「單一選區兩票制」後，是否前述「複數選區單記非讓渡投票制」的種種缺失就從此可以馬上藥到病除、脫胎換骨？當然不可能經過一次選舉就會有如此戲劇化的轉變。台灣許多不良的選舉文化，例如買票賄選、黑金充斥，都有其一定的歷史淵源與文化背景，選制改革並非唯一的萬靈丹，事實上也不可能只要選制一改，過去積習已久的選舉弊病便可全部一掃而空。如何健全台灣的選舉文化，除了改革選制外，其他諸如公民教育的再加強、媒體的宣導、司法檢調系統的查緝等，也應齊頭並進，才可能使台灣的選舉文化逐漸有所提升。

表4.7 2010年五都市長及市議員選舉結果

政黨 直轄市	市長選舉得票率（%）			市議員選舉得票率（%）		
	國民黨	民進黨	其他*	國民黨	民進黨	其他*
台北市	55.65	43.81	0.54	44.93	36.39	18.68
新北市	52.61	47.39	---	39.74	34.64	25.62
台中市	51.12	48.88	---	37.64	32.61	29.75
台南市	39.59	60.41	---	28.27	37.01	34.72
高雄市	20.52	52.80	26.68	39.08	36.70	24.22
合計	44.54	49.87	5.59	38.63	35.34	26.03

*其他係指除了國民黨及民進黨外，所有其他政黨及無黨籍候選人得票率的總和。
資料來源：中央選舉委員會網站 http://117.56.211.222/pdf/D2010005.pdf；
　　　　　http://117.56.211.222/pdf/E2010005.pdf

　　但是儘管如此，立委選舉制度改成「單一選區兩票制」後，也有一些政治效果立即展現。例如小黨及無黨籍候選人的當選空間已受到嚴重擠壓，譁眾取寵型的候選人幾乎消失，競選過程中「政黨標籤」更加重要，脫黨參選當選不易，黨紀有所提升，國會中政黨政治的攻防益加明顯等。另外區域立委，不分藍綠，對於選區服務、選區利益與選區經營，也比以往更加重視。而在整個大方向上，「單一選區兩票制」再實施幾屆後，國會中的政黨體系走向兩黨制也將會更加確立。

陸、結　論

　　由以上的討論中可得知，在台灣民主化的過程中，選舉競爭與選舉制度的抉擇，的確對於台灣的政黨體系、政黨競爭、候選人的競選策略、選民的投票行為等產生重要的影響。2008年第七屆立委選舉制度改成「單一選區兩票制」後，台灣中央層級的行政首長及民意代表選舉制度，幾乎都是以「相對多數決制」為主，而台灣的政黨政治逐漸走向兩黨競爭似乎也成為必然的趨勢。在以兩大黨為主的選舉競爭中，如何改善不良的選舉文

化，以進一步提升台灣的民主品質，則是台灣下一階段邁入「民主鞏固」時期的重要關鍵。

參考書目

中文部分

丁仁方，1999，《威權統合主義：理論、發展、與轉型》，台北：時英。

王業立，1998，〈選舉、民主化與地方派系〉，《選舉研究》，第5卷第1期，頁77-94。

王業立，2007，〈我國地方選制與選舉的探討〉，收錄於陳陽德、紀俊臣主編，《地方民主與治理：陳陽德教授榮退紀念論文集》，台北：時英，頁309-326。

王業立，2011，《比較選舉制度》（第六版），台北：五南。

吳密察，1989，〈日據時期之地方選舉〉，《台中縣志》，卷六，〈選舉志〉，第一冊，台中縣政府編印。

張治安，1994，《中國憲法及政府》（增訂三版），台北：五南。

陳明通，1995，《派系政治與台灣政治變遷》，台北：月旦。

趙永茂，1997，《台灣地方政治的變遷與特質》，台北：翰蘆。

黃德福，1990，〈選舉、地方派系與政治轉型：七十八年底三項公職人員選舉之省思〉，《中山社會科學季刊》，第5卷第1期，頁84-96。

鄭牧心，1988，《台灣議會政治四十年》，台北：自立晚報。

英文部分

Black, Duncan, 1948, On the Rationale of Group Decision-Making, *Journal of Political Economy*, Vol. 56, pp.23-34.

Cox, Gary W., and Frances Rosenbluth, 1993, The Electoral Fortunes of Legislative Factions in Japan, *American Political Science Review*, Vol. 87, pp.577-589.

Cox, Gary W., and Michael F. Thies, 1998, The Cost of Intraparty Competition: The Single, Non-transferable Vote and Money Politics in Japan, *Comparative Political Studies*, Vol. 31, pp.267-291.

Downs, Anthony, 1957, *An Economic Theory of Democracy*, New York: Harper

& Row.

Duverger, Maurice, 1966, *Political Parties: Their Organization and Activity in the Modern State*, translated by Barbara and Robert North, New York: Wiley.

Duverger, Maurice, 1986, Duverger's Law: Forty Years Later, in Bernard Grofman and Arend Lijphart, eds., *Electoral Laws and Their Political Consequences*, New York: Agathon Press, pp.69-84.

Laakso, Markku, and Rein Taagepera, 1979, Effective Number of Parties: A Measure with Application to West Europe, *Comparative Political Studies*, Vol. 12, pp.3-27.

Sartori, Giovanni, 1976, *Parties and Party Systems*. Cambridge: Cambridge University Press.

第五章

地方自治發展與台灣民主化

趙永茂

壹、前　言

　　所謂的「地方自治」（local self-government），依「薄慶玖」教授所作定義：「國家特定區域之人民，基於國家授權或依國家法令的依據，在國家監督之下，自組地方團體，以地方之人及地方之財，自行處理各該區域內公共事務的一種政治制度」（薄慶玖，2001：11）。在此定義下，地方政府相對於整個國家的統治，應給地方在其權限之內，得以地方之人力與物力，使該地方自主作為。從此得知，地方自治之落實，實與民主之發展，存有莫大關連。

　　而就實踐地方自治的效果，如美國學者James Bryce所言：「民主政治最好的學習和民主政治成功的最佳保障，便是實施地方自治」（趙永茂，1998：11）。此外，Robert A. Dahl（Dahl, 1999: 110）亦主張：「民主的單位越小，公民參與的可能性就越大，公民把政府決策的權力移交給代表的必要性則越小；而單位越大，處理各種重大問題的能力就越強，公民把決策權移交給代表的必要性就越大」。綜上所言，越是基層民眾越有能力來參與公共事務，而最佳的實踐場所，也就是在地方層級，此乃實踐民主的最適切場域。

　　台灣地方自治的發展進程，雖有六十年以上歷史，但卻深受威權政治、威權轉型，以及1987年來以降的民主化歷程，使我國地方自治發展，在不同時序發展上呈現不同意涵。

　　本文將先簡要說明我國地方自治發展的經驗，後繼描繪地方自治與我國民主化的關連與衝擊；此外，我國於2010年12月25日起，新設四個直轄市，使我國成為五直轄市、十七縣市之行政區劃體制，而在此一體制架構下，又會對於我國的地方自治與民主發展產生如何的影響，本章將予說明，最後提出本章的期許與展望。

貳、台灣地方自治發展歷程與其意涵

　　凡走過必留下痕跡，歷史的後續發展，猶如彈珠檯上的彈珠，因早先路徑的選擇，而造就後來的發展。基於鑑往知來之理，吾人可由台灣地方自治草根的歷史，理解當前的政治系絡，以及未來發展的線索。

　　1949年，因國共之間的緊張與對峙，當時的「國民政府」為穩定民心、強化對於台灣本土社會的治理，遂而拉攏台籍政治精英與士紳，高喊「民生第一、人民至上」的口號，以強化國民政府在台的控制能力（若林正丈，2009：125-126）。而在1950年之時，國民政府來台後，隨即公布「台灣省各縣市實施地方自治綱要」，並於該年，隨即進行地方公職人員選舉，從省議員、縣市長、縣市議員、鄉鎮市長、鄉鎮市民代表，以及村里長，分別辦理選舉，實現的地方自治。

　　衡諸當時，因台灣海峽局勢詭譎多變，國民政府亟欲取得美國的信任，作為圍堵共產黨勢力擴散的一環；此外，大陸初期實施地方自治的經驗，及大陸失敗撤退後，實現孫中山先生地方自治學說的論述，以及日本時期台灣先期議會自治運動的基礎，特別是當時政府對於國內開明人士，如胡適、黃朝琴、雷震等人給予善意回應，以顯示國民政府開明改革的象徵。基於上述理由，遂而透過實行地方自治，來強化國民政府在台統治的正當性，並且漸進地吸引台籍政治精英進入政府體系之中（彭懷恩，2008：89-91；羅得華，2011：55）。

　　也因此，1950年以後，台灣的地方自治型態，就是在黨國體制之

下，進行監護型地方自治。而自1950年到1987年解除戒嚴（一般將此時期歸爲「威權時期」[1]），這段時期，我國沒有中央政府行政首長及立法院立法委員的選舉，但上至台灣省議員的選舉，下至各縣市政府首長、縣市議員、鄉鎮市長、鄉鎮市民代表與村里長等，均全面開放自治選舉，其中，台灣省議會，又爲我國民主政治或反對政治的起源。

我國在1951年將「台灣省參議會」改名爲「台灣省臨時省議會」，且省議員定期改選。同時，在省議會時期，爲我國黨外、反對政治的中心，並且培養諸多政治菁英。其中，較受矚目者，當屬郭國基[2]、吳三連[3]、李萬居[4]、郭雨新[5]、李源棧[6]與許世賢[7]等人，其後被統稱爲台灣省議會的「五龍一鳳」，凸顯這些議員雖然處戒嚴時期，但仍致力於爲民喉舌，並成爲爾後台灣反對政治發展的典範（趙永茂、吳若予，2009：5-6）；由於五龍一鳳在當時威權政府的「容忍」紅線下，挑戰政府的權威，並且讓我國的「反對政治」有了發展的基礎。

1987年之後，我國陸續進行各項民主制度的再造工程，使我國憲政秩序漸漸步入常態。而就地方民主政治而言，過去台灣省議會的議員，陸續在「第二屆立法委員」（任期由1993年到1996年），以及以後的國會議員選舉，轉而成爲立法院立法委員；而原省議員就由原縣長、縣市議員、鄉鎮市長依次遞補，因而形成階梯型的政治甄補路徑，培育不少國家政治

---

[1] 當前學術界對於「威權主義」與「極權主義」兩者之界定，認爲後者的執政者，透過其無所不在的統治力量與手段，全面地去控制社會發展的各個面向，使其符合執政者的政治意圖；而前者的威權主義，其干涉面向並不那麼全面，係爲有限度的干涉，通常針對人民的政治事務、權力分配等，才會將其統治權威進行介入或管制。

[2] 郭國基議員爲1900年出生，屏東縣東港人，因病逝世於1970年立法委員任期內。

[3] 吳三連1899年出生，台南市（原台南縣）學甲人，因病逝世於1988年國策顧問期間。

[4] 李萬居1901年出生，雲林縣口湖人，因病逝世於1961年公論報社長任內。

[5] 郭雨新1908年出生，宜蘭縣人，1985年病逝於美國。

[6] 李源棧1909年出生，高雄市（原高雄縣）湖內人，因病逝世於1969年（1968年省議員選舉落敗）。

[7] 許世賢1908年出生，嘉義（台南）市人，1983年逝世於嘉義市市長任內。

人才。

　　而在1994年，因憲法增修條文的修訂，並且經由立法院訂定《省縣自治法》與《直轄市自治法》，使台灣省省長與台北市長、高雄市長，由人民進行直選。而在1999年，台灣省的地位，因憲法增修條文的修訂，規定不再是地方自治法人，遂而又將前述兩部法律，合併後另訂新法，也就是《地方制度法》，此乃爲我國地方自治法制的重大進展。

參、我國地方自治的法制歷史進展

　　地方自治之發展，並非僅靠法制化之工作即可完成，其中尙且涉及中央與地方於憲法上之地位、權力之分配與立法權的控制等。以下，茲就地方自治學界，主要的時期分類方式進行說明。

　　學者江大樹（2006：63）從「歷史制度論」（histo- rical institutionalism）觀點，以我國地方法制的歷史演變，將我國中央與地方關係，區分爲四個時期，分別爲「自治綱要時期」（1950-1987）；「邁向法制化時期」（1987-1996）；「自治二法時期」（1994-1999）；以及最後的「地方制度法時期」（1999-2008年）。

　　在江大樹歸納之「自治綱要時期」，雖然該時期，已有《中華民國憲法》關於地方自治的憲法位階規定，但該部憲法隨即因我國施行「戒嚴」體制，而使憲法相關條文規定凍結。如我國憲法本文的第十章爲規範中央與地方之權限，第十一章規範省與縣的地方制度，對於省與縣此二層級的地方自治運作，均有明文規定。然而，礙於我國《省縣自治通則》遲遲未予立法，故國民政府遷臺後，其施行地方自治的依據，僅依據台灣省政府及行政院所陸續頒訂之《台灣省各縣市實施地方自治綱要》、《台灣省各縣市議會組織規程》、《台灣省議會組織規程》、《台北市各級組織及實施地方自治綱要》、《台北市議會組織規程》、《高雄市各級組織及實施地方自治綱要》、《高雄市議會組織規程》等規範，而上開法制內容規

定，與憲法本文之規範，存有相當距離，其自治之型態為中央對地方監督型之自治，其理在於，這段時期特別強調自治監督，中央政府擁有法制、財政、組織與人事的上對下權力，此致在這四十年的地方自治運作，遠遠偏離憲法本文的規範。此外，加上中央政府握有立法權的優勢，因而偏向中央集權的型態（李惠宗，2006：594）。

在「邁向法制化時期」，此時期啟始於解除宣告戒嚴（1987年），從威權式政府體制轉變為民主政府體制。而在地方自治發展上，即展現在我國「地方自治法制化」的成就。這段時期，司法院大法官會議於1990年，作出釋字第260號解釋；該號解釋認為，在憲法規範之下，中央政府應無省議會及省政府組織單獨制定法律的依據，當時所設置的省級民意機關，也沒有逕行立法的權限。而此一憲政問題，正凸顯出我國憲法的不完備，並未預想到未來可能的情事變更。因而在兩年後（1992年），國民大會通過第二次憲法增修條文，該次修憲明確賦予地方自治法源基礎。依該憲法增修條文第17條規定，把「省縣自治通則」、「省自治法」、「縣自治法」的憲法本文規定予以排除，並且授權由「法律」來加以訂定（張正修，2009：41）。此外，1994年起，開始辦理台灣省省長及臺北市、高雄市長的選舉。而在這一段期間，朝野主要政黨、學界都認為我國當時的地方自治有朝法制化的必要，進而促成1994年，我國完成《省縣自治法》與《直轄市自治法》的立法。也因此，此時期名為「邁向法制化時期」。

第三個時期，也就是「自治二法時期」。這段時期，雖然自治二法已完成法制化，但其實質規範內容，仍為中央政府過度集權的設計，並未因為法制化，而使中央與地方權限劃分問題解決。此外，我國一省（台灣省）二市（台北市、高雄市）加上23縣市，為四級政府體制，頗受當時社會輿論檢討。而待1996年，首次民選總統產生後，該年年底召開「國家發展會議」，針對中央與地方權限劃分等議題，達成精簡省府功能業務與組織的共識，並於隔年（1997年）7月，由國民大會作成第四次憲法的增修條文。

依地方自治學者紀俊臣的觀點，在自治二法時期，基本上為「重省

市、輕縣市、無視鄉鎮市」的立法設計體例，縣市仍在省的監督之下運行，且未如台灣省、台北市、高雄市一般，擁有完整的人事權（紀俊臣，1996：15）。此外，學者黃錦堂亦認為，在自治二法階段，必須要去確立地方自治的核心事項，地方可就核心事項內容有完整的決定權，這些事項例如：地方墓園、消防、國民中小學教育、青少年補助、社會救助、街道開闢、飲用水、都市計畫、都市更新、廢棄物管理、住宅興建等等，前述試舉之建議內容，仍有待往後修法予以調整。

　　第四個時期為「地方制度法時期」。行政院為推動第四次修憲精簡省政府層級，因而重行檢討自治二法，並以《地方制度法》予以取代。然而，地方制度法的立法，仍未針對行政區劃賦予法源依據，縣市得否合併並改制為直轄市，於該法亦未予以妥善規範。此外，關於「全民健保」事項，引發了中央與地方財政關係的檢討，同時再次顯示長久以來「中央請客、地方買單」的情形。不僅如此，中央與各縣市政府，亦長年針對「統籌分配稅款」的分配比例進行討論，並且時而引發不少爭議與衝突。此外，現行《地方制度法》中，關於「自治事項」與「委辦事項」的定義，仍未臻明確，以致於中央與地方仍於各專業領域，存有不少權限爭議。另外，有關台灣地方自治的發展，依目前的「五直轄市體制」現況（台北市、新北市、台中市、台南市與高雄市）的改造進程而論，已步入「五直轄市體制時期」。

　　最近中央政府相關部會及五都市政府，已全力進行改制後，未來相關體制的修訂與研擬。相信這一波有關都會地區、地方自治體制的改造，對未來台灣地方自治的發展，將會造成深遠的影響。

　　在2008年，國民黨重新取得執政權後，為實踐台中縣市合併改制的選前承諾，因而透過增修《地方制度法》（2009年4月15日），增訂縣市合併之法源。爾後，行政院相關部會（如內政部），亦陸續調整、規劃五直轄市市議會員額數，內政部與人事行政局重新修訂《地方行政機關組織準則》；此外，財政部也對「統籌分配稅款」的分配問題進行檢討，初步規劃將以「公式入法」取代以往的「比例入法」；同時，亦將擴大地方稅

的稅基，將統籌分配稅款的餅作大，讓五直轄市十七縣市所分得的財源更豐。第三，若承馬英九總統於2008年總統大選的承諾，將充分落實「地方自治」，讓地方政府扮演更為重要的角色，則我國地方法制，乃至於各個「行政作用法」勢必要再進行相關的檢討，以讓五個直轄市政府在未來能夠扮演區域競爭力發動的軸心（蕭全政，2009）。

最後，就直轄市與其次級地方政府組織的問題而言，原台北縣有29個鄉鎮市、原台中縣有21個鄉鎮市、原台南縣有31個鄉鎮市、原高雄縣計有27個鄉鎮市，合計四個縣一共有108個鄉鎮市。如今，因為合併改制，依照現行《地方制度法》第3條之規定：「直轄市及市均劃分為區」，因此，原鄉鎮市將改為「區」，成為直轄市政府之派出機關（蕭全政，2009：1-2），原來轄區內鄉鎮市將被取消其已運行約六十年的地方自治法人地位，改以直轄市之派出機關運行。如今，台灣約有三分之二的人口，生活於沒有基層民主自治的城市，此將使我國地方自治的圖像呈現不同的樣貌。

如同學者紀俊臣於1996年所作的歸納整理，過去我國數十年的地方自治經驗，大抵為「行政保留」的地方自治，並且漸進地邁向「法律保留」的地方自治型態，若此，我們可以得知，在1950年到1996年的地方自治發展，即呈現基層自治萎縮化的發展方向。

而在1996年以後，到2011年，本章認為基本的大方向，為地方自治朝向「功能化」與效能化，以及縣市自治朝向縣市政府中央集權化的方向發展；也就是說，除了基本的地方自治法制的完備以外，尚且希望地方自治確能展現出一定的自治功能。尤其，在全球化與國際競爭的年代，地方政府除了基本的公共服務提供，以及「政治甄補」（political recruitment）的功能外，尚且要能創造地方經濟成長、解決地方就業問題，以及環境生態的永續發展，以使我國地方自治的未來，確能展現「功能化」地方政府與政治的目標。

肆、台灣地方自治所帶來的民主化發展與衝擊

台灣地方自治之運作，追溯可逾六十年，其所帶來的民主發展，以及其對當時政治時況的衝擊自然不小。以下茲就其影響，茲以「提供反對政治發展空間」、「中央與地方政治甄補」、「觸動中央民主化發展」等三大衝擊進行說明。

（一）提供反對政治發展空間

台灣的民主發展，有其特別的發展經驗。例如1950年到1987年之間，多被學術界歸類為「威權政治」；然而，與其他國家威權政治的發展，卻大異其趣。他國之威權政治，乃係上自中央，下到地方的政治控制，致力於政權與政治的穩定及國家安全的理由，透過各類型的政府機器，監控及管制各自治社會團體與地域組織，使其服膺於中央領導中心。

台灣比較特別的是，在1950年到1987年之間，中央政治在威權式控制之下，沒有首長選舉、沒有國會議員的選舉；而且，五權機關的分權與制衡僅為圖像，並不具有太多實質上的功能。

但是在縣市與鄉鎮市這兩個地方自治層級的自治，不但有其一定的自治權能，而且地方行政首長與民意代表定期改選，提供基層民眾有若干在地參與公共事務的機會。從台灣各地來看，素有黨外聖地的嘉義市，在許世賢（許家班）的領導下，確實走出自我，並且持續對抗中央。而宜蘭縣的郭雨新，亦在地方民主，乃至於中央政府體制、言論結社自由等事項多有建言，甚至對抗中央政府非民主的領導。

是故，正是由於基層自治的推動，以及地方公共職務的選舉，賦予地方領袖反對中央威權的正當性，使我國在政治社會中，尚有反對政治的發展空間，並且開啟黨外時代，在台灣省議會及台北市、高雄市，培育不少黨外菁英；也為爾後民進黨的組黨與在野勢力的發展，在各縣市提供若干堅實的支持基礎。

（二）中央與地方政治甄補的多元性

地方民主選舉其所產生的公職人員，自然為地方政治甄補的重要途徑。但不論是東方或是西方社會，一般民眾對於公共事務的參與，畢竟是少數，而公共參與更需要無比的參與熱忱、時間與精力。台灣地方自治的發展歷程，自村里長選舉，到鄉鎮市長、縣市議員與縣市長的培育，不但為地方社會培育各級自治與公共人才；相對的，也為國家培育不少優秀國會議員與總統、副總統，各部會首長、次長等國家領導人，更為各級社會團體培養各類領導菁英。

由此可見，六十幾年來台灣地方自治的發展經驗，不但提供了穩定的政治甄補管道，以打破威權體制下，特定政團對於公共職位的壟斷，為中央與地方的政治甄補提供多元的基礎，也為國家、社會培育多元領導人才。

（三）地方民主的運作觸動中央民主化的發展

正是由於地方自治與民主發展，持續對中央政治領導的正當性提出挑戰，再加上國際民主化的潮流，西方的民主法制經驗，陸續受到國人的重視。故而在1980年代中期之後，開啟了台灣一連串的民主與自治變革。

除了解除戒嚴體制之外，立法院全面進行改選，開放黨禁、報禁、言論自由，諸如出版、集會遊行、新聞傳播等事項，皆予修改不合時宜的法令規章。尤其我國在第二屆立法委員選舉後，我國從中央到地方的民主制度工程約告完成，並且步入新的里程。

但在台灣實施地方自治過程中，在村里、鄉鎮市與縣市級自治選舉中，許多縣市鄉鎮出現派系與黑金政治現象。我國的地方民主發展，雖有有金權政治、派系政治、黑道政治的負面批判，但其實際的問題本質，並非民主發展問題，而是政黨地方人才培育政策、陽光法制與地方公共治理無法落實，以致於無法就黑金問題予以根治。台灣這些地方自治發展的困境與議題，仍有待再變革與突破。

伍、五直轄市改制後取消108個
鄉鎮市自治的民主層面影響

民主的問題，應該用更多的民主途徑解決。自1987年，台灣步入民主化的進程已有二十餘年，不論法治、公民素養，乃至於公共議題的開放，皆有一定的成長。

然而，2010年12月25日，我國由二直轄市二十三縣市，改制為五直轄市十七縣市。其中，原台北縣單獨改制為新北市，原台中縣、原台中市，予以合併改制為新台中市；原台南市、原台南縣，予以合併改制為新台南市；原高雄縣、原高雄市，予以合併改制為新高雄市。

而這次的改制影響深遠，其中原台北縣、台中縣、台南縣與高雄縣，計有108個鄉鎮市，因改原縣改制為直轄市後，取消其地方自治法人地位。而未來直轄市之區政制度，可能造成的基層的負面影響，大致包括以下諸項（蕭全政、趙永茂，2009：3-6）：

原台北縣、台中縣、台南縣、高雄縣（這四個縣份的人口合計約有780萬人，約佔全國人口34%），其鄉鎮市目前已改制為區，非自治團體法人，目前已影響台灣基層民主的運作。如今，五直轄市連同「省轄市」（基隆市、新竹市與嘉義等三省轄市）合計有1,480萬人口的地方（約佔台灣總人口64%），未實施基層自治。在民國99年，縣市改制之前，我國佔有三分之二人口的各縣均實施基層的鄉鎮市自治；但是，五直轄市改制後，台灣地區反而有三分之二人口之地區未能實施基層自治，規模甚大，已有動搖基層民主之疑慮。全世界主要民主國家，包括英國、美國、比利時、瑞士等三十幾個國家，均無廢除鄉鎮市之例[8]。

我國自實施地方自治以來，定期辦理縣市、鄉鎮市層級選舉已過六十

8　近二十年來諸如紐約、倫敦、東京、巴黎、柏林、首爾等，均逐漸恢復或推動區自治。以免上層代議和官僚左右或替代地方與基層社會的自治能力與自主責任。

年，不僅爲台灣地方自治奠立厚實基礎，更成爲促進國家民主政治發展、維繫台灣草根民主傳統、推動政治體制朝向民主轉型的重要關鍵。鄉鎮市自治與選舉深化了我國民主發展，讓台灣與世界草根民主潮流接軌，實爲我國民主發展史上引以爲傲的成就，而且更與世界的主要潮流一致。

縣市合併改制直轄市後，計有108個鄉鎮市長、1,393個鄉鎮市民代表職位被取消，這些民選職位的取消，不僅阻斷了原有基層政治人物的參政機會，也破壞了地方基層培育政治人才的管道。這些鄉鎮市長、鄉鎮市民代表，皆係當地民選出身的基層政治人物，原來有許多人在經過基層政治歷練及重重考驗後，有機會繼續投入更高層級的選舉，成爲縣市議員或首長或立法委員，惟一旦鄉鎮市改制爲區而取消自治，則其原來的鄉鎮市長、鄉鎮市民代表都將失去基層政治歷練的舞台，因而形成地方政治人才的斷層與斷喪地方社會培育領導人才的機能。

此外，目前新設四個直轄市，其區公所體例設計，皆係仿照台北市政府與原高雄市政府（改制前），並以其區公所之體制來進行設計，而其編制內容，幾乎全市一致、沒有差異安排。加上，區公所接受直轄市政府的指揮監督，而市政府往往會基於一體適用的需要，使各區公所的組織設計一元化，喪失多元性發展的特質。五直轄市設置後，原台北縣、台中縣、台南縣與高雄縣這四縣的都市化程度，實遠不若台北市、原高雄市、台中市與台南市；且其土地面積、轄區範圍廣大，均數倍於原先北、中、南、高諸市，若由單一市政府進行統轄，則可能無法因應不同區域的地理與人文特性，並且進行差異性的施政作爲。以未來的新台中市而言，原台中市下設8區、原台中縣下轄21鄉鎮市。而面積163平方公里的原台中市地區，基於過往良好的制度運行模式，似宜維持「區公所」的模式；反觀原台中縣，因該縣地廣，幅員自梧棲港到雪山山頂（海拔3,886公尺），其距離將近100公里，地理人文與經濟性質差異極大，概以原有「區公所」治理運行，恐無法更自主反映各鄉鎮之區域特性。

以上所檢討的，爲五直轄市改制後，其次級地方組織的變革。其將次級地方行政組織，由地方自治法人，改隸爲直轄市政府的派出機關，此舉

當可創造行政效率；但恐不利台灣基層自治民主社會的養成，以及區域發展的多元化。

陸、結　論

如前所述，台灣這六十餘年來的地方自治運作，確為我國民主奠定發展基石；同時，更觸發我國中央層級體制的民主化，以及後續憲政法治的變革。這六十多年來的地方自治發展，或有黑道政治、金權政治與派系政治的檢討，但就正面而言，卻也幫我國開創了政治甄補，以及提供反對政治養成的空間，今後我國宜多參照民主先進國家經驗，在陽光與清廉政治上，以及地方公共治理的建構上有所反思；期能撥亂反正，以期步入正軌。然而，2010年我國五直轄市成立後，草根民主面臨考驗，若後續未授予其他配套措施，則無異使我國地方民主的發展，面臨無法深耕的境地。檢視台灣的自治發展歷史，自應緬懷過去、展望未來；希望台灣未來也因為地方自治變革與發展的成功，而更深化台灣的民主發展。

參考書目

中文部分

江大樹，2006，《邁向地方治理—議題、理論與實務》，臺北：元照出版社。

李惠宗，2006，《憲法要義》，臺北：元照出版社。

若林正丈，2009，《台灣：分裂國家與民主化》，台北：新自然主義股份有限公司。

陳陽德，1987，《轉變中的台灣地方政治》，台北：動察出版社。

紀俊臣，1996，《台灣地方政治轉型與自治法制設計之析論》，臺北：中國地方自治學會。

張正修，2009，《地方制度法理論與實用》，臺北：新學林。

黃錦堂主持，2003，《台北市作為首都應有之功能與法制之研究》，台北：台北市政府法規委員會。

黃錦堂，〈新直轄市之區應否實行自治〉，《國家政策研究基金會「國政評論」》，2009年5月6日，網址：http://www.npf.org.tw/post/1/5858。

彭懷恩，《台灣政治發展》，臺北：風雲論壇出版社。

趙永茂，2002，《台灣地方政治的特質與變遷》，台北：翰蘆圖書出版。

趙永茂，1998，《中央與地方權限劃分的理論與實際—兼論台灣地方政府的變革方向》，台北：翰蘆出版社。

趙永茂，2007，〈從地方治理論台灣地方政治發展的基本問題〉，《政治科學論叢》，31：1-38。

趙永茂、吳若予，《台灣省諮議會應有之功能與職掌》，台中：台灣省諮議會。

蕭全政主持，2009，《3都15縣政策規劃建議書》，台北：內政部。

蕭全政主持，2009，《直轄市區制問題評估及改革規劃建議》，台北：內政部。

蕭全政主持，2011，《縣市改制為直轄市後中央與地方業務功能調整之研究》，台北：行政院研考會。

譚智方，2008，《中央與地方關係之演變—以釋字第553號解釋爲例》，
　　臺中：東海大學政治系碩士論文。

薄慶玖，1997，《地方政府與政治》，台北：空中大學出版社。

羅得華，2011，《台灣中央與地方關係的變遷與發展》，臺中：東海大學
　　政治學系碩士論文。

第六章

兩岸關係對台灣民主化之影響

周繼祥

壹、前　言

　　「兩岸關係」一詞是在1987年政府開放民眾赴大陸探親之後出現的（蘇起，2003：自序14）。楊開煌教授認爲，兩岸關係的提法在台灣1990年代是結束動員戡亂時期後，才正式使用的名稱，在此之前台灣所談的只是大陸問題、中共問題，沒有所謂「兩岸關係」（楊開煌，2005：1-2）。到底什麼是「兩岸關係」？它包含哪些內涵？學術界對此的研究並不充分，還有很大的探討空間（李鵬，2009：3）。

　　筆者採廈門大學李鵬教授的意見，[1]將本文所指涉的兩岸關係界定爲自1949年兩岸分治以來、大陸和台灣的關係。1949年10月1日下午，毛澤東主席在北京天安門宣告中華人民共和國成立。從此，兩岸人民以台灣海峽爲界，分別生活在意識形態、政治、經濟、社會制度迥然不同的兩個社會。1980年代以後，兩岸的政治結構產生了巨大的變化，台灣從威權體制轉向多元開放的民主體制。[2]1987年11月2日，政府宣布開放部分民眾赴大陸探親，海峽兩岸在分立對峙將近四十年之後，在這歷史性的一刻，才出現了良性互動的契機。迄今學界對於台灣民主轉型的研究已累積了

---

[1]　李鵬教授認爲，台灣問題出現以前大陸和台灣的關係，嚴格意義上說並不是今天我們常所提及的兩岸關係概念（李鵬，2009：4）。

[2]　吳玉山教授認爲，兩岸關係的快速發展出現在1980年代，在此之前，兩岸在政治、經濟、軍事等領域，都鑲嵌在冷戰對立的國際體系內（吳玉山，1999：3）。

相當的成果，提出了某些理論、變項和原因解釋台灣何以出現民主化？[3]
在這些論述中，也包括一些討論台灣民主化對兩岸關係影響的文獻，例
如張緒成（1995）、張慧英（2000）、翁松燃（2003）等人的著作，[4]但
以兩岸關係為自變項，台灣民主化為依變項，來探討自變項對依變項的
影響及其影響程度的研究則尚不多見。美國哈佛大學政治學教授杭廷頓
（Samuel P. Huntington, 1927-2008）研究二十世紀後期全球性的政治發展
後提出：「沒有一個單一的因素足以解釋在所有國家、或是在一個國家中
的民主發展」、「每一個國家的民主化都是各種原因配合的結果」等命題
（Huntington, 1991: 38），杭廷頓在《第三波：二十世紀末的民主浪潮》
（*The Third Wave: Democratization in the Late Twentieth Century*）一書中指
出，造成每一個國家民主化的因素錯綜複雜，而不同國家走向民主化的模
式也不能一體適用。但他認為，台灣從一黨體制走向民主化是經由變革
（transformation）的過程（Huntington, 1991: 124-142），如果國家領導人
願意，他們有能力使國家朝民主方向邁進，即當執政的精英帶頭實現民主
時，就出現了改革。[5]

　　邵宗海教授指出，從歷史發展的經驗而言，兩岸之間關係可從不同

3　例如，前美國在台協會主席卜睿哲認為台灣成為民主國家的理由有四：第一、台灣
　　反對運動出現，挑戰國民黨的高壓統治。第二、蔣經國有自己的理由，包括希望自
　　己比鄧小平更像改革者、有把握國民黨可勝選。第三、確保華府能支持。第四、來
　　自美國國會自由派的壓力（卜睿哲、歐漢龍著，林宗憲譯，2010：87-88）。

4　2003年5月27日，翁松燃教授在「台灣民主化對兩岸關係之影響」專題演講中，以
　　台灣民主化為自變項，兩岸關係為依變項，認為台灣民主化影響了兩岸關係，人民
　　走在政府前頭，政府的兩岸關係很被動，兩岸關係的關卡被民主化打通了。

5　杭廷頓認為第三波民主化的過程大致可分為變革（transformation）、置換
　　（replacement）、移轉（transplacement）三種類型（Huntington, 1991: 114）。變革
　　必須是政府比反對派強大，因此，它發生在地位穩固的軍事政權中，政府能夠對反
　　對派行使有效的終極強制手段或是威權體制在經濟上極其成功的情況下皆可能出現
　　變革（Huntington, 1991: 125）。李西潭教授則認為台灣的民主轉型過程，並未出現
　　政府崩潰或人民革命推翻政府的暴力鬥爭，而是兼見變革與移轉這兩種較為溫和的
　　轉型方式（李西潭，2011：193）。新加坡國立大學王正緒教授認為台灣的民主轉
　　型是「控制下的轉型」，即專制政府在沒有強大的社會壓力之下，主動地、有步驟
　　地推行民主化進程，最終過度到民主的制度（王正緒、方瑞丰，2007：96）。

時期切入，產生幾個不同階段內涵的階段（邵宗海，2006：5）。誠如邵宗海教授所言，學界對兩岸關係的分期，的確有幾種不同的劃分法。[6]例如，前行政院大陸委員會副主委馬英九於1992年時，曾撰文回顧過去四十多年兩岸關係的發展，並將之分成「軍事衝突時期（1949-1978）」、「和平對峙時期（1979-1987）」、「民間交流時期（1987.11-）」（馬英九，1992：2-3）。筆者則參考杭廷頓對台灣民主轉型的變革說，置重於執政精英的角色，[7]因而，本章以國家元首為判準，將1949年以來的兩岸關係劃分為「蔣中正主政時期」、「蔣經國主政時期」、「李登輝主政時期」、「陳水扁主政時期」、「馬英九主政時期」等五個時期。

　　下文將分別敘述五個時期的兩岸形勢，並進一步討論各個時期之不同階段的兩岸關係與當時台灣政治的互動，以釐清兩岸關係對台灣民主化的影響。

貳、蔣中正主政時期（1950-1975）

　　1949年12月，國民政府播遷來台，翌年3月1日，蔣中正總統復行視事。國民政府訂定「反共復國」的基本國政策，提出「一年準備，兩年反政，三年掃蕩，五年成功」的口號，固守台澎金馬，和共產黨政權在軍事、政治、外交上持續對抗。相對的，在1955年以前，北京政府則誓言武力解放台灣。1955年4月，國務院總理周恩來在萬隆會議上說明北京政府對台灣的立場時，曾說「中國政府願意在任何可能的條件下，爭取用和平的方式解放台灣。」[8]同年5月31日，周恩來在全國人民代表大會常務委員

6　以1949年兩岸分治為計算基準，邵教授自己將兩岸關係分為「軍事對峙時期」、「法統爭執時期」，經過「交流緩和時期」，直到目前的「意識對立時期」及「磨合過程時期」（邵宗海，2006：5）。

7　美國耶魯大學教授林茨（Juan J. Linz）認為，民主化基本上是一種政治過程，因此，必須有某種政治領導（Political Leadership）將民主化視為目標（Linz, 1999: 5）。

8　據說這是北京政府首次公開提出以和平方式解決台灣問題的主張（王功安等，1996：55）。

會第15次擴大會議上再次表示，中國人民願意在可能的條件下，爭取用和平的方式解放台灣（余克禮，1998：55）。自此以後，中共轉而強調以政治解決台灣問題爲主，以軍事打擊爲輔。

此一時期國民政府對中共採取強硬對抗的政策，雖然實施動員戡亂導致兩岸關係的全面斷絕，但國民政府堅稱自己是代表全中國的唯一合法政府，「乃是依據憲法所產生唯一的政府」，兩岸關係並未走向分裂或造成台灣獨立。[9]

「八二三」炮戰以後，共軍鬆緩對台軍事壓力，對金門實施「單日打炮、雙日不打炮」。1958年10月6日，中共國防部在「告台灣同胞書」中，建議兩岸雙方舉行談判，實行和平解決。國民政府雖然並未對中共的和談倡議作出正式回應，但在實際行動上則緩和了與大陸方面的軍事對抗，基本上停止對大陸正規性的軍事攻擊，改採「三分軍事，七分政治」，強調心理作戰。兩岸關係在一種象徵性的內戰中，形成了「戰中有和、和中有戰」的特殊局面，而兩岸關係的和緩，有利於台灣的政治安定和經濟發展，國民政府遂以建設台灣爲三民主義模範省來作號召。

經過1950年代初期的政治改造後，國民黨在台灣的治理，呈現了政治相對穩定、經濟相對繁榮的局面。但國民黨的政治體制係以反共復國的軍事戒嚴和獨裁統治爲其基礎，上層權力機構僵化、老化的現象日益產生。至1960年代末期，台灣的內政、外交疲象漸露，民間要求政治革新的呼聲愈來愈強烈。在上述背景之下，1969年3月29日，國民黨以「黨的革新帶動全面革新」爲主題召開第十次全國代表大會，相當程度穩定國民黨的統治地位，達到了「革新保台」的目的。相形之下，大陸雖然正在進行文化大革命，但同一時期美國的全球戰略和對華政策正在發生重大調整（鈕漢章，2007：57），加速了其與中國大陸關係正常化的進程，而大陸爲了自身的國際處境，欲化解來自蘇聯的嚴重安全威脅，於是和美方一拍

---

9 因此，1959年10月2日，毛澤東發表，中國大陸同台灣的關係不同於兩個德國、兩個朝鮮、兩個越南的談話（中共中央黨校、中共中台辦編，2001：128）。

即合，導致了台灣1970年代之初外交困境叢生，繼退出聯合國後，二十多個友邦國家先後和中共建交，甚至日本也跟進。此一時期外交上的挫敗，使國民政府喪失了維持其統治正當性和合法性最重要的外在支持，政權的合法性基礎必須轉向內部汲取（陳明通，2005：11-12）；同時也為下一階段錯縱複雜的兩岸關係埋下了伏筆。

　　1975年4月5日，蔣中正總統因心臟病發作辭世，綜觀其主政期間，從大陸播遷來台的前十六年：「一方面，實行憲政措施，推行民主政治，另一方面用迅速而有效的行動，整建並不斷強化我們的軍事力量，以保障基地的安全和積極準備反攻大陸，收復國土」（蔣經國，1971：407）。1972年6月1日，其長子蔣經國歷經長期培養，終於出任行政院長，提出「革新保台」方針，推動新政，但仍以「實行憲政」和「反共復國」為施政的主要目標。這兩個目標看似相互衝突，其實並不然：一方面，面對海峽彼岸中共政權的威脅，蔣氏將國民黨改造為革命民主政黨；[10]另方面，為了號召反共產暴政，在集黨政軍大權於一身後，他並未順勢採行全面專制的體制，而是建立二元政治體制，[11]強調國民政府是經由全國人民選出的合法的民主憲政的政府，在台灣實行以「倫理、民主、科學」為本質的三民主義，擬打造自由民主的台灣為全中國的模範省。固然有人對此不以為然，[12]但「實踐三民主義，光復大陸國土，復興民族文化，堅守民主

---

[10] 蔣總裁力主國民黨的性質應為「革命」政黨，而不能純粹為「民主」政黨（蔣經國，1967：218）。

[11] 所謂兩元政治體制，是由上、下兩層構成，上層（中央）為國民黨一黨專政的獨裁體制，下層（地方）係地方公職選舉的自治體制，形成兩種體制併存的情況。大陸學者姜南場進一步指出，台灣上層政治體制是由國民黨戒嚴體制、執政黨體制和憲政體制三大構件組成，並形成其專制、封閉和主要由大陸籍官僚構成等特點。下層體制主要由地方自治體制和選舉體制兩大部分構成，並由此形成體制的民主性、開放性、合憲性等特點。兩種政治體制代表不同的階級、不同的政治力量的利益，兩種政治體制的關係實際上是不同階級、不同政治力量相互關係的反映（姜南揚，1999：18-23）。

[12] 例如，有人認為台灣的政治從來沒有真正實現過蔣自己所標榜的「民主憲政」，指稱它不過是在形式上不同於大陸時期的另外一種極權政治（宋春、于文藻，1990：228）。

陣容」遺訓，確實是蔣氏治台的一貫主張，尤其既宣稱台灣爲自由民主的燈塔自居，自應宏揚憲政，鞏固民主的基礎，以自由對抗奴役、以民主對抗極權、加深海內外華人的向心力，加強反共復國的號召。從這個角度看來，蔣中正總統主政時期兩岸關係的僵持和對立，在一定意義上，保住了台灣的民主生機。[13]

參、蔣經國主政時期（1976-1987）

1975年4月28日，國民黨中央委員會因蔣總裁之逝世而召開臨時全體會議，決議修改黨章，保留「總裁」名義，改設主席，並即推舉行政院長蔣經國爲國民黨中央委員會主席，會議並發表宣言：鞏固領導中心，絕不改變反共國策，堅守民主陣容。同年11月，國民黨召開第十一次全國代表大會，除確立蔣主席權力核心的地位、強化黨務革新的目標外，並繼續堅持蔣總裁「反共復國」路線，制定了一系列配套的反共行動綱領。1978年5月20日，蔣主席就任第六任總統，至此，經國先生集黨政最高權力於一身，名正言順開啓「蔣經國時代」，但子承父志，仍以反共復國爲基本國策。

1979年元旦，中共全國人大常委會發表〈告台灣同胞書〉，正式宣布要以和平方式促成兩岸統一。國民黨先是遭逢外交的重大挫敗，又面臨中共笑臉的統戰攻勢。

1981年3月29日至4月5日，國民黨舉行十二次全國代表大會，宣稱「反共復國的基本國策絕不改變」、「國家體制絕不改變」、「以三民主義統一中國的目標絕不改變」、「與中共絕不談判、絕不三通、不怕使用武力」。國民黨十二大是在黨外勢力崛起的情況下召開的，由於大會

---

[13] 這樣的解讀，和美國學者溫克勒認爲1949至1987年間，台灣從硬性的威權型政權在解嚴之前轉變爲柔性的威權政權的說法（吳文程，2007：61），在認知上並不是同一，筆者的意思是若無蔣氏領導反共，1970年代以前的台灣，恐怕難逃中共的征服。

提出「以三民主義統一中國」，[14]故被指為是「國民黨大陸政策的轉變」（宋春、于文藻，1990：279）。從1979年起到1987年國民政府宣布開放民眾探親期間，隨著反對運動和社會運動的不斷興起，以及國民黨統治力道的相對削弱，台灣民眾開始突破「三不」的禁忌，不斷關注介入兩岸議題，對兩岸關係的發展和改善，產生了重大的影響。此一期間，首先是1979-1982年，人們因台美斷交後的政治緊張氣氛而避談兩岸關係；其次是1983-1987年解嚴民眾關於兩岸關係的言論禁忌被消彌，國民黨「以三民主義統一中國」的主張不再居於主導地位，建立在動員戡亂、反共復國基礎上的國民黨威權統治，也因兩岸關係的不斷和緩，失去了繼續存在的理由，民眾關切並要求改善和開放兩岸關係。國民黨也順應時勢，放寬了對兩岸民間交流、人員接觸及貿易往來的限制。1984年7月，當局甚至接受運動員以「中華台北」名義和大陸運動員一同出席第23屆奧運會。1987年5月，蔣經國指示有關人員商討開放探親政策的規劃與評估方案（王銘義，1995：89）。蔣經國總統在晚年基於傳統倫理及人道精神的考慮，決定開放民眾赴大陸探親，雖然他仍堅持「反共」和「三不」的政策，但已為兩岸關係開啟互動的契機。由於兩岸關係的和緩，形成了台灣民主化的外在條件。1987年7月15日，蔣經國總統宣布解嚴，隨後並開放黨禁和報禁，象徵台灣民主轉型的開始。由上可見，兩岸關係的和緩確實是造成台灣民主轉型的原因之一，葛永光教授分析這一段時期台灣的政治轉型後指出，「解嚴和民主改革有利於台灣維持在兩岸競爭上的優勢」（葛永光，2008：21）。

肆、李登輝主政時期（1988-2000.5）

李登輝總統繼任時，開放大陸探親已經開始，但兩岸仍屬動員戡亂階

---

[14] 有大陸學者指出，「提出以三民主義統一中國的口號作為回應，表明台灣當局實正接受和平統一的方針，不過在統一的內容、模式上不同而已」（余克禮，1998：226）。

段，國共鬥爭狀態依然持續。當時台灣社會的內外環境頗爲複雜，李欲順利進行刻不容緩的國內政治改革，就必須先緩和兩岸情勢，「也唯有調整與中共的關係，才能減少干擾台灣進行民主化的變數」（鄒景雯，2001：180）。1988年2月21日，李總統在就任後首次記者會上宣示，要以新的觀念處理兩岸問題。1988年7月12日，國民黨第十三次全國代表大會通過「中國國民黨現階段大陸政策」，提出的目標爲：擴展台灣經驗，支援大陸民主運動，發揮政經影響，爭取大陸民心。[15]

1990年5月，李登輝就第八任總統的演說中提出三項條件說：如果中共當局能體認世界大勢之所趨及全體中國人的普遍期盼，「推行民主政治及自由經濟制度」、「放棄在台灣海峽使用武力」、「不阻撓我們在一個中國前提下開展對外關係」，則我們願以對等地位，建立雙方溝通管道，全面開放學術、文化、經貿與科技的交流，以奠定彼此間相互尊重、和平共榮的基礎。李總統上述說法，被各方認爲是國民黨「三不政策」鬆動的前兆。爲凝聚國人共識，政府於同年6月召開「國是會議」，並依「國是會議」的建議，總統府於10月間成立「國家統一委員會」；1991年1月，行政院成立大陸委員會；2月，海基會成立；3月，行政院院會通過「國家統一綱領」；4月30日，總統宣告動員戡亂時期臨時條款於5月1日零時終止。從大陸方面的角度看來，終止動員戡亂，表明台灣當局正式放棄武力統一的主張，故有助於兩岸關係的進一步緩和（余克禮，1998：226）。1992年7月，立法院通過「台灣地區與大陸地區人民關係條例」。

在李總統主導下，適應和利用民衆改善發展兩岸關係的要求，爭取在兩岸互動中的主導權，減少中共對台灣民主化進程的干擾，此一時期的兩岸關係出現了新的動向，即國民黨將歷來主張一個中國，改爲「兩個對等政治實體」，從「大中國」限縮於台灣，國民黨不再和中共爭天下，而

---

[15] 試圖以台灣民主轉型的經驗，作爲對大陸進行和平演變的想法，在此一時期甚囂塵上，但誠如翁松燃教授所言：「台灣的民主政治還在襁褓階段，最好更多地向他國借鑑學習，自求改進。此時向人推售台灣民主化經驗實在嫌早，勉強爲之是不知藏拙。把台灣民主化經驗作爲反攻大陸，征服共產政權的策略，亦不免不自量力」（翁松燃，1991：368-369）。

是要與之分天下。放棄了反共戡亂，兩岸關係呈現未和談但和緩、未停戰但停火、未談判但對話的新局面。李氏雖然推動了台灣的民主化，也開啓了兩岸的交流對話，但在主觀上，他並未刻意讓兩者交互影響（張慧英，2000：248）。[16]此一時期，國民黨大陸政策的主要內容包括：鼓吹對等政治實體、推動外交雙重承認、重新解釋一個中國內涵、設置統一的條件。[17]

　　李登輝主政時期，兩岸關係基本上經歷了四個階段的變化，首先是1991-1995年，於追求兩個政治實體的對等地位，兩岸關係出現了新的對抗和緊張；其次是1995-1998年，因總統直選，李登輝訪美，兩岸關係出現了大衝突和大倒退；[18]第三是1998年兩岸藉由「辜汪會晤」重新接觸、對話、協商；第四則是1999年7月9日，李登輝拋出所謂「兩國論」後，兩岸關係急速冷凍。在這一時期，李總統對大陸的策略先是緩和兩岸關係，爭取台灣民主轉型1989年完成開放組黨，1991年中央級民意代表全面改選，1996年舉行總統直選，根據民主政治體制的標準，這時，台灣的民主轉型已順利完成。而民主化使台灣社會的政治參與不斷擴大，主體性日增，雖然民眾維護兩岸現狀的心態益發強烈，但民主社會保障多元聲音，這使部分台獨人士的主張也得以伸張，兩岸關係進入一個既對抗又對話的態勢。

---

[16] 有些人認爲，民主化是李總統最大的成就，兩岸關係則是他的最大失敗（張慧英，2000：240）。也有大陸學者指出：1991年5月，台灣當局終止「動員戡亂時期」，廢止《臨時條款》，其本意是爲了島內憲政改革的需要並非是爲了發展兩岸關係，因而對兩岸關係的實質發展只具有象徵性的意義（余克禮，1998：228）。

[17] 依大陸學者的觀點，十三大後的國民黨大陸政策，總的來說就是從一個中國走向兩個中國，並企圖通過內部憲政體制的調整和台灣問題的國際化，使兩個中國合法化（余克禮，1990：200-201）。

[18] 中共當局無法瞭解總統直選是台灣民主化的必然歸宿，以搞台獨來加以詮釋（吳釗燮，2008：102）。

伍、陳水扁主政時期（2000.5-2008.5）

　　民進黨政府主政八年來大陸政策的戰略目標，是為兩岸關係正常化（陳明通，2008：12）。而欲達到此一戰略目標，民進黨政府採取「凝聚國家定位共識」、「提出共存共榮願景」、「建構邁向願景的過渡性安排」三項政策，其中協助中國政治民主化是為了化解兩岸的根本矛盾。[19] 民進黨認為兩岸的根本矛盾在於一邊是自由民主的國家，一邊是一黨專政的國家，如果這個矛盾繼續存在，兩岸關係即使有一時的穩定，也只是暫時的，因此要創造兩岸關係的長期穩定，台灣就必須幫助中國走向民主的道路（陳明通，2008：30）。此外，民主化的中國，將會帶來亞太地區的和平與穩定（行政院大陸委員會編，2005：139）。[20]

　　民進黨執政時第一任陸委會主委蔡英文曾經指出，兩岸關係的改善主要取決於大陸是否走向民主化之路，大陸民主化一直是影響我們大陸政策進程及台海關係穩定的關鍵因素（行政院大陸委員會編，2008：81）。[21] 因此，促進大陸民主化是蔡主委施政的重要政策。

　　民進黨政府第二任陸委會主委吳釗燮也認為，兩岸關係的改善主要取決於大陸是否走向民主化之路，大陸民主化一直是影響台灣大陸政策

---

[19] 1999年5月8日民主進步黨第八屆二次黨代表大會通過「台灣前途決議文」，明定其大陸政策的最終目標「是要和中國建立互惠而非歧視、和平而非衝突、對等而非從屬的兩岸關係。」同年11月15日，在該黨「跨世紀中國政策白皮書」中說明：「以下一個世紀為起點，推動台灣與中國關係的全面正常化，正是跨世紀中國政策的主軸。」在這個主軸之下，民進黨不僅要積極和中國之間的交往合作，甚至要為中國的進步提供協助貢獻，後者指的是協助中國政治民主化。根據「台灣前途決議文」的說法，解嚴以後，歷經1992年國會全面改選、1996年的總統直接民選、以及修憲廢省等政治工程，台灣事實上成為民主獨立的國家，和中國是兩個互不隸屬的國家。

[20] 此為陳水扁在2000年1月30日以記者會的方式發表對於兩岸關係看法的內容：亞太和平新世紀，兩岸歡喜看未來－陳水扁對於兩岸關係的七項主張。

[21] 此為時任陸委會主委的蔡英文在2002年11月9日，於全僑民主和平聯盟第一次全球大會上，進行「建構以民主和平為核心的兩岸新關係」之演講內容。

進程及台海關係穩定的關鍵因素（吳釗燮，2008：116）。他進一步指出，在制定「反分裂國家法」之前，中共將台灣民主化的每個步驟，例如1991年、1992年國會全面改革、1996年總統直選、2000年陳水扁當選總統等，都以台獨來詮釋。該法通過後：第一，中國繼續以一中框架限制台灣人民法定前途的選擇權；第二，中國分化台灣內部以延緩民主進程；第三，中國在國際孤立以削弱台灣民主化的奧援力量；第四，中國軍事威脅以形成台灣民主化的阻礙（吳釗燮，2008：117-118）。

陳總統主政期間最後一任陸委會主委陳明通在2007年9月指出，協助中國大陸政治民主化是促進兩岸關係正常化的五大主軸之一，是台灣基於民主國家對其他國家發展民主的關懷，以及自身地緣戰略利益的考量下做出的決定，但是民主化不一定是一個自動的過程，若有經驗的提供與協助，將能讓民主的進程更爲穩健，所以台灣在促進大陸民主化的進程中應該扮演積極的角色（陳明通，2008：141-142）。

杭廷頓（Samuel P. Huntington）認爲，民主化的主要標準是透過公開的、全面參與及公平選務工作的選舉來組織政府。根據此一定義，2000年3月發生的政黨輪替，固然可以作爲台灣完全民主化的佐證，[22]而陳水扁的當選，雖有種種原因，[23]但不能不承認，2000年民進黨首次執政，是一路跌撞、摸索著如何制定與執行兩岸政策的過程。[24]長期爲扁政府外交團隊成員之一的劉世忠在其《歷史的糾結：台美關係的戰略合作與分歧》

---

[22] 1991國大代表、1992立法委員全面改選，並經1995立法委員第二次全面改選，至1996年3月總統直選後，台灣正式完全被列入民主國家的行列（李酉潭，2011：114）。

[23] 上海學者嚴安林歸納陳水扁勝選的原因在於：第一，國民黨的分裂與腐敗是民進黨上台的主要原因。第二，李登輝終結了國民黨在台統治。第三，陳水扁的競選策略比較得當。第四，美國等國際勢力樂見台灣政權政黨輪替（楊潔勉等著，2002：89-99），另一大陸學者鈕漢章指出：陳水扁獲勝，島內常用「僥倖」兩字概括（鈕漢章，2007：135）。

[24] 前美國在台協會主席卜睿哲（Richard C. Bush）指出，2000年政黨輪替後，民進黨所面臨的困境之一，即其一直無法戰勝民眾的負面觀點——它還沒準備好全面執政（卜睿哲著，林添貴譯，2010：204）。

書中指出：「陳水扁任內不斷向美方表示他推動諸如憲政、終統、正名與公投等議程，都係旨在深化台灣民主。華府則深信陳水扁濫用美國對台灣的善意支持以遂行其個人國內政治目標，甚至罔顧美國國家利益與兩岸穩定」（劉世忠，2010：197）。亦即陳總統任內未能處理好台灣民主化與兩岸關係這兩個變數，影響所及，不但挫折了民進黨，更打擊了台灣民主化的歷程。由此可見，陳總統主政時期的兩岸關係對台灣民主化的衝擊是負向的。

陸、馬英九主政時期（2008.5～）

2008年3月20日，台灣發生第二次政黨輪替，5月20日，政權交接完成，台灣民主通過了杭廷頓提出的「雙翻轉測驗」（two turnover test），進入了民主鞏固（democratic consolidation）的階段。誠如馬總統在其首次就職演說中所言，台灣獲得了「亞洲和世界民主的燈塔」的讚譽。馬總統就任以後，新政府依循高達八成左右的民意支持度，把握契機，迅速達成海基會和對岸海協會制度化協商的恢復──「在中華民國的憲法架構下，維持台海不統、不獨、不武的現狀，並以九二共識爲基礎，推動兩岸和平發展」。但相關的批判隨之而來，例如吳介民教授說：「馬英九當選總統，試圖改善兩岸關係，這本來可以是兩岸政治敵對和緩的契機，也可能是兩岸社會良性互動的轉捩點。但是，馬政府的處理方式，不但濫用了兩岸和解的氣氛，破壞朝野間原已十分薄弱的信任，更引發了民主倒退的憂慮」（吳介民，2009：4）。2011年5月19日上午，馬總統在就職三週年記者會以「主權、人權、環境權」爲題發表演說，針對改善兩岸關係的目的，他很明確地指出，是「爲台灣支取和平繁榮的環境」。馬總統說：「沒有和平繁榮，就沒有下一代的發展。大陸固然對台灣是威脅，但大陸經濟的崛起，同樣也給台灣帶來機會。」在他看來，兩岸關係的改善不僅創造了和平互利，也有助於擴展台灣的國際空間。三年來，馬政府的大陸政策確已有效降低兩岸的緊張，並取得若干具體成就，包括：兩岸的江陳

七次會已簽署經濟合作架構協議（ECFA）等十六項協議，台灣取得124國（地區）免簽證或落地簽證，擴大國際活動空間、兩岸關係的改善贏得美、日、歐盟等重要國家肯定等，但對於批評者所言，兩岸關係改善，導致台灣民主倒退的疑慮，馬政府的回應似乎還無法真正釋疑。[25]

2011年6月4日，馬總統在「六四事件」22週年發表感言，認為大陸民主與人權的現況與其亮麗的經濟表現形成顯著反差。由於大陸當局曾指稱：「政治改革必須配合經濟改革同步進行。」因此，他深切期望大陸當局能勇於推動政治改革、促進自由、民主、人權、法治的發展。早日釋放異議份子劉曉波、艾未未等人。馬總統此舉應是有意藉此杜悠悠之口，因為在野黨不斷有人批評他上任後不再關心「六四」的平反問題。[26]

在2011年國慶日前夕，美國宣布對台軍售相關配套提升F16A/B機隊性能、台日順利簽署投資協議、國人赴美免簽證待遇磋商順利，這些對外工作之所以重大突破的基本條件，首先是兩岸關係的和緩，其次是雙方建立密切的實質關係，突顯馬政府大陸政策的施政成效卓著。馬總統在國慶談話中宣稱：「在開展兩岸關係時，我們永遠堅持『以台灣為主，對人民有利』，從未在主權與尊嚴議題上讓步」，馬總統強調：「代表現行的務實政策可以在不犧牲台灣尊嚴與利益的同時，維持與對岸和平繁榮的關係。」以此反駁在野黨對其傾中、賣台的批判。

馬總統主政期間，各種民意調查測驗一再顯示，民眾對其在改善兩岸

---

[25] 2011年7月7日，行政院大陸委員會主任委員賴幸媛在華府演講〈中華民國的大陸政策〉，強調中華民國的民主體制在兩岸互動的過程中，不僅沒有受到損傷，反而更加鞏固，唯賴主委並未進一步說明其故。倒是民進黨主席蔡英文在發表其《十年政綱》並接受記者訪問時指出，國民黨必須改變心態，也必須要改變處理兩岸事務的方式，現在國民黨是和中國先講好，再要求在野黨和其他人一起跟進，這並非民主國家應該要做的事……（聯合晚報，2011.8.23：A3）。

[26] 今（2011）年6月1日，即六四事件22週年前夕，民進黨智庫召開「從六四看中國民主人權的前景與挑戰」座談會。蔡英文主席強調，民主是超越國界的價值，也是解決兩岸爭議、共同追求和平穩定發展的基礎。她認為政府有必要把民主與人權議題納入兩岸的交流清單，將人權條款置入與中國簽署的各項協議，善用台灣優勢推動中國民主化進程（中國時報，2011.6.2：A8）。

關係上的表現給予高度的肯定，[27]然而三年來，來自在野黨的批判也從未間斷過。例如，2011年3月12日，在「參選民進黨總統初選聲明」中，蔡英文質疑：「為什麼上一代流血流汗換來的民主自由，如今因為和中國交往後而被輕言放棄？」又如在8月公布的《十年政綱》中，蔡英文控稱：「台灣引以為傲的民主政治，在二次政黨輪替後也出現倒退現象。」上述來自反對黨提名總統候選人的挑戰和質疑，在在說明2008年520以來，兩岸關係尚未能鞏固台灣的民主。[28]

柒、結　論

胡德（Steven J. Hood）教授探討國民黨與台灣民主化的關係後，從黨的領導人的角度，提出了六點發現：「1.在蔣介石控制下，國民黨從一個無能的政黨被重組為層級分明的政黨；2.蔣氏決定更注意政經發展，這使專才得以進入發展的過程；3.蔣經國以引進更多的技術官僚和台籍人士進入體制，來強化黨政的正當性；4.在野領袖得利於蔣將國的政策並要求更開放，蔣起初拒絕要求，最終接受政治改革；5.民眾的期待上升，導致蔣採更多的改革，以滿足需求；6.李登輝延續蔣的改革，朝野政黨調整民主的實質。實行民選總統，開始民主鞏固。」胡德據此指出，朝

---

[27] 例如，旺旺中時民調中心一次民調發現，馬總統兩岸關係的政績滿意度，三年來均維持在六成以上（中國時報，2011.5.20：A3）。

[28] 鞏固階段（consolidated phase）是民主轉型最後的一個階段。在此一階段，民主制度與習慣均已根深蒂固於政治文化之中，不僅是政治領袖，還有廣大多數的政治行為者與人民，均視民主習慣為正當的，且如同自然秩序的一部分（周繼祥，2007：474-475）。林茨（Juan J. Linz）和斯特潘（Alfred Stepan）指出，在多數情況下，民主的轉型結束後，仍會有許多待完成的任務，必須建立的條件、需要培養的態度與習慣，這之後才能稱得上鞏固的民主。兩氏進一步指出，鞏固的民主，本質上是一種政治體制，以民主作為「政治圈中唯一的遊戲規則」（the only game in town）（Juan J. Linz & Alfred Stepan, 1996: 14-32，林猛等譯，1999：57）。依郭承天教授的解讀，「也就是說，當政治菁英、社會團體以及大部分的民眾，都接受並且實踐民主，使得民主成為主流的政治文化時，這個國家就具有鞏固的民主政體」（郭承天，2004：139）。

野菁英是台灣民主化過程中最主要的決定者（Hood, 1997: 152-153）。波特（David Potter）教授發現，1980年代中期，國民黨內部有「強硬派」（hardliners）和「柔軟派」（softliners）之爭，而他把蔣經國歸類爲後者，且指出蔣在去世前，也選擇同屬柔軟派的李登輝爲副總統和繼承者（Potter, 1997: 234）。資深記者鄒景雯探討1987至2007年台灣各政黨大陸政策的演變與影響，提出了以下發現：「不論是國民黨的12年，或是民進黨的8年，兩岸關係緩和的時刻，通常是台灣政局相對穩定的階段，中國較易以務實的態度處理對台關係；凡是台灣內部爭議外部化的時候，也是對岸誤判島內政策的高峰，兩岸對峙情勢就難以紓解」（鄒景雯，2007：34）。鄒景雯的觀察結果，呼應了吳釗燮的下述說詞：「台灣的民主發展經常被中國大陸誤解」、「我們在民主化的每個步驟，中國大陸都以台獨來詮釋」（吳釗燮，2008：102）。謝淑麗（Susan L. Shirk）也有類似的發現：自從台灣民主化後，北京領導人面對的基本問題是他們無法預測陳總統下一步要做什麼，或下一任總統會做什麼（Shirk, 2008: 210）。楊開煌教授綜合李登輝主政十年的兩岸交流，提出如下觀點：「威權化的李總統對台灣安全的議題產生獨佔性和排斥性，扭曲了現階段的兩岸交流，因此還待一個真正民主的政治空間來打破威權、重新思考」（楊開煌，1998：249）。前陸委會主委蘇起於2003年12月出書指出：台灣民主化是貫穿1990年代最新的因素。對台北的大陸政策而言，民主化一方面大幅提升台灣民間主動與大陸交流的動力，另方面也注入濃濃的「感性」部分，部分人士操弄後者，慢慢把「民主化」與「本土化」劃上等號，後來甚至與「去中國化」劃上等號，成爲影響兩岸穩定的負面因素（蘇起，2003：69）。蘇起還進一步指出，由於政府和民間甚至政府內部之間的資訊巨大落差，讓政府可以選擇性的操弄資訊，制定不盡符合民意或國家利益的政策，1997年7月的「兩國論」和2002年8月的「一邊一國」兩者的共同點，是兩者都源於政府內部極少數人的決策（蘇起，2003：自序14-15）。

　　上述學者專家的相關觀察，顯示1949年至2008年間，兩岸關係與台灣民主化確實是有互爲因果的關係。可能在某一時期，兩岸關係影響了台

灣民主化的進程，但在另一個時期，台灣民主化或許波及了兩岸關係的發展，甚至破壞了兩岸關係的穩定。以下筆者將總結各個時期的發現：在蔣中正主政時期，由於兩岸僵持對立，台灣的民主香火雖得以不滅，但杭廷頓認為，蔣始終只是保守派的領導；蔣經國主政時期，兩岸關係形成的外在壓力，有助於台灣民主化工程的開啓，而台灣民主化的展開，反過來迫使當局鬆動其大陸政策，營造較好的兩岸關係，所以杭廷頓認為蔣經國不同於其父，是改革派的領導人；李登輝主政時期，一方面改善兩岸關係，開始和對岸的聯繫、接觸、對話，另方面推動憲政改造，完成政治上的民主轉型，因而為他自己贏得了「民主先生」的美譽。但在民主轉型後的民主鞏固階段，李總統因大權已獨攬，故乾綱獨斷，造成蘇起所說的「假民主名，行大陸政策獨裁之實」，「兩國論」主張一出，令外交部、陸委會、海基會、新聞局一干人等茫然不知所措！在陳水扁主政時期，台灣才剛經歷首次政黨輪替，亟待鞏固民主化。然而陳總統並沒有發揮台灣民主的優勢，落實促進大陸民主化的目標，反而罔顧對岸對他的不信任，以及本身是「少數政府」的政治現實，一意孤行，操弄、激化台美和兩岸關係，卸任前甚至要和李爭奪「台獨教父」，企圖深化自己的歷史地位；馬總統就任之初，即宣示要抓住難得的歷史機遇，在「九二共識」的基礎上，儘早恢復和對岸協商，從週末包機直航和大陸觀光客來台開始，讓兩岸關係跨入一個嶄新的時代。馬總統果然如願推動兩岸關係向前發展，但馬總統四年任內並未能跨越藍綠的鴻溝，和在野黨就兩岸議題進行溝通、對話。換言之，台灣民主鞏固的工程，尚未能順利進行，「兩岸和平協議應否或能否交付公投？」甚至成為2012年總統大選，國民黨和民進黨政見攻防的焦點。再加上中共當局的虎視眈眈，致使台灣的民主鞏固，面臨了巨大的考驗。

　　林茨和斯特潘指出：「民主伴隨著鞏固的實現，就成為一種常規，並且深深地內化到社會、制度乃至心理生活中，內化到為實現政治目標的各種算計中」（Juan J. Linz & Alfred Stepan, 1996: 14-32）。民主化理論大師戴蒙（Larry Diamond）於2011年8月24日來台參加「全球視野下的東亞民主與台灣經驗」國際學術研討會上指出，台灣民主在二次政黨輪替，更

形鞏固，已成東亞及全球的典範（旺報，2011.8.25：A16）。但由2011年下半年以降，雙英在兩岸關係議題上的攻防看來，台灣距離民主深化還有一段很長的路，在完成民主化之後，台灣民主政治已成為兩岸關係的一項現實條件，人民可以從事政治活動來推動其理想的實現，而政治人物的主張也必須通過民主體制來接受人民的定期檢驗。如何滿足民眾兩岸議題知的權利？如何讓民眾有多元管道參與政府兩岸政策的決策過程？甚至台灣如何在中國民主化中扮演積極的角色？在在考驗著下一階段國家領導人的智慧。

參考書目

中文部分

卜睿哲、歐漢龍，林宗憲譯，2010，《不一樣的戰爭》，台北：博雅書屋。

卜睿哲，林添貴譯，2010，《台灣的未來》，台北：遠流。

中共中央黨校、中共中央台灣工作辦公室編，2001，《中共三代領導人談台灣問題》，內部學習資料。

王功安、陳奇文、曾憲林主編，1996，《國共兩黨關係概論》，武漢：武漢出版社。

王正緒，方瑞丰，2007，〈民主化比較研究〉，華世平（主編），2007，《政治學》，北京：中國人民大學出版社，頁84-110。

王銘義，1995，《不確定的海峽》，台北：時報公司。

朱真楷，2011，〈蔡籲民主人權列兩岸清單〉，《中國時報》，2011/6/2：A8版。

余克禮主編，1998，《海峽兩岸關係概論》，武漢：武漢出版社。

吳介民，2009，〈中國因素與台灣民主〉，《思想》，第11期，頁141-157。

吳文程，2007，《政治發展與民主轉型》，台北：五南。

吳玉山，1999，〈爭辯中的兩岸關係理論〉，包宗和、吳玉山（主編），《爭辯中的兩岸關係理論》，台北：五南，頁3-39。

吳釗燮，2008，〈和平與發展—開創兩岸雙贏新局〉，行政院大陸委員會（編），《堅持「主權、民主、和平、對等」四原則的兩岸關係》，台北：行政院大陸委員會，頁98-105。

吳釗燮，2008，〈建構「民主和平」為核心的兩岸關係〉，行政院大陸委員會（編），《堅持「主權、民主、和平、對等」四原則的兩岸關係》，台北：行政院大陸委員會，頁116-119。

宋　春、于文藻，1990，《中國國民黨臺灣四十年史》，長春：吉林文史出版社。

李西潭，2011，《自由人權與民主和平：台灣民主化的核心價值》，台北：五南。

李鵬，2009，《海峽兩岸關係析論》，廈門：鷺江出版社。

〈兩岸關係改善　馬亮眼政績〉，2011，《中國時報》，2011/5/20：A3版。

周繼祥，2007，《政治學》，台北：威仕曼文化。

邵宗海，2006，《兩岸關係》，台北：五南。

姜南揚，1999，《台灣政治轉型與兩岸關係》，武漢：武漢出版社。

翁松燃，1991，〈台灣民主化經驗和中國前途〉，台灣民主基金會（主編），《中國的民主前途：台灣地區政治民主化的回顧與展望學術研討會論文集》，台北：民主基金會。

馬英九，1992，《兩岸關係的回顧與前瞻》，台北：行政院大陸委員會。

張旭成，1995，〈從台灣的民主化看兩岸關係〉，耶魯兩岸學會（編），《邁向21世紀的兩岸關係》，台北：時報公司，頁60-77。

張凱勝，2011，〈台灣是第三波民主化典範〉，《旺報》，2011/8/25：A16版。

張慧英，2000，《李登輝1988-2000執政十二年》台北：天下遠見。

郭承天，2004，〈政治民主化〉，陳義彥（主編），《政治學（上）》，台北：五南，頁135-155。

陳明通，2008，〈我國大陸政策的檢討與前瞻〉，行政院大陸委員會（編），《堅持「主權、民主、和平、對等」四原則的兩岸關係》，台北：行政院大陸委員會，頁11-57。

陳明通，2008，「我大陸政策的戰略目標：促進兩岸關係正常化的五大主軸」，行政院大陸委員會（編），《堅持「主權、民主、和平、對等」四原則的兩岸關係》，台北：行政院大陸委員會，頁137-142。

陳明通等著，2005，《民主化台灣新國家安全觀》，台北：先覺出版社。

陳雅苨、洪哲政，2011，〈蔡英文的兩岸政綱終於出來了「沒有九二共識只有台灣共識」〉，《聯合晚報》，2011/8/23：A3版。

鈕漢章，2007，《台灣地區政策發展與對外政策》，北京：世界出版社。

楊開煌，1998，〈從「嚴肅課題」到「戒急用忍」〉，周陽山（編），

《李登輝執政十年》，台北：風雲論壇出版社，頁227-250。

楊開煌，2005，《出手－胡政權對台政策初探》，台北：海峽出版社。

楊潔勉等，2002，《世界格局中的台灣問題》，上海：上海人民出版社。

葛永光，2008，〈蔣經國的轉化型領導〉，葛永光（編著），《蔣經國先生與台灣民主發展》，台北：幼獅，頁7-23。

鄒景雯，2001，《李登輝執政告白實錄》，台北：成陽出版。

鄒景雯，2007，〈台灣各政黨大陸政策演變與影響〉，吳介民等著，《兩岸關係開放二十年回顧與展望》，台北：遠景基金會，頁7-34。

劉世忠，2010，《歷史的糾結：台美關係的戰略合作與分歧（2000-2008）》台北：新台灣國策智庫。

蔣經國，1971，《風雨中的寧靜》。

蘇起，2003，《危險邊緣：從兩國論到一邊一國》台北：天下遠見。

英文部分

David Potter et al., 1997. *Democratization*. Malden, Ma.: Polity Press/Open University.

Huntington, Samuel P. 1991. *The third wave: democratization in the late twentieth century*. Norman: University of Oklahoma Press.

Hood, Steven J. 1997. *The Kuomintang and the democratization of Taiwan*. Boulder, Colo.: Westview Press.

Juan J. Linz & Alfred Stepan, 1999，林猛等譯，《變動中的民主》，長春：吉林人民出版社。

Linz, Juan J. & Alfred Stepan. 1996. *Problems of democratic transition and consolidation: southern Europe, South America, and post-communist Europe*. Baltimore: Johns Hopkins University Press.

Linz, Juan J., 1999，〈對民主轉型的一些思考〉，林佳龍、邱澤奇（主編），《兩岸黨國體制與民主發展：哈佛大學東西方學者的對話》，台北：月旦出版社，頁3-23。

Shirk, Susan L. 2008. *China: Fragile Superpower*. New York: Oxford University Press.

第七章

族群意識對台灣民主化之影響

吳重禮、崔曉倩

壹、前　言

　　一般而言，相對於多數族群（或種族），少數族群（或種族）對於政治活動抱持較爲冷漠的態度。其理由甚爲簡明：無論少數族群如何積極參與政治事務，囿於本身人口比例，因此對於政治結果的影響較爲有限，甚至無法發揮作用。當這些少數族群的訴求主張長期遭受忽視，「政治疏離感」（political alienation）於焉產生，其政治參與將益形消極。在一個政治體系中，當少數族群對於政治事務抱持著疏離態度，其對於該體系的穩定將導致負面效應，統治基礎的「正當性」（legitimacy）即可能面臨挑戰。反之，當少數族群對於選舉過程與結果的評價愈高，政治體系的正當性將益形穩固。因此，探討少數與多數族群的政治態度，是饒富意義的研究主題。

　　台灣政治的核心議題即爲族群政治，尤其是「多數」本省族群與「少數」外省族群之間的對立。本章的問題意識有二：其一，本省族群和外省族群對於2004年和2008年總統大選的選舉評價是否呈現顯著差異？其二，除了政黨認同和選舉勝負的影響之外，這種選舉評價是否因爲省籍因素而有所差別？回顧2004年總統選舉競選過程，包括公投綁大選、「228手護台灣」活動、陳由豪政治獻金事件、選前319槍擊事件、陳水扁電話指示行政院長游錫堃啓動「國安機制」，以及後續選務程序爭議和朝野衝突事件，舉凡作票傳言、點票過程和廢票認定、連宋陣營提出「沒有眞相，沒有總統」的當選無效與選舉無效之訴、泛藍群眾靜坐抗爭等，對於台灣社

會衝擊甚鉅，應無庸置疑。歷經激烈鏖戰，選舉結果揭曉，陳水扁和呂秀蓮最終以50.11%的選票，微幅領先連戰、宋楚瑜搭檔所獲得的49.89%選票，連任成功。相對於2004年總統選舉，2008年總統大選似乎較為平和，儘管競選過程也發生不少事件，諸如馬英九綠卡案、謝長廷疑似調查局間諜案、四名國民黨立法委員（費鴻泰、羅淑蕾、陳杰、羅明才）赴維新館演變成為選舉事件、教育部主任秘書莊國榮粗話事件，以及選前發生的西藏事件等。並不出人意料地，國民黨延續立法委員勝選優勢，馬英九和蕭萬長獲得58.45%選票，而謝長廷和蘇貞昌僅取得41.55%選票，民進黨坦承敗選、黯然交出八年的中央執政權。對這兩次總統選舉，不同省籍民眾的選舉評價，顯然頗值得關注。

　　本章旨在探討，由本省菁英或者外省菁英贏得選舉，對於本省和外省族群政治認知差異的影響程度為何？更確切地說，本章援引Bobo and Gilliam（1990）探討美國種族議題所發展的「賦權理論」（empowerment theory）做為研究架構，將其套用於我國情形，分析「政治賦權」（political empowerment）對於不同省籍選民在「族群和諧」與「社會安定」等選舉評價的影響。作者以為，族群向來是台灣政治的核心議題，尤其涉及到本省族群與外省族群之間的差異。[1]以台灣特有的歷史背景與社會環境之下，族群議題應可視為關鍵的「社會分歧」（social cleavages）。在政治運作過程中，尤其每逢選戰期間，這種分歧現象經常成為熱門話題，甚至成為政黨或者候選人激化動員的依據。此一結果，一方面發展出多元、細緻的族群認同，另一方面則是顛覆以往的國家認同。

---

[1] 針對台灣各個族群的實際人口比例，由於缺乏具體數據，因此查詢所得資料各有出入（Moody, 1992: 37; Tien, 1989: 35-36; Wachman, 1994: 16-17; Wu and Hsiao, 2006: 109）。儘管無法獲知精確數值，對於四個族群的人口比例多寡，相關文獻咸認為其依序為閩南人、客家人、外省人，以及原住民九族。依據政府官方數據，閩南人和客家人合計約占總人口數的85%，兩者比例約為三比一，至於外省人約為13%，這三類族群均為漢族移民，總計達98%；此外，根據2002年資料，原住民人口總數為433,689人，人口比例約1.92%（Government Information Office, 2004: 22-23）。在此，本文所謂的「本省族群」與「外省族群」乃是基於「省籍」的劃分而來，前者包括閩南人與客家人，而後者則專指大陸各省市籍人士。

台灣族群結構本身的多樣性、族群政治運作所產生的衝突，以及國家認同的重整，皆是當前台灣民主化歷程的研究課題。[2]

　　鑑此，本章探究以下數項相關議題。[3]首先，檢視相關研究文獻，扼要說明賦權理論的概念意涵與測量方式。其次，摘述台灣族群議題，並且藉由政治賦權所蘊含的研究架構，闡明本章的分析背景與研究假設。再者，為檢證政治賦權相關命題，作者藉由「2002年至2004年『台灣選舉與民主化調查』三年期研究規劃（III）：2004年總統大選民調案」（TEDS 2004P）和「2005年至2008年『台灣選舉與民主化調查』四年期研究規劃（IV）：2008年總統大選民調案」（TEDS 2008P）面訪調查資料，進行「交叉分析」（cross-tabulation analyses），呈現不同族群團體對於2004年與2008年總統選舉在「族群和諧」與「社會安定」的選舉評價。另外，根據依變數特性，設立「有序勝算對數模型」（ordered logit models）進行檢證。實證數據顯示，在考量其他變數（尤其藉由省籍和政黨認同的交互作用）的效應之下，不同族群的政黨認同者對於2004年和2008年選舉評價具有顯著差異；若僅考量省籍因素，在2008年外省族群與本省族群的認知差異則僅展現在「社會安定」方面。在結論中，作者詮釋研究要點及其理論意涵。無疑地，台灣族群關係是值得政治學界持續關注的焦點。

---

[2] 或許，正是因為台灣族群議題（包括族群文化、風俗習慣、通婚情形、語言脈絡、族群互動模式、族群認同、新舊移民等）的重要性賡續不墜，使得該項研究領域儼然成為國內人文與社會科學研究的顯學之一，迄今亦獲致相當豐碩的成果。由於相關學術著作卷帙浩繁，為避免掛一漏萬，故在此不予詳細臚列。由於篇幅之限，本章不擬對於台灣族群關係做系列式陳述，僅著重在省籍因素對於選舉評估的影響。

[3] 本章架構來自於吳重禮、崔曉倩（2010），並在內容上加以增刪。本章使用資料取自「台灣選舉與民主化調查」，該調查計畫多年期總召集人為國立政治大學政治學系黃紀教授，TEDS 2004P是針對2004年總統選舉所執行之年度計畫，計畫主持人為東吳大學政治學系黃秀端教授，該計畫執行單位為東吳大學政治學系、國立中正大學民意調查研究中心，以及國立台灣大學政治學系，釋出單位為國立政治大學選舉研究中心；TEDS 2008P是針對2008年總統選舉所執行之年度計畫，計畫主持人為國立政治大學選舉研究中心游清鑫教授，該計畫由國立政治大學選舉研究中心、世新大學行政管理學系、東海大學政治學系，以及國立中山大學政治學研究所執行並釋出；資料請參閱TEDS網頁：http://www.tedsnet.org。感謝上述機構及人員提供資料協助，使本章得以順利完成。當然，作者自負文責。

貳、政治賦權的理論意涵

　　如果說，美國政治歷史的核心議題即為種族政治，這似乎並不為過。尤其自從1960年代末期以來，種族議題成為美國社會普遍關注的焦點，這和若干少數族裔（尤其是黑人）菁英在都會地區逐漸掌握政治權力有著密切關係。在1950年代末期「民權運動」（the civil rights movement）興起之前，居於社會弱勢地位的黑人政治參與程度低落，且僅有極少數黑人菁英參與競選公職。直到1967年，才有兩位黑人菁英首度當選市長，分別是克里夫蘭（Cleveland, OH）的Carl Stokes和蓋瑞（Gary, IN）的Richard Hatcher。在爾後幾年，在都市地區（人口數超過50,000人的城市），黑人當選市長的比例穩定增加，在1988年有28位，1993年有38位，在2002年則攀升到49位（Joint Center for Political and Economic Studies, 2003: 21）。必須強調的是，自1980年以來，在若干大都會地區，儘管黑人選民人數未必占有絕對多數，但是黑人政治菁英卻仍能贏得行政首長職位。[4]

　　在若干都會地區，少數族裔菁英贏得地方民選公職、取得政治權力，Bobo and Gilliam（1990: 377）將這種現象稱之為「政治賦權」，也有些研究者以「政治結盟」（political incorporation）稱之（Browning,

---

[4] 舉例來說，紐約市（New York, NY）的David Dinkins、洛杉磯（Los Angeles, CA）的Tom Bradley、舊金山（San Francisco, CA）的Willie Brown、華盛頓特區（Washington DC）的Anthony Williams、巴爾的摩（Baltimore, MD）的Kurt Schmoke、芝加哥（Chicago, IL）的Harold Washington、休士頓（Houston, TX）的Lee Brown、底特律（Detroit, MI）的Kwame Kilpatrick、丹佛（Denver, CO）的Wellington Webb、曼菲斯（Memphis, TN）的Willie Herenton、可倫坡（Columbus, OH）的Michael B. Coleman、費城（Philadelphia, PA）的Wilson Goods和John F. Street、紐奧良（New Orleans, LA）的Ernest Morial、Sidney Barthelemy、Marc Morial和C. Ray Nagin、伯明罕（Birmingham, AL）的Richard Arrington和Bernard Kincard，以及亞特蘭大（Atlanta, GA）的Maynard Holbrook Jackson Jr.、Andrew Young、Bill Campbell和Shirley Franklin等，均是顯著的案例。依據統計數據，黑人擔任民選公職（包括民意代表、地方政府教育委員會等）的總人數亦是呈現持續成長的趨勢，在1970年計有1,469位，1980年躍升至4,912位，1990年有7,370位，在2001年則高達9,101位（Joint Center for Political and Economic Studies, 2003: 17）。

Marshall and Tabb, 1984: 240-242; DeLeon, 2003; Pinderhughes, 2003; Stone, 1989）。[5]之所以稱爲政治結盟，其意指個別的少數種族往往不足以在選舉過程取得多數選民支持、贏得職位，因此這些少數團體菁英勢必和其他少數族裔合作，例如拉丁裔、亞裔等，甚至於理念相近的白人團體，共同策劃籌組「選舉聯盟」（electoral coalition），並且在勝選之後組成「執政聯盟」（governing alliance）以回應這些支持團體的利益與需求。

由於賦權現象益趨普遍，因此自從1980年代中期起，許多學者挹注研究精力在此領域，其核心問題在於：當少數族裔政治菁英取得權力之後，其後續政治效應爲何？[6]詳言之，眾多研究種族議題的學者嘗試探討政治賦權對於少數種族政治態度、選舉參與的影響，以及其社會與經濟效應，舉凡投票登記率、社區團體行動、提升政治知識與政治興趣、提升「政治功效意識」（sense of political efficacy）、增強投票意願、少數族裔權益的政策制訂、社會福利措施、健康保險計畫、教育資源分配、就業訓練和就業機會、平民住宅計畫、政府機構招標過程，以及爭取聯邦經費補助等，不一而足（相關文獻甚多，諸如Bates and Williams, 1993; Bobo, 1997; Gilliam, 1996; Hansen, 1997; Humphries, 2001; Keiser, 1993; Leighley and Vedlitz, 1999; Light and Rosenstein, 1995; Owens and Rich, 2003; Perry, 2003; Pinderhughes, 2003; Sonenshein, 1993; Timpone, 1995; Wu, 1999, 2003）。由於這些豐碩的研究成果，使得賦權研究儼然成爲少數政治的顯

---

5 無獨有偶地，拉丁族裔也有類似政治賦權的情形，使得少數政治所牽涉的研究議題和對象更加多元。自從1980年起，拉丁裔政治菁英在若干都會地區持續贏得市長職位，儘管所屬拉丁裔的選民人數未必在當地占有絕對多數，這些地區包括丹佛（Denver, CO）、邁阿密（Miami, FL）、聖安東尼奧（San Antonio, TX）等大都會，以及許多規模較小的城市（Hero and Clarke, 2003; Warren and Moreno, 2003）。就拉丁裔擔任民選公職的總人數看來，也是維持相當程度的比例，在1985年計有3,147位，至1994年增加到5,459位，而在2000年則微幅下滑至5,205位（Judd and Swanstrom, 2006: 399）。

6 關於政治賦權現象，或許最受矚目的是，年僅47歲的民主黨候選人Barack Obama在2008年以壓倒性勝利擊敗共和黨對手John McCain，當選美國第44任總統，締造首位黑人總統的歷史紀錄。無疑地，Obama的當選具有諸多意義，對於黑人族群而言，應深具激勵作用，至於其確切效應有待持續研究。

學。

依據Bobo and Gilliam（1990: 378-380）的詮釋，政治賦權的基本邏輯意味著，當少數團體菁英取得政治公職（諸如行政首長、民意代表席位、地方政府教育委員會席次）之後，而且掌握政治權力的時間愈久，其對於政治決策過程產生相當程度的影響，一方面激發所屬團體成員的政治態度，積極參與政治事務，另一方面形成「政策回應」（policy responsiveness）而有助於提升少數種族的社會經濟地位。之所以產生這些效應，根據若干實證研究指出，主要因為政治賦權會產生兩方面的作用。首先，就社會人口因素而言，政治賦權強調環境效應左右選民成本效益的「社會計算」（social calculus）。換言之，在不同政治環境之下，當選民預期，政治參與的利益獲得高過於成本支出，則傾向積極從事政治活動（相關論述，亦可參閱Light and Rosenstein, 1995; Welch and Foster, 1992; Whitby and Gilliam, 1991）。其次，就心理因素來說，在某些特定地區，當弱勢團體菁英取得更多的政治職位，而且掌握權力的時間愈久，則該團體所屬成員對於政府官員與政治事務傾向抱持更高程度的政治信任、政治興趣，以及投票參與，反之亦然（類似觀點，亦可參閱Bobo, 1997; Hackey, 1992; Hamilton, 1986; Hansen, 1997）。

總體而言，當少數族裔菁英掌握政治職位，且掌握權力的時間愈長，裨益制訂政策回應所屬成員需求，進而改變少數團體成員的認知態度與政治行為。至於「政治賦權」環境效應的測量，多數研究依循Bobo and Gilliam（1990: 380）採取的方法。其使用「全國民意研究中心」（National Opinion Research Center）於1987年執行的「一般社會調查」（General Social Survey）資料，抽樣方式係「全國性多階段機率抽樣」（nationally representative multi-stage probability sample）。由於其旨在瞭解黑白種族政治態度與選舉參與的差異，Bobo and Gilliam（1990: 380）將「政治賦權」區分為「高度黑人賦權地區」（high-black-empowerment areas）與「低度黑人賦權地區」（low-black-empowerment areas）兩類，當「主要抽樣單位」（primary sampling units）中最大城市的市長為黑

人時，界定爲「高度黑人賦權地區」，反之則視爲「低度黑人賦權地區」。[7]

　　摘述美國政治學界所發展的「賦權理論」相關意涵之後，讓我們回過頭來檢視台灣族群議題的研究現況，以及「賦權理論」對於我國族群政治研究的若干啓示。必須強調的是，作者絕非認爲他國學者所提出的學說必然更具創見，只不過「他山之石，可以攻錯」，經由探討其他研究者的論點，應可裨益我國學者引介相關概念與分析架構，檢證相關議題。

參、台灣族群議題與政治賦權的研究假設

　　猶如前述，長期以來，我國政治的核心議題即爲族群關係，省籍及其相關議題（譬如族群認同、國家認同，以及兩岸統獨爭議等）都備受社會各界關注。之所以如此，作者認爲，或許是因爲族群議題猶如美國種族議題的基本特質一般，均屬於「簡單議題」（easy issue）（Carmines and Stimson, 1989: 11），亦即民眾無須投入高度的資訊成本，不必依憑充分的政治知識，僅需憑藉基本常識便可判斷的議題。[8]顯然地，由於省籍議題和族群意識涉及高度情感性與敏感性成分，因此極易成爲各方政治勢力激化動員的訴求。民進黨、新黨、建國黨、台灣團結聯盟等政黨在創始初期，往往嘗試訴諸省籍意識與族群認同，均是鮮明的例證。

　　大體說來，台灣族群政治之起源可追溯至1947年所發生的「二二八

7　將「政治賦權」僅區分爲「高度賦權地區」與「低度賦權地區」，對於這種二分類別，Bobo and Gilliam（1990: 390）認爲仍有所不足。由於有效樣本數的限制，無法進一步依據市長執政時間長短，更精緻地劃分「政治賦權」程度的高低，略嫌可惜。

8　依據Carmines and Stimson（1989）的「議題演化」（issue evolution）立論，不同政治菁英對於議題立場的具體表態，反映在提名候選人與黨綱政策的差異，進而引導選民對於政治議題的反應，影響選民投票行爲。大體而言，相對於「困難議題」（hard issue），朝野政黨之間對於「簡單議題」的政策立場，倘若存在明確的差異，則一般民眾較易依憑政黨標籤進行投票抉擇。

事件」，而種下了本省族群與外省族群之間對立的根源。在國民黨威權統治時代，政治、經濟或社會文化政策往往獨厚外省族群，在在顯示出省籍因素的不平等現象。一份研究分析1969年至1987年不同族群在政治職位的分布情形，其指出本省族群在低階職位與地方政府的比例較高，然而外省族群在國民黨部與中央政府的重要職位掌握優勢（Tien, 1989: 37-38）。甚者，外省族群往往利用其政治壟斷地位，宣揚其特定的國家認同、意識形態、官方語言、教育文化等，以合理化他們威權統治的地位（王甫昌，2003：65-100；吳乃德，1993：31-32）。自從1970年代，一方面，風起雲湧的政治反對運動多數為本省族群所支持，試圖挑戰國民黨的大中國意識政策；另一方面，或許有感於整體社會環境的轉變，蔣經國著手推動「本土化」政策，陸續拔擢台籍菁英進行黨政決策系統，使得族群政治權力關係產生若干鬆動。自1980年代中期起，解除戒嚴、終止動員戡亂時期、中央民意代表全面改選、直轄市長與總統直選，民主的選舉機制普遍開放。李登輝主政之下的1990年代，確立民主化與本土化的發展方向，於此同時，國民黨內「主流派」與「非主流派」之爭的背後也具有高度族群紛爭的意涵。當本省族群逐漸掌握重要的政治權力，尤其是被視為代表本省族群的民進黨於2000年和2004年取得中央執政權，台灣的族群關係似乎產生實質的轉變。

持平而論，在當前台灣社會結構之下，外省族群儘管在人口比例方面居於少數，然而其政治權力是否處於弱勢地位，恐有爭議。相當程度而言，台灣的族群關係迥異於美國黑白種族差異，而與南非的種族政治較為類似，亦即少數族群（種族）團體仍然具有若干優越地位（Wu, 2008: 124-125）。儘管如此，相對於1980年代後期李登輝成為總統和國民黨主席之前，外省菁英幾近壟斷中央政治權力，當前外省族群的政治地位應已不可同日而語。儘管美國種族議題與台灣族群關係的形成與背景容有不同，然而，作者淺見以為，賦權理論的觀點對於吾人瞭解台灣族群政治，仍具有相當程度的啟發意涵。尤其，政治賦權主要涉及不同種族（或族群）政治菁英取得統治權力之後，影響所屬種族（或族群）的態度認知和政治參與。藉由如此理論框架，或許得以解釋台灣外省與本省族群的政治

態度和行爲。

　　本章以政治賦權爲分析架構，比較在2004年和2008年總統選舉之後，外省族群和本省族群對於「族群和諧」與「社會安定」的選舉評價。假若賦權理論得以適用於我國的情形，依據其基本邏輯，歷經2004年激烈選舉鏖戰、備受爭議選務程序和後續衝突事件，陳水扁終以些微票數當選；在民進黨執政之下，意味著外省菁英未能掌握優勢的政治權力，持續喪失在中央政府的決策地位。對於外省族群基層選民來說，原本評估「連宋配」得以輕易擊敗「扁呂配」的預期心理驟然落空。綜言之，本文預期，由於選舉落敗、缺乏政治賦權的刺激之下，在其他個人條件（諸如性別、年齡、教育程度、家戶收入等，尤其是政黨認同的影響）相等情況之下，外省族群的「族群和諧」與「社會安定」選舉評價，抱持較爲負面的觀點。相較與此，2008年選舉結果揭曉，外省籍背景的馬英九（祖籍爲湖南省衡山縣）以明顯差距擊潰謝長廷；當大陸省籍政治菁英贏得選舉、取得總統職位，外省選民認知所屬族群重新「當家作主」的心理，因此對於政治事務傾向抱持較高程度的評價，進而提升其「族群和諧」與「社會安定」選舉評價。

肆、資料説明與初步分析

　　本章旨在瞭解政治賦權對於選舉評價族群差異的影響程度。依據此問題意識，適切的研究設計應是比較1996年、2000年、2004年、2008年總統選舉之後，不同族群對於該次選舉的總體評價。然而，由於「台灣選舉與民主化調查」計畫肇始於2001年，因此作者僅擷取TEDS 2004P及2008P資料，進行實證分析。這兩次計畫皆以年齡滿20歲以上具有投票權之台灣民眾爲研究對象，研究範圍包括台北市、高雄市和台灣省21縣市，但並不包含福建省金門縣與連江縣。其分別於2004年9月和2008年8月完成全國性

民意調查，2004年獨立樣本共計1,823份及2008年獨立樣本共計1,905份。[9]

　　如前曾述，本章檢證的研究假設爲，在控制其他變數的效應之下，由於政治賦權之故，不同族群對於2004年和2008年總統大選的「族群和諧」與「社會安定」選舉評價，將呈現顯著差異。更確切地說，相對於本省籍（包含閩南人和客家人）的選民，外省族群對於2004年總統大選的選舉評價較爲負面，而對於2008年的總統選舉評價則較爲正面。在依變數方面，TEDS面訪調查爲針對台灣民主化與政治變遷執行之年度計畫，在選後詢問受訪者對於該次選舉的評估。在歷次調查中，有兩道題目與本研究主旨甚爲契合，其分別是：「請問您覺得這一次總統選舉，是促進省籍和諧，或是激化省籍對立，還是沒有這方面的影響？」（選項爲「激化省籍對立」、「沒有影響」和「促進省籍和諧」）與「請問您覺得這一次總統選舉，是促進社會安定，或是造成社會不安，還是沒有這方面的影響？」（選項爲「造成社會不安」、「沒有影響」和「促進社會安定」）。依據題目性質，將其稱爲「族群和諧」與「社會安定」。

　　表7.1所示，爲2004年與2008年「族群和諧」與「社會安定」選舉評價的次數分配。誠如前言所述，2004年總統競選過程及其後續選務爭議和朝野對峙事件，導致多數民眾認爲該次選舉對於台灣社會衝擊甚鉅，抱持「激化省籍對立」者爲54.2%，更有高達66.8%的民眾認爲「造成社會不安」；相反地，認爲「促進省籍和諧」與「促進社會安定」的比例僅爲12.5%和10.8%。相較於前次總統選舉，2008年總統大選顯然較爲平順，儘管仍有些許突發事故，因此認爲「激化省籍對立」和「造成社會不安」

---

[9]　TEDS 2004P獨立樣本共接觸6,698個樣本，成功1,823份問卷，成功率爲27.22%；TEDS 2008P獨立樣本共接觸5,981個樣本，成功1,905份問卷，成功率爲31.85%。在樣本代表性檢定方面，就獨立樣本中的成功樣本之性別、年齡、教育程度、地理區域等四方面予以檢定。各項檢定的母群參數分別依據2003年內政部出版之《中華民國台閩地區人口統計（民國九十二年）》及2007年內政部出版之《中華民國台閩地區人口統計（民國九十六年）》。爲使成功樣本與母群結構更爲符合，對於樣本分布採用「多變數反覆加權法」（raking）進行加權。加權後的樣本代表性檢定結果，顯示樣本結構與母體並無差異（黃秀端，2005：42-45；游清鑫，2009：41-44）。

相對較低，分別為24.5%和23.6%；另外，抱持「促進省籍和諧」與「促進社會安定」的比例也略高，分別是20.8%與32.2%。

表7.1　族群和諧與社會安定之次數分配

2004年		
	激化省籍對立	沒有影響	促進省籍和諧
族群和諧	989（54.2%）	438（24.0%）	228（12.5%）
	造成社會不安	沒有影響	促進社會安定
社會安定	1,217（66.8%）	294（16.1%）	197（10.8%）
2008年		
	激化省籍對立	沒有影響	促進省籍和諧
族群和諧	466（24.5%）	795（41.7%）	396（20.8%）
	造成社會不安	沒有影響	促進社會安定
社會安定	450（23.6%）	636（33.4%）	613（32.2%）

　　在自變數方面，依據省籍之差異，將選民區分為「閩南人」、「客家人」、「外省人」。為檢證政治賦權對於選舉評價的效應，本文初步進行交叉分析。表7.2所示，為2004年與2008年不同省籍選民之「族群和諧」選舉評價的總體分佈，藉由卡方檢定，三種族群的選民呈現顯著差異。猶如預期，在2004年，外省人的選舉評價最為負面，認為該次選舉「激化省籍對立」者高達72.4%，而認為「促進省籍和諧」者僅有6.4%。相較之下，閩南人在相同類別的比例則為58.8%和14.3%；而客家人對於選舉評價和閩南人相當類似，其比例分別為56.3%和16.8%。然而，對於2008年選舉結果則有截然不同的詮釋，外省人認為該次選舉「激化省籍對立」僅有17.3%，而抱持「促進省籍和諧」者有37.8%。相較於此，在相同類別的比例，閩南人為30.5%和21.3%，客家人則為25.9%和27.5%。這似乎意味著政治賦權對於族群差異的選舉評價產生影響，而且客家族群和外省族群的評價差異，顯然大過於客家族群與閩南族群之間的評價差異。

表7.2　省籍與族群和諧之交叉分析

2004年		
	激化省籍對立	沒有影響	促進省籍和諧
閩南人	706（58.8%）	323（26.9%）	172（14.3%）
客家人	111（56.3%）	53（26.9%）	33（16.8%）
外省人	147（72.4%）	43（21.2%）	13（6.4%）
Pearson Chi-square = 17.742; p≦.001; df = 4; n = 1,601			
2008年		
	激化省籍對立	沒有影響	促進省籍和諧
閩南人	375（30.5%）	594（48.3%）	262（21.3%）
客家人	49（25.9%）	88（46.6%）	52（27.5%）
外省人	34（17.3%）	88（44.9%）	74（37.8%）
Pearson Chi-square = 31.357; p<.001; df = 4; n = 1,616			

　　接續，作者依循相同步驟，就省籍與「社會安定」選舉評價進行交叉分析。如表7.3所示，無獨有偶地，卡方檢定顯示，不同省籍的民眾亦呈現顯著差別。詳言之，外省族群對於2004年的選舉評價最為負面，其認為該次選舉「造成社會不安」的比例高達83.7%，明顯高於客家族群的74.4%和閩南族群的68.7%，而認為「促進社會安定」者僅有3.4%，遠低於客家族群的12.1%和閩南族群的12.9%。反觀，對於2008年選舉情形則有截然不同的解讀，外省人認為該次選舉「造成社會不安」只有8.9%，遠低於客家人的25.5%和閩南人的30.1%。相較之下，外省人認知該次選舉「促進社會安定」達到59.1%，明顯高於客家人的40.4%和閩南人的31.4%。這似乎再次驗證政治賦權在不同省籍人士之間產生作用，而且客家族群和外省族群的評價差異較大，客家族群與閩南族群的評價差異較小。

表7.3　省籍與社會安定之交叉分析

	2004年		
	造成社會不安	沒有影響	促進社會安定
閩南人	853（68.7%）	229（18.4%）	160（12.9%）
客家人	148（74.4%）	27（13.6%）	24（12.1%）
外省人	174（83.7%）	27（13.0%）	7 （3.4%）
Pearson Chi-square = 24.687; p<.001; df = 4; n = 1,649			
	2008年		
	造成社會不安	沒有影響	促進社會安定
閩南人	381（30.1%）	488（38.5%）	398（31.4%）
客家人	48（25.5%）	64（34.0%）	76（40.4%）
外省人	18 （8.9%）	65（32.0%）	120（59.1%）
Pearson Chi-square = 70.623; p<.001; df = 4; n = 1,658			

　　綜觀前述分析結果，與本文的研究假設似乎頗為吻合：對於2004年總統選舉，外省選民的「族群和諧」與「社會安定」選舉評價較為負面，明顯低於閩南族群與客家族群；反之，在2008年則呈現不同的樣貌，外省族群的選舉評價較為正面，明顯高於閩南族群與客家族群。如是以觀，就相當程度而言，本文所提出的研究假設獲得初步之印證。當然，政治賦權對於族群差異的影響，必須與其他變數相較，透過整體性分析，才能做更為客觀的評估。為了進一步瞭解影響選民政治態度的可能因素，筆者根據相關理論架構，擇取若干變數，設立實證模型。

伍、分析模型設定與相關理論背景

　　本章旨在探討族群、賦權與政治態度之關係。為瞭解民眾選舉評價的影響因素，除了省籍之外，筆者選取性別、年齡、教育程度、地理區域、家戶收入等個人基本資料，以及政黨認同、政治興趣、政治知識、族群認同等各項政治態度，做為控制變數。其理論架構，茲摘述如後。

　　就學理而言，個人社會特徵往往決定其態度認知與政治偏好。在性別方面，男性普遍被認為對於政治事務擁有較高的興趣，較為關切各類政治議題。若干研究顯示，這種差異主要源自於個人政治功效意識強弱的不同；相較於女性選民，男性擁有較強烈的感覺，認為自己具有處理複雜政治事務的能力（Campbell et al., 1960: 489; Milbrath and Goel, 1977: 117）。這似乎意味著男性選民較具資訊吸收的能力，得以對於清楚瞭解選舉過程並做出評估，而與女性選民有著明顯差異。

　　若干研究證實，民眾年齡與其本身的政治態度和政治行為具有顯著關係（Conway, 2000；陳義彥、蔡孟熹，1997；劉義周，1994）。大體而言，個人政治資訊的取得與政治經驗的累積，經常會隨著年紀的成長而增加，「心理涉入感」（psychological involvement）亦逐漸增強，形成本身政治態度。就「生命週期效應」（life-cycle effects）觀點而言，年齡愈輕的選民對於政治認知較為薄弱，對於政治情感依附不深且不固定。相反地，在考量家庭與事業因素之下，年齡愈長的選民隨著對於政治事務的熟悉而強化其政治態度。據此，本文假設，年長者對於總統選舉過程更為關注和瞭解，而與年輕選民的選舉評價具有顯著差別。

　　再者，教育程度係個人社會經濟地位的重要指標。部分實證研究顯示，教育程度對於政治態度具有顯著影響（Keith et al., 1992; Stone and Schaffner, 1988；吳重禮、李世宏，2005；陳義彥，1994；黃秀端，1995）。總體而言，個人教育程度愈高，社會資訊吸收能力愈強，訊息處理技巧愈成熟，對於政治事務的判斷力愈強。因此，本文假設，教育程度愈高者，更能知悉政治運作過程而做出選舉評估，而與低教育程度者呈現明顯差異。

　　另外，「脈絡效應」（contextual effects）對於民眾政治態度的影響，亦是本研究關切的重點。換言之，居住在不同地理區域的民眾，是否因為地域政治特性的差異，影響選民對於總統選舉評價的觀感。若干研究指出，由於區域結構、經濟型態、人口特性等因素差異的影響，使得不同地區的民眾往往抱持不同的政治立場（吳重禮、譚寅寅、李世宏，2003；

謝邦昌、江志民，1998）。就現今「北藍南綠」的政治對立態勢而言，嘉義以南各個縣市儼然成為泛綠陣營的鐵城重鎮，而雲林以北以泛藍陣營的支持者居多。依據前述之剖析，作者假設，居住在不同地區的民眾其選舉評估呈現顯著差別。

猶如教育程度的效應，家戶收入亦是社會經濟地位的關鍵面向。既有文獻顯示，經濟收入對於民眾的政治態度與行為具有顯著影響（Milbrath and Goel, 1977; Rosenstone and Hansen, 2003）。基本上，瞭解政治事務需要考量個人的資源、時間、能力，因此經濟條件較佳的選民，其政治認知熟悉程度也較高。若干研究也指出，家庭收入愈高者，其對於政治容忍、言論自由、集會遊行自由的保障，以及民主化改革贊同的比例愈高（朱雲鵬、林忠正，1997）。近年來，台灣總體經濟發展成為社會各界備受關注的議題，經濟收入與選舉評價的關係究竟為何，頗值得探討。

無疑地，政黨認同是研究選民政治態度與投票行為的核心變數（Campbell et al., 1960; Conway, 2000; Milbrath and Goel, 1977; Rosenstone and Hansen, 2003）。它是個人價值觀念與信仰系統中關鍵的一環，具有長期穩定的性質；就整體效應而言，政黨認同對於政黨體系的穩定影響甚大。諸多台灣實證研究指出，在各類的政治態度面向中，政黨認同不僅對於選民投票抉擇具有重大的影響，而且也是左右個人政治態度與其他選舉議題的關鍵因素（Wu and Huang, 2007；陳陸輝，2000；黃秀端，1995；傅恆德，1994）。為裨益後續分析，本文將政黨認同區分為泛藍認同者、泛綠認同者，以及獨立選民。本文假設，相對於獨立選民，泛藍認同者與泛綠認同者對於選舉評價將呈現顯著差異。

就政治興趣和參與行為的關係而言，若干研究證實，彼此呈現正向關係。猶如教育程度的影響，部分民眾對於政治事務和選舉動員缺乏興趣，對於公共議題僅有些微的認知，甚少瞭解政治訊息，較不願意涉入政治參與，對於政治活動抱持冷漠態度，致使選舉投票的動機偏低，反之亦然（Abramson, 1983; Conway, 2000）。依據此邏輯，本研究假設，對於公共事務抱持高度興趣的選民對於選舉評估具有顯著立場，而與低度政治興趣

的選民呈現明顯差別。

　　相當程度而言，個人政治知識的高低與其對於政治事務的瞭解，彼此之間息息相關。政治知識是長期儲存的資訊記憶，促使選民形成政治態度，並且對於公共事務表達自身的觀點，提供民眾對政治體系的基本瞭解（Delli Carpini and Keeter, 1996: 10-11）。政治知識愈高者，愈能將個人的利益與立場結合，並透過各種政治參與表達意見。換言之，政治知識宛如民眾政治行動的前導者，左右政治態度的形成。以往研究指出，台灣民眾政治知識的主要來源係電視報導與報紙新聞，至於影響政治知識的變數則有性別、教育、選舉興趣，以及媒體接觸等；男性、高教育程度、對選舉活動愈感興趣，以及使用媒體愈頻繁的民眾，其政治知識愈高（翁秀琪、孫秀蕙，1994；彭芸，2000；黃秀端，1996）。鑑此，本研究假設，政治知識愈高者愈瞭解政治運作的過程與本質，其選舉評價亦有所差別。

　　在台灣政治中，族群認同對於政治態度與投票行為的影響是不容忽視的（Wu and Hsiao, 2006; Wu, 2008; 王甫昌，1998；吳乃德，1999；洪永泰，1994）。在以往威權體制統治，「中國意識」儼然成為唯一主流價值。然而，近十餘年來，隨著台灣民主化開展，本土意識逐漸抬頭，部分民眾強調本身「台灣人」的心理認知。甚者，族群認同結合省籍因素和政黨認同的效應，亦成為決定政治態度的重要因素。必須說明的是，儘管省籍因素與族群認同有相當程度的關聯性，然而前者屬於客觀的人口特徵，後者隸屬主觀的心理歸屬感，兩者並不能劃上等號。根據以往研究經驗，本文假設，不同族群認同者其選舉評估亦呈現顯著差別。

　　綜合前述各項理論架構與研究經驗，作者考量性別、年齡、教育程度、地理區域、家戶收入、省籍、政黨認同、政治興趣、政治知識、族群認同等變數，探討民眾選舉評價的影響因素。關於問卷措辭與選項，以及變數之重新編碼，請參閱附錄。

陸、實證結果與分析討論

在分析模型中，依變數為「族群和諧」和「社會安定」選舉評價。如前所述，前者選項區分為「激化省籍對立」、「沒有影響」、「促進省籍和諧」等三類，以「促進省籍和諧」做為參照組；後者選項包括「造成社會不安」、「沒有影響」、「促進社會安定」等三類，以「促進社會安定」做為參照組。在統計模型的選擇方面，根據依變數之性質，將「族群和諧」和「社會安定」的三種選項視為具有順序關係，屬於「有序多分變數」（ordered polytomous variables），故採用「有序勝算對數模型」。在自變數設定方面，年齡與政治知識屬於「連續變數」（continuous variables）。[10]其餘變數為「質變數」（qualitative variables），故以「虛擬變數」（dummy variables）登錄之。[11]模型以統計軟體SPSS 13.0進行資料檢定與分析。

值得說明的是，除了考量個別變數的影響之外，依據以往實證經驗，政黨認同對於政治態度往往具有關鍵性作用，為了控制該變數的效應，因此在模型中亦置入省籍和政黨認同的「交互變數」（interactive variables）。在資料處理過程，若將省籍三種類別和政黨認同三種類別相乘，九種類別的交互變數將使得若干交互變數的樣本數偏低，尤其TEDS

---

[10] 在政治知識方面，TEDS 2004P問卷共有5道測量題目，而TEDS 2008P問卷僅有3道測量題目，作者將答對者登錄為1，答錯、不知道、拒答則登錄為0。之後，再將此進行加總，成為從0至5和0至3的連續變數。得分愈高者，表示政治知識程度愈高，反之亦然。

[11] 詳言之，在性別方面，以「女性」為參照組。在教育程度方面，區分為「大專以上程度」、「高中職程度」、「國中程度」和「小學以下程度」，以「小學以下程度」為參照組。在省籍方面，區分為「外省人」和「本省人」，以「本省人」為參照組。在地理區域方面，區分為「北部」、「中部」、「南部」和「東部」，以「北部」為參照組。在家戶收入方面，區分為「高收入」、「中高收入」、「中低收入」和「低收入」，以「低收入」為參照組。在政黨認同方面，區分為「泛藍認同者」、「泛綠認同者」和「獨立選民」，以「獨立選民」為參照組。在政治興趣方面，區分為「高度」、「中度」和「低度」，以「低度」為參照組。在族群認同方面，區分為「台灣人」、「中國人」和「兩者皆是」，以「兩者皆是」為參照組。

2004P和2008P兩次面訪調查的客家人和外省人之有效樣本數僅約爲200
人，徒增推論統計的困難（關於外省族群受訪者人數偏低導致的偏差問
題，請容筆者在結論與建議中再詳加敘述）。所幸，誠如表7.2和表7.3顯
示，客家族群與閩南族群的選舉評價差異較小，而客家族群和外省族群的
評價差異較大。爲裨益後續分析，筆者將客家族群與閩南族群合併以「本
省人」稱之，相對於「外省人」，之後再和政黨認同相乘，形成六個交互
變數：「大陸人—泛藍認同者」、「大陸人—泛綠認同者」、「大陸人—
獨立選民」、「本省人—泛藍認同者」、「本省人—泛綠認同者」，以及
「本省人—獨立選民」。[12]

　　表7.4至表7.7所示，爲2004年與2008年總統選舉，受訪者基本特徵與
政治態度影響「族群和諧」和「社會安定」選舉評價之分析結果。模型一
僅考量個別變數的影響，模型二則置入省籍和政黨認同的「交互變數」。
綜觀這些統計模型，可以歸納出三點主要發現。其一，八個模型的「準決
定係數」（Nagelkerke pseudo R^2）分別解釋約略20%的變異量；就社會科
學研究而言，意味著模型所含括的變數群對於依變數，具有若干程度的解
釋能力。[13]

---

[12] 在次數分配和組內百分比方面，在TEDS 2004P中，「大陸人—泛藍認同者」爲
144人（佔69.57%）、「大陸人—泛綠認同者」僅有19人（9.2%）、「大陸人—
獨立選民」有44人（21.2%）、「本省人—泛藍認同者」爲382人（26.3%）、「本
省人—泛綠認同者」有544人（37.5%），以及「本省人—獨立選民」則有525人
（36.2%）。在TEDS 2008P中，「大陸人—泛藍認同者」爲157人（佔76.2%）、
「大陸人—泛綠認同者」僅有8人（3.9%）、「大陸人—獨立選民」有41人
（19.9%）、「本省人—泛藍認同者」爲523人（33.1%）、「本省人—泛綠認同
者」有527人（33.3%），以及「本省人—獨立選民」則有532人（33.6%）。由於
「大陸人—泛綠認同者」次數甚少，這除了會造成統計分析的限制之外，也會徒增
解釋的困難。斟酌再三，筆者在模型中仍然呈現各個交互變數的估計值和檢定結
果，然而爲避免過度推論之嫌，在內文中將不多加敘述。

[13] 必須說明的是，關於「模型符合度檢定」（Pearson χ^2 statistic of goodness-of-fit）數
值的應用和解讀，如同其他的「符合度」檢定，達到統計顯著水準反而表示模型預
測值與觀察值不夠符合（參見Hosmer and Lemeshow, 2000: 145-156）。數據顯示，
各個模型推論結果應具有其可信度。由於資料處理過程的相關分析甚多，礙於篇幅
有限，在此無法詳述。對於模型分析有興趣之讀者，敬請不吝聯繫，作者樂於提供
詳細資訊。

表7.4　2004年族群和諧有序勝算對數模型分析

自變數	族群和諧（模型一）			族群和諧（模型二）		
	迴歸係數	標準誤	Wald	迴歸係數	標準誤	Wald
常數一	-.845*	.394	4.592	-.860*	.396	4.712
常數二	.657†	.395	2.766	.642	.396	2.625
性別（參照組：女性）						
男性	.264*	.130	4.123	.262*	.130	4.047
年齡	-.002	.006	.193	-.003	.006	.201
教育程度（參照組：國小以下程度）						
大專以上程度	-1.088***	.259	17.640	-1.088***	.260	17.570
高中職程度	-.262	.224	1.369	-.261	.224	1.352
國中程度	-.170	.216	.625	-.169	.216	.613
地理區域（參照組：北部）						
東部	.361	.362	.991	.356	.362	.965
南部	.174	.149	1.364	.174	.149	1.357
中部	-.049	.162	.091	-.050	.162	.095
家戶收入（參照組：低收入）						
高收入	-.313†	.196	2.551	-.312	.196	2.536
中高收入	-.048	.181	.069	-.047	.181	.067
中低收入	-.120	.177	.461	-.119	.177	.452
省籍（參照組：本省人）						
外省人	-.023	.221	.011	-	-	-
政黨認同（參照組：獨立選民）						
泛藍認同者	-.771***	.178	18.730	-	-	-
泛綠認同者	.487**	.156	9.807	-	-	-
省籍×政黨認同（參照組：本省人—獨立選民）						
大陸人—泛藍認同者	-	-	-	-.746**	.288	6.696
本省人—泛藍認同者	-	-	-	-.801***	.192	17.437
大陸人—泛綠認同者	-	-	-	.439	.546	.644
本省人—泛綠認同者	-	-	-	.478**	.159	9.044
大陸人—獨立選民	-	-	-	-.147	.413	.127
政治興趣（參照組：低度）						
高度	-.348*	.165	4.464	-.348*	.165	4.477
中度	.024	.175	.018	.021	.175	.014
政治知識	-.306***	.067	20.591	-.305***	.067	20.517
族群認同（參照組：兩者都是）						
台灣人	.352*	.142	6.179	.349*	.142	6.030
中國人	.036	.274	.018	.027	.275	.010
-2 Log likelihood	1988.679***			1988.503***		
Nagelkerke of Pseudo R-square	.220			.220		
n	1214.65			1214.65		
Pearson χ^2 statistic of goodness-of-fit	2410.298			2409.357		

† p < .1; *p<.05; **p<.01; ***p<.001；顯著水準係採雙側檢定（level of significance for two-tailed test）。

表7.5 2004年社會安定有序勝算對數模型分析

自變數	社會安定（模型一）			社會安定（模型二）		
	迴歸係數	標準誤	Wald	迴歸係數	標準誤	Wald
常數一	.206	.419	.242	.228	.421	.294
常數二	1.410**	.422	11.154	1.436**	.425	11.443
性別（參照組：女性）						
男性	.554***	.142	15.158	.548***	.143	14.775
年齡	.001	.006	.056	.001	.006	.034
教育程度（參照組：國小以下程度）						
大專以上程度	-.624*	.278	5.039	-.664*	.280	5.627
高中職程度	-.230	.241	.907	-.257	.242	1.128
國中程度	.120	.227	.281	.083	.227	.132
地理區域（參照組：北部）						
東部	.269	.392	.469	.302	.393	.589
南部	.274†	.161	2.892	.272↑	.161	2.847
中部	.067	.173	.149	.085	.173	.240
家戶收入（參照組：低收入）						
高收入	-.277	.209	1.756	-.269	.209	1.657
中高收入	-.202	.196	1.061	-.207	.197	1.106
中低收入	-.276	.189	2.144	-.267	.189	1.997
省籍（參照組：本省人）						
外省人	-.207	.255	.659	-	-	-
政黨認同（參照組：獨立選民）						
泛藍認同者	-.852***	.203	17.692	-	-	-
泛綠認同者	.518**	.165	9.879	-	-	-
省籍×政黨認同（參照組：本省人－獨立選民）						
大陸人－泛藍認同者	-	-	-	-.959**	.344	7.784
本省人－泛藍認同者	-	-	-	-.825***	.220	14.124
大陸人－泛綠認同者	-	-	-	-1.049	.834	1.583
本省人－泛綠認同者	-	-	-	.580**	.169	11.834
大陸人－獨立選民	-	-	-	.226	.411	.302
政治興趣（參照組：低度）						
高度	-.394*	.176	5.029	-.387*	.176	4.850
中度	-.282	.190	2.216	-.269	.190	2.005
政治知識	-.243**	.072	11.502	-.242**	.072	11.364
族群認同（參照組：兩者都是）						
台灣人	.338*	.152	4.925	.362*	.153	5.607
中國人	-.172	.319	.293	-.176	.320	.304
-2 Log likelihood	1750.701***			1745.768***		
Nagelkerke of Pseudo R-square	.182			.186		
n	1229.13			1229.13		
Pearson χ^2 statistic of goodness-of-fit	2429.981			2427.296		

† p < .1; *p<.05; **p<.01; ***p<.001；顯著水準係採雙側檢定（level of significance for two-tailed test）。

表7.6　2008年族群和諧有序勝算對數模型分析

自變數	族群和諧（模型一）			族群和諧（模型二）		
	迴歸係數	標準誤	Wald	迴歸係數	標準誤	Wald
常數一	-1.665***	.355	21.971	-1.717***	.357	23.154
常數二	.655†	.352	3.453	.608†	.354	2.955
性別（參照組：女性）						
男性	-.057	.110	.270	-.061	.110	.304
年齡	-.004	.005	.827	-.004	.005	.852
教育程度（參照組：國小以下程度）						
大專以上程度	-.004	.230	.000	-.003	.230	.000
高中職程度	.009	.209	.002	.017	.209	.006
國中程度	.134	.215	.391	.141	.215	.429
地理區域（參照組：北部）						
東部	.860**	.275	9.796	.854**	.275	9.631
南部	-.215	.141	2.337	-.225	.141	2.569
中部	.037	.134	.077	.031	.134	.055
家戶收入（參照組：低收入）						
高收入	-.224	.163	1.892	-.228	.163	1.949
中高收入	-.499**	.158	9.981	-.507**	.158	10.286
中低收入	-.270†	.159	2.876	-.269†	.159	2.850
省籍（參照組：本省人）						
外省人	.263	.173	2.303	-	-	-
政黨認同（參照組：獨立選民）						
泛藍認同者	.543***	.143	14.517	-	-	-
泛綠認同者	-.767***	.150	26.264	-	-	-
省籍×政黨認同（參照組：本省人－獨立選民）						
大陸人－泛藍認同者	-	-	-	.904***	.216	17.516
本省人－泛藍認同者	-	-	-	.465**	.150	9.654
大陸人－泛綠認同者	-	-	-	-1.469†	.866	2.875
本省人－泛綠認同者	-	-	-	-.787***	.152	26.790
大陸人－獨立選民	-	-	-	-.195	.390	.250
政治興趣（參照組：低度）						
高度	.026	.138	.035	.018	.138	.017
中度	-.242†	.144	2.834	-.255†	.144	3.132
政治知識	-.012	.057	.047	-.009	.057	.026
族群認同（參照組：兩者都是）						
台灣人	-.176	.123	2.054	-.184	.123	2.232
中國人	.364	.257	2.010	-.255	.144	3.132
-2 Log likelihood	2579.345***			2575.657***		
Nagelkerke of Pseudo R-square	.146			.149		
n	1313.48			1313.48		
Pearson χ^2 statistic of goodness-of-fit	2614.797			2612.913		

† p < .1; *p<.05; **p<.01; ***p<.001；顯著水準係採雙側檢定（level of significance for two-tailed test）。

表7.7　2008年社會安定有序勝算對數模型分析

自變數	社會安定（模型一）			社會安定（模型二）		
	迴歸係數	標準誤	Wald	迴歸係數	標準誤	Wald
常數一	-1.184**	.355	11.158	-1.207**	.356	11.506
常數二	.710*	.353	4.042	.688†	.354	3.770
性別（參照組：女性）						
男性	.156	.110	2.017	.153	.110	1.939
年齡	-.003	.005	.510	-.003	.005	.493
教育程度（參照組：國小以下程度）						
大專以上程度	.076	.228	.109	.081	.229	.124
高中職程度	-.123	.207	.354	-.118	.207	.326
國中程度	.172	.212	.660	.180	.212	.724
地理區域（參照組：北部）						
東部	1.000**	.288	12.044	1.001**	.288	12.048
南部	-.077	.139	.310	-.073	.139	.278
中部	-.099	.133	.559	-.098	.133	.547
家戶收入（參照組：低收入）						
高收入	-.039	.163	.058	-.042	.163	.065
中高收入	-.133	.156	.723	-.132	.156	.712
中低收入	-.170	.159	1.141	-.162	.159	1.036
省籍（參照組：本省人）						
外省人	.393*	.182	4.636	-	-	-
政黨認同（參照組：獨立選民）						
泛藍認同者	.827***	.143	33.626	-	-	-
泛綠認同者	-.888***	.145	37.357	-	-	-
省籍×政黨認同（參照組：本省人—獨立選民）						
大陸人—泛藍認同者	-	-	-	1.258***	.229	30.152
本省人—泛藍認同者	-	-	-	.786***	.150	27.557
大陸人—泛綠認同者	-	-	-	-.082	.824	.010
本省人—泛綠認同者	-	-	-	-.918***	.148	38.609
大陸人—獨立選民	-	-	-	.085	.373	.052
政治興趣（參照組：低度）						
高度	-.161	.137	1.389	-.168	.137	1.500
中度	-.231	.142	2.638	-.232	.142	2.653
政治知識	.157**	.057	7.581	.157**	.057	7.555
族群認同（參照組：兩者都是）						
台灣人	-.158	.122	1.682	-.162	.122	1.768
中國人	1.077***	.305	12.457	1.069***	.306	12.229
-2 Log likelihood	2597.430***			2596.183***		
Nagelkerke of Pseudo R-square	.224			.225		
n	1335.92			1335.92		
Pearson χ^2 statistic of goodness-of-fit	2733.134			2736.694		

† p < .1; *p<.05; **p<.01; ***p<.001；顯著水準係採雙側檢定（level of significance for two-tailed test）。

　　其二，整體來說，實證資料顯示，政治態度的效應顯然凌駕於個人社會經濟變數，尤其是政黨認同，對於選舉評價的影響尤其明顯。就選民的政治態度而言，政黨認同對於選舉評價的影響顯然是最爲關鍵的變數。猶如研究預期，相對於獨立選民者，泛綠支持者對於2004年總統大選的選舉評價較高，認爲促進省籍和諧和社會安定，而泛藍認同者給予較低的評價，傾向抱持激化省籍對立與造成社會不安的立場。反之，對於2008年總統選舉則呈現截然不同的樣貌，泛藍認同者的「族群和諧」和「社會安定」選舉評價較爲正面，而泛綠支持者則明顯排斥認同這種看法。就民主發展而言，這種尖銳對峙的藍綠立場著實成爲台灣社會的隱憂。

　　其三，就問題意識而言，更重要的是，此實證結果部分符合本文所提出之研究假設。更確切地說，政治賦權是否得以解釋政治態度的省籍差異，爲本章的關注焦點。倘若僅考量省籍因素，在2004年不同族群的選舉評價並無顯著差別，而且在2008年「族群和諧」方面，外省與本省族群也沒有明顯差異，但是在「社會安定」方面，不同族群的政治認知則有所差異。然而，在其他條件相同的情況下，尤其考量省籍和政黨認同的交互作用，不同族群的政黨認同者對於2004年和2008年選舉評價具有顯著差異，而且隨著政治賦權呈現明顯的轉變。實證數據顯示，對於2004年總統大選「族群和諧」和「社會安定」選舉評價，相對於「本省人－獨立選民」，「大陸人－泛藍認同者」呈現負面觀點，而「本省人－泛綠認同者」則抱持正面肯定評價，雙方的認知差別均達到統計顯著水準。反觀，對於2008年總統選舉，「大陸人－泛藍認同者」對於「族群和諧」和「社會安定」均抱持正面立場，而「本省人－泛綠認同者」則傾向保持負面態度。就實證意涵來說，除了政黨認同的關鍵效應之外，筆者拙見以爲，政治賦權和選舉勝負具有類似效果，對於選舉評價產生若干程度的影響。

　　除了政黨認同和省籍因素之外，茲針對2004年與2008年選舉評價的影響因素，經過整體比較之後，分述如下。首先，對於2004年總統選舉，性別、教育程度與選舉評價具有顯著差別。相對於女性民眾，男性對於「族群和諧」和「社會安定」抱持較爲正面的評價。相對於國小程度的選

民，大專以上學歷民眾明顯認為該次選舉激化省籍對立，並且造成社會不安。之所以如此，作者以為，這可能肇始於女性選民較趨向安定和保守立場有關，而高學歷選民較為熟悉政治事務，故認為該次選舉前後台灣政治局勢劇烈動盪，因此抱持否定的態度。至於2008年總統選舉，性別因素、教育程度與選舉評價則無顯著差異。

其次，地理區域和家戶收入對於選舉評價具有若干程度的影響。結果顯示，對於2004年總統選舉，相對於北部地區的選民，居住在南部地區的民眾傾向認為有助於促進社會安定；至於2008年總統選舉，相對於北部地區的選民，居住在東部（含宜蘭縣、花蓮縣、台東縣）的民眾傾向認為，此次選舉裨益促進省籍和諧與社會安定。此分析結果似乎與一般社會觀感頗為契合；亦即，政治版圖而言，嘉義以南各個縣市儼然成為民進黨的鐵城重鎮，而東部地區以泛藍支持者居多。在家戶收入方面，相對於低收入者，高收入民眾傾向認為2004年總統選舉激化省籍對立；此外，對於2008年總統選舉，相對於低收入者，中高收入和中低收入者傾向於認為不利於族群和諧。近年來，國家整體發展和個人經濟收入逐漸成為社會各界矚目的焦點，家戶收入與選舉評價的反向關係，值得朝野政黨和領導菁英深自檢討。

政治興趣和政治知識對於選舉評價的效應確實是不容小覷的；猶如預期，政治興趣和政治知識的高低形塑個人對於政治事務的判斷，影響民眾選舉評價的態度。相對於低度政治興趣的選民，抱持高度政治興趣者對於2004年選舉評價具有較為明確的負面立場。至於2008年總統選舉，相較於低度政治興趣的選民，中度政治興趣者傾向認為激化族群對立。無獨有偶地，政治知識的影響和政治興趣的效應甚為接近。數據證實，政治知識愈高者對於2004年選舉過程傾向抱持負面評價，而對於2008年總統選舉認為有助於社會安定。相當程度而言，前述分析結果與本文研究假設甚為相近，顯示對於公共事務抱持關注的民眾對於社會訊息與政治議題較為關切。

類似於省籍差異的效應，族群認同向來是台灣政治的關鍵議題，也

是決定民眾政治態度和投票行為的重要因素。實證數據顯示，相對於「兩者皆是」者，自認為台灣人的民眾傾向認為，2004年總統選舉有助於促進「省籍和諧」與「社會安定」；反之，自認為中國人者對於2008年總統選舉的評價程度較高，尤其在促進「社會安定」方面。

柒、結論與建議

在2004年和2008年總統選舉之後，外省族群與本省族群（包括閩南人與客家人）處於當時的「政治脈絡」（political context），他們對於總統大選的觀感和評價是否有所差異？這是本章的問題意識。筆者以為，台灣政治的核心議題即為族群政治，特別是多數本省族群與少數外省族群之間的關係。誠如所知，迥異於歐美國家，台灣政治生態並沒有左右意識形態、職業階級、宗教理念之分，但卻充斥著激情的省籍和族群之別。這種族群差異在平常生活並未顯現，然而每逢選戰期間，許多實際經驗顯示，政黨或者候選人以省籍做為訴求，挑動「族群對立」、「省籍情結」、「愛台灣」、「賣台灣」等尖銳議題的案例屢見不鮮。對於人口居於少數的外省族群來說，在國民黨威權統治時期確實曾經主導多數政治權力與重要職位，然而隨著台灣本土化與民主化的開展，本省族群已逐漸掌握實質政治權力。在2000年和2004年總統大選，陳水扁、呂秀蓮贏得多數選民支持，其意涵不僅是台灣首度進行政黨輪替，同時也是族群關係進入實質轉變的階段。經歷2008年總統選舉競爭，馬英九的勝選蘊含諸多政治意涵；就省籍因素而言，不同族群如何看待2004年及2008年的總統大選，而且選民個人背景和政治態度是否影響其「族群和諧」與「社會安定」的選舉評價，這是本文的關切重點。

就理論層次來說，筆者擷取「賦權理論」做為分析架構，探討由本省或者外省政治菁英「當家作主」擔任國家元首，對於不同省籍選民在「族群和諧」與「社會安定」等選舉評價的影響程度為何？作者假設，由於政治賦權之故（2004年外省政治菁英落敗、2008年外省政治菁英勝選），不

同族群對於2004年和2008年總統大選的選舉評價,將呈現顯著差異。更確切地說,在其他個人條件相等的情況之下,相對於本省籍選民,外省族群對於2004年總統大選的選舉評價抱持負面觀點,而對於2008年總統選舉則保持正面評價。

本章採用TEDS 2004P及2008P面訪資料,藉由「交叉分析」與「有序勝算對數模型」進行檢證。綜合各項資料所呈現的結果,筆者摘述三項研究要點及其理論意涵。其一,實證結果部分印證本文所提出的研究假設。交叉分析顯示,不同省籍選民的選舉評價呈現顯著差異,而且客家族群和外省族群的評價差異較大,客家族群與閩南族群之間的評價差異較小。在控制其他個人社會特徵和政治態度變數的影響之下,僅考量省籍因素,在2004年不同族群的選舉評價並無顯著差別,在2008年不同族群在「族群和諧」方面也沒有明顯差異,而在「社會安定」方面,外省與本省族群的政治認知則有所差別。但是,在考量省籍和政黨認同的交互作用情況下,不同族群的政黨認同者對於2004年和2008年選舉評價具有統計顯著差異,而且隨著政治賦權呈現明顯的改變。其二,就實證意涵而言,作者以為,政治賦權和選舉輸贏具有類似效果;亦即,特定族群的政治菁英贏得選舉,有助於提升所屬成員對於政治事務的認知態度和參與行為〔關於選舉輸贏對於政治態度(諸如政治信任、民主鞏固)等的影響,若干國內文獻頗具參考價值,建議參閱吳親恩,2007;張佑宗,2009〕。其三,總體而言,對於民眾的選舉評價之影響,政治態度的效應顯然凌駕於個人社會經濟變數,政黨認同的作用尤其明顯。值得一提的是,猶如研究預期,政黨認同為解釋選舉評價最為關鍵的變數。相對於獨立選民者,泛綠支持者普遍認為2004年總統選舉有助於促進省籍和諧和社會安定,而泛藍支持者則明顯排斥認同這種觀點;無獨有偶地,對於2008年總統選舉則呈現截然不同的樣貌。這種壁壘分明的藍綠立場,顯然與朝野政黨選舉勝負息息相關;就民主鞏固的歷程來說,這種「政治極化」(political polarization)現象在許多發展中甚至已開發國家發生,儼然成為台灣社會的隱憂。

對於前述的研究結論,筆者認為必須加以補充。在研究分析方面,

本文仍有若干值得改進之處。舉例來說，在當前面訪調查資料中，持平而論，獨立樣本約達1,900份誠屬難得，然而由於人口比例分布情形，外省人和客家人有效樣本數仍僅約為200人，可能造成推論統計的偏差問題。對於樣本數偏低的問題，Bobo and Gilliam（1990）使用1987年「一般社會調查」資料，該次計畫針對黑人民眾進行「擴大樣本」（oversample），原本接受調查的黑人受訪者為191人，另外再增加353人，合計544人。這樣的樣本設計值得做為未來台灣調查研究規劃的參考。再例如，本研究應用選後調查進行假設驗證，可能並未考量某一族群菁英進入政府與議會之後，該族群感受政治地位的提升；倘若得以藉由選前和選後調查資料，方能確定選舉結果的影響。由於目前國內面訪調查多選擇在選後進行，在未來計畫執行，若能兼顧不同時間點的分析，持續且長期的追蹤研究，應可獲致更為翔實的研究趨勢與結果。

　　在文末收筆之前，作者以為，在經歷民主轉型之後，台灣族群議題的重要性與敏感度似乎並未降低。相反地，在選舉動員的驅使之下，「省籍標籤」往往成為政治人物訴求的主軸，引導社會對於族群議題的反應，左右民眾政治態度與投票行為。平心而論，這種基於族群議題的政治結構，形成尖銳激化的藍綠政黨立場，近年來有益形明顯的趨勢，成為嚴重的社會分歧，阻礙社會共識的形成。就社會科學研究而言，如何化解種族（族群）緊張關係，無論從社會文化層面著手，或者構思政治制度設計加以解決，皆是研究者的重要課題。

參考書目

中文部分

王甫昌，1998，〈族群意識、民族主義與政黨支持：一九九〇年代台灣的族群政治〉，《台灣社會學研究》，第2期，頁1-45。

王甫昌，2003，《當代臺灣社會的族群想像》，台北：群學出版社。

朱雲鵬、林忠正，1997，〈所得分配與民主政治發展〉，載游盈隆編，《民主鞏固或崩潰：臺灣二十一世紀的挑戰》，台北：月旦出版社，頁265-282。

吳乃德，1993，〈省籍意識、政治支持和國家認同——台灣族群政治理論的初探〉，載張茂桂編，《族群關係與國家認同》，台北：業強出版社，頁27-51。

吳乃德，1999，〈家庭社會化和意識形態：台灣選民政黨認同的世代差異〉，《台灣社會學研究》，第3期，頁53-85。

吳重禮、李世宏，2005，〈政治賦權、族群團體與政治參與：2001年縣市長選舉客家族群的政治信任與投票參與〉，《選舉研究》，第12卷第1期，頁69-115。

吳重禮、崔曉倩，2010，〈族群、賦權與選舉評價：2004年與2008年總統選舉省籍差異的實證分析〉，《臺灣民主季刊》，第7卷第4期，頁137-182。

吳重禮、譚寅寅、李世宏，2003，〈賦權理論與選民投票行為：以2001年縣市長與第五屆立法委員選舉為例〉，《台灣政治學刊》，第7卷第1期，頁91-156。

吳親恩，2007，〈台灣民眾的政治信任差異：政治人物、政府與民主體制三個面向的觀察〉，《台灣政治學刊》，第11卷第1期，頁147-200。

洪永泰，1994，〈選舉預測：一個以整體資料為輔助工具的模型〉，《選舉研究》，第1卷第1期，頁93-110。

翁秀琪、孫秀蕙，1994，〈選民的媒介使用行為及其政治知識、政黨偏好與投票型之間的關聯：兼論台灣媒體壟斷對政治認知與行為之影響〉，

《選舉研究》，第1卷第2期，頁1-25。

張佑宗，2009，〈選舉輸家與民主鞏固：台灣2004年總統選舉落選陣營對民主的態度〉，《臺灣民主季刊》，第6卷第1期，頁41-72。

陳陸輝，2000，〈台灣選民政黨認同的持續與變遷〉，《選舉研究》，第7卷第2期，頁109-139。

陳義彥，1994，〈我國選民的集群分析及其投票傾向的預測——從民國八十一年立委選舉探討〉，《選舉研究》，第1卷第1期，頁1-37。

陳義彥、蔡孟熹，1997，〈新世代選民的政黨取向與投票抉擇——首屆民選總統的分析〉，《政治學報》，第29期，頁63-91。

傅恆德，1994，〈政治文化與投票行為：民國七十八年立委和八十年國大代表選舉〉，《選舉研究》，第1卷第2期，頁27-51。

彭芸，2000，〈2000年總統大選的媒介使用、選舉參與及投票對象〉，《選舉研究》，第7卷第1期，頁21-52。

游清鑫，2009，《2005年至2008年「台灣選舉與民主化調查」四年期研究規劃（IV）：民國九十七年總統大選民調案》（NSC 96-2420-H-004-017），台北：行政院國家科學委員會。

黃秀端，1995，〈一九九四年省市長選舉選民參與與競選活動之分析〉，《選舉研究》，第2卷第1期，頁51-75。

黃秀端，1996，〈政治知識之認知與性別差異〉，《東吳政治學報》，第5期，頁27-50。

黃秀端，2005，《2002年至2004年「台灣選舉與民主化調查」三年期研究規劃（III）：民國九十三年總統大選民調案》（NSC 92-2420-H-031-004），台北：行政院國家科學委員會。

劉義周，1994，〈台灣選民政黨形象的世代差異〉，《選舉研究》，第1卷第1期，頁53-73。

謝邦昌、江志民，1998，〈民意測驗中的社經發展指標、人口特性與投票行為之研究〉，《民意研究季刊》，第204期，頁26-45。

英文部分

Abramson, Paul R. 1983. *Political Attitudes in America*. San Francisco: W.H. Freeman.

Bates, Timothy, and Darell L. Williams. 1993. "Racial Politics: Does it Pay?" *Social Science Quarterly*, Vol. 74, No. 3, pp. 507-522.

Bobo, Lawrence, and Franklin D. Gilliam, Jr. 1990. "Race, Sociopolitical Participation, and Black Empowerment." *American Political Science Review*, Vol. 84, No. 2, pp. 376-393.

Bobo, Lawrence. 1997. "Race, Public Opinion, and the Social Sphere." *Public Opinion Quarterly*, Vol. 61, No. 1, pp. 1-15.

Browning, Rufus, Dale Rogers Marshall, and David H. Tabb. 1984. *Protest Is Not Enough: The Struggle of Blacks and Hispanics for Equality in Urban Politics*. Berkeley, CA: University of California Press.

Campbell, Angus, Philip E. Converse, Warren E. Miller, and Donald E. Stokes. 1960. *The American Voter*. New York: John Wiley and Sons.

Carmines, Edward G., and James A. Stimson. 1989. *Issue Evolution: Race and the Transformation of American Politics*. Princeton, NJ: Princeton University Press.

Conway, M. Margaret. 2000. *Political Participation in the United States*. 3rd ed. Washington, DC: Congressional Quarterly Press.

DeLeon, Richard E. 2003. "San Francisco: The Politics of Race, Land Use, and Ideology." In Rufus Browning, Dale Rogers Marshall, and David H. Tabb (eds.), *Racial Politics in American Cities*. New York: Longman. pp. 167-198.

Delli Carpini, Michael X., and Scott Keeter. 1996. *What Americans Know about Politics and Why It Matters*. New Haven, CT: Yale University Press.

Gilliam, Frank D., Jr. 1996. "Exploring Minority Empowerment: Symbolic Politics, Governing Coalitions and Traces of Political Style in Los Angeles." *American Journal of Political Science*, Vol. 40, No. 1, pp. 56-81.

Government Information Office. 2004. *Taiwan Yearbook 2004*. Taipei: Government Information Office.

Hackey, Robert B. 1992. "Competing Explanations of Voter Turnout among American Blacks." *Social Science Quarterly*, Vol. 73, No. 1, pp. 71-89.

Hamilton, Charles V. 1986. "Social Policy and the Welfare of Black Americans: From Rights to Resources." *Political Science Quarterly*, Vol. 101, No. 2, pp. 239-55.

Hansen, Susan B. 1997. "Talking About Politics: Gender Contextual Effects on Political Proselytizing." *Journal of Politics*, Vol. 59, No. 1, pp. 73-103.

Hero, Rodney E., and Susan E. Clarke. 2003. "Latinos, Blacks, and Multiethnic Politics in Denver: Realigning Power and Influence in the Struggle for Equality." In Rufus Browning, Dale Rogers Marshall, and David H. Tabb (eds.), *Racial Politics in American Cities*. New York: Longman. pp. 309-330.

Hosmer, David W., and Stanley Lemeshow. 2000. *Applied Logistic Regression*. 2nd ed. New York: John Wiley and Sons.

Humphries, Stan. 2001. "Who's Afraid of the Big, Bad Firm: The Impact of Economic Scale on Political Participation." *American Journal of Political Science*, Vol. 45, No. 3, pp. 678-699.

Joint Center for Political and Economic Studies. 2003. *Black Elected Officials: A Statistical Summary, 2001*. http://www.jointcenter.org/publications1/ publication-PDFs/BEO-pdfs/2001-BEO.pdf.

Judd, Dennis R., and Todd Swanstrom. 2006. *City Politics: The Political Economy of Urban America*. 5th ed. New York: Pearson Longman.

Keiser, Richard A. 1993. "Explaining African-American Political Empowerment: Windy City Politics from 1900 to 1983." *Urban Affairs Quarterly*, Vol. 29, No. 1, pp. 84-116.

Keith, Bruce E., David B. Magleby, Candice J. Nelson, Elizabeth Orr, Mark C. Westlye, and Raymond E. Wolfinger. 1992. *The Myth of the Independent Voter*. Berkeley, CA: University of California Press.

Leighley, Jan E., and Arnold Vedlitz. 1999. "Race, Ethnicity, and Political Participation: Competing Models and Contrasting Explanations." *Journal of Politics*, Vol. 61, No. 4, pp. 1092-1114.

Light, Ivan, and Carolyn Rosenstein. 1995. *Race, Ethnicity, and Entrepreneurship in Urban America*. New York: Aldine de Gruyter.

Milbrath, Lester, and M.L. Goel. 1977. *Political Participation*. Chicago: Rand McNally.

Moody, Peter R., Jr. 1992. *Political Change on Taiwan*. New York: Praeger.

Owens, Michael Leo, and Michael J. Rich. 2003. "Is Strong Incorporation Enough? Black Empowerment and the Fate of Atlanta's Low-Income Blacks." In Rufus Browning, Dale Rogers Marshall, and David H. Tabb (eds.), *Racial Politics in American Cities*. New York: Longman. pp. 201-226.

Perry, Huey L. 2003. "The Evolution and Impact of Biracial Coalitions and Black Mayors in Birmingham and New Orleans." In Rufus Browning, Dale Rogers Marshall, and David H. Tabb (eds.), *Racial Politics in American Cities*. New York: Longman. pp. 227-254.

Pinderhughes, Dianne M. 2003. "Chicago Politics: Political Incorporation and Restoration." In Rufus Browning, Dale Rogers Marshall, and David H. Tabb (eds.), *Racial Politics in American Cities*. New York: Longman. pp. 143-166.

Rosenstone, Steven J., and John Mark Hansen. 2003. *Mobilization, Participation, and Democracy in America*. New York: Longman.

Sonenshein, Raphael J. 1993. *Politics in Black and White: Race and Power in Los Angeles*. Princeton: Princeton University Press.

Stone, Clarence N. 1989. *Regime Politics: Governing Atlanta, 1946-1988*. Lawrence, KS: University Press of Kansas.

Stone, William F., and Paul E. Schaffner. 1988. *The Psychology of Politics*. 2nd ed. New York: Springer-Verlag.

Tien, Hung-mao. 1989. *The Great Transition: Political and Social Change in the Republic of China*. Stanford, CA: Hoover Institution Press.

Timpone, Richard J. 1995. "Mass Mobilization or Government Intervention? The Growth of Black Registration in the South." *Journal of Politics*, Vol. 57, No. 2, pp. 425-442.

Wachman, Alan M. 1994. *Taiwan: National Identify and Democratization*. Armonk, NY: M.E. Sharpe.

Warren, Christopher L., and Dario V. Moreno. 2003. "Power without a Program: Hispanic Incorporation in Miami." In Rufus Browning, Dale Rogers Marshall, and David H. Tabb (eds.), *Racial Politics in American Cities*. New York: Longman. pp. 281-308.

Welch, Susan, and Lorn S. Foster. 1992. "The Impact of Economic Conditions on the Voting Behavior of Blacks." *Western Political Quarterly*, Vol. 45, No. 1, pp. 221-236.

Whitby, Kenny J., and Franklin D. Gilliams, Jr. 1991. "A Longitudinal Analysis of Competing Explanations for the Transformation of Southern Congressional Politics." *Journal of Politics*, Vol. 53, No. 2, pp. 504-518.

Wu, Chung-li. 1999. "Is Winning Local Office Comparable to Getting a Magic Lamp? Examining the Impact of Political Empowerment on the Employment Opportunities of African-Americans." *Southeastern Political Review*, Vol. 27, No. 2, pp. 341-361.

Wu, Chung-li. 2003. "Psycho-Political Correlates of Political Efficacy: The Case of the 1994 New Orleans Mayoral Election." *Journal of Black Studies*, Vol. 33, No. 6, pp. 729-760.

Wu, Chung-li. 2008. "Ethnicity, Empowerment, and Political Trust: The 2005 Local Elections in Taiwan." *Issues & Studies*, Vol. 44, No. 1, pp. 105-132.

Wu, Chung-li, and Cheng-tai Hsiao. 2006. "Empowerment Theory and Ethnic Politics in Taiwan." *Issues & Studies*, Vol. 42, No. 1, pp. 103-136.

Wu, Chung-li, and Chi Huang. 2007. "Divided Government in Taiwan's Local Politics: Public Evaluations of City/County Government Performance." *Party Politics*, Vol. 13, No. 6, pp. 741-760.

附錄：問卷題目節錄與重新編碼

1994年總統大選民調案

族群和諧

R3a・首先請問您覺得這一次總統選舉，是促進省籍和諧，或是激化（台：刺激）省籍對立，還是沒有這方面的影響？（1）激化省籍對立（2）沒有影響（3）促進省籍和諧（看情形、無意見、不知道，以及拒答設為遺漏值）

社會安定

R3d・請問您覺得這一次總統選舉，是促進社會安定，或是造成社會不安，還是沒有這方面的影響？（1）造成社會不安（2）沒有影響（3）促進社會安定（看情形、無意見、不知道及拒答設為遺漏值）

性別

S17・受訪者性別：（1）男（2）女

年齡

S1・請問您是民國幾年出生的？（如受訪者無法回答出生年，則改問現在幾歲，並換算成出生年填入，即93－年齡＝出生年）＿＿＿＿＿年（拒答設為遺漏值）

■重新編碼：出生年換算為年齡，年齡＝93－出生年。

教育程度

S6・請問您的教育程度是什麼（您讀到什麼學校）？（1）不識字（2）識字但未入學（3）小學肄業（4）小學畢業（5）國、初中肄業（6）國、初中畢業（7）高中、職肄業（8）高中、職畢業（9）專科肄業（10）專科畢業（11）大學肄業（含在學中）（12）大學畢業（13）研究

所（拒答設為遺漏值）

　　■重新編碼：9至13重新編碼為1，以「大專以上程度」表示；7至8重新編碼為2，以「高中職程度」表示；5至6重新編碼為3，以「國中程度」表示；1至4重新編碼為4，以「國小以下程度」表示。

省籍

　　S3．請問您的父親是本省客家人、本省閩南人（台：河洛）人、大陸各省市人，還是原住民？（1）本省客家人（2）本省閩南人（3）大陸各省市人（原住民、外籍人士、華僑、不知道，以及拒答設為遺漏值）

　　■重新編碼：1與2重新編碼為2，以本省人表示；3重新編碼為1，以外省人表示

地理區域

　　（1）東部：宜蘭縣、花蓮縣、台東縣（2）南部：嘉義縣、台南縣、高雄縣、屏東縣、澎湖縣、嘉義市、台南市、高雄市（3）中部：彰化縣、台中縣、南投縣、雲林縣、台中市（4）北部：台北縣、桃園縣、新竹縣、苗栗縣、基隆市、台北市、新竹市

家戶收入

　　S14．請問您家庭每個月總收入大約是：（包括薪資以外的其他收入，如房租、股利等）（1）25000元以下（2）25001元~36000元（3）36001元~45000元（4）45001元~53000元（5）53001元~62000元（6）62001元~71000元（7）71001元~83000元（8）83001元~100000元（9）100001元~130000元（10）130000元以上（很難說、不一定、不知道，以及拒答設為遺漏值）

　　■重新編碼：8至10重新編碼為1，以「高收入」表示；5至7重新編碼為2，以「中高收入」表示；3至4重新編碼為3，以「中低收入」表示；1至2重新編碼為4，以「低收入」表示。

政黨認同

P1‧目前國內有幾個主要政黨，包括國民黨、民進黨、親民黨、新黨、建國黨，以及台灣團結聯盟，請問您有沒有（台：咁有）偏向哪一個政黨？（1）有（跳問N1b）（2）沒有（訪員漏問、不知道，以及拒答設為遺漏值）

P1a‧那相對來說（台：那安捏比較起來），請問您有沒有稍微（台：咁有稍塊）偏向哪一個政黨？（1）有（續問N1b）（2）沒有（訪員漏問、不知道，以及拒答設為遺漏值）

P1b‧請問是哪一個政黨？（1）國民黨（2）民進黨（3）新黨（4）親民黨（5）建國黨（6）台灣團結聯盟（不知道，以及拒答設為遺漏值）

■重新編碼：P1或P1a答1且P1b答1、3、4或泛藍者，重新編碼為1，稱為「泛藍認同者」表示；P1或P1a答1且P1b答2、5、6或泛綠者，重新編碼為2，以「泛綠認同者」表示；P1與P1a均答2者，重新編碼為3，稱為「獨立選民」。

政治興趣

B1‧請問您平時有沒有與人討論有關政治或選舉方面的問題？是時常討論、有時討論、很少討論、還是從來不討論？（1）時常討論（2）有時討論（3）很少討論（4）從來不討論（拒答設為遺漏值）

B2‧請問您關不關心這次總統選舉的結果？是非常關心、有點關心、不太關心，還是非常不關心？（1）非常關心（2）有點關心（3）不太關心（4）非常不關心（看情形、無意見、不知道，以及拒答設為遺漏值）

■重新編碼：將B1與B2加總，其得分原為2至8，得分愈低者，代表政治興趣愈高。2至4分者重新編碼為1，以「高度」表示；5分者重新編碼為2，以「中度」表示；6至8分者重新編碼為3，以「低度」表示。

政治知識

G1‧請問您：中國大陸國家主席是誰？（1）對（0）錯（0）拒答

（0）不知道

　　G2．請問您：現任的美國總統是誰？（1）對（0）錯（0）拒答
（0）不知道

　　G3．請問您：我國立法委員的任期為幾年？（1）對（0）錯（0）拒
答（0）不知道

　　G4．請問您：我國哪一個政府機關有權解釋憲法？（1）對（0）錯
（0）拒答（0）不知道

　　G4．請問您：我國現在的副總統是哪一位？（1）對（0）錯（0）拒
答（0）不知道

　　■重新編碼：五項測量政治知識的題目，答對者登錄為1，「答
錯」、「拒答」、「不知道」則登錄為0。將G1、G2、G3、G4、G5加
總，成為從0至5的連續變數，得分愈高者，表示政治知識程度愈高，反之
亦然。

外在功效意識

　　C1．我們一般老百姓對政府的作為，沒有任何影響力。（1）非常同
意（2）同意（3）不同意（4）非常不同意（看情形、無意見、不知道，
以及拒答設為遺漏值）

　　C2．政府官員不會在乎（台：不會管）我們一般老百姓的想法。
（1）非常同意（2）同意（3）不同意（4）非常不同意（看情形、無意
見、不知道，以及拒答設為遺漏值）

　　■重新編碼：將C1與C2加總，其得分原為2至8，得分愈高者，代表
外在功效意識愈高。6至8分者重新編碼為1，以「高度」表示；5分者重新
編碼為2，以「中度」表示；2至4分者重新編碼為3，以「低度」表示。

內在功效意識

　　C3．政治有時候太複雜了，所以我們一般老百姓實在搞不懂（台：
不清楚）。（1）非常同意（2）同意（3）不同意（4）非常不同意（看情
形、無意見、不知道，以及拒答設為遺漏值）

　　■重新編碼：得分爲1至4，得分愈高者，表示內在功效意識愈高。3至4分者重新編碼爲1，以「高度」表示；1至2分者重新編碼爲2，以「低度」表示。

族群認同

　　N1‧在我們（台語：咱）社會上，有人說自己是「台灣人」，也有人說自己是「中國人」，也有人說都是。請問您認爲自己是「台灣人」、「中國人」，或者都是？（1）台灣人（3）兩者皆是（2）中國人（原住民、不知道，以及拒答設爲遺漏値）

1998年總統大選民調案

族群和諧

　　Q1．請問您覺得（台：感覺）這一次總統選舉，是促進（台：增加）省籍（台：族群）和諧，或是激化（台：刺激）省籍（台：族群）對立，還是沒有這方面的影響？（1）激化省籍對立（2）沒有影響（3）促進省籍和諧（看情形、無意見、不知道，以及拒答設爲遺漏值）

社會安定

　　Q1c．請問您覺得（台：感覺）這一次總統選舉，是促進（台：增加）社會安定，或是造成社會不安，還是沒有這方面的影響？（1）造成社會不安（2）沒有影響（3）促進社會安定（看情形、無意見、不知道及拒答設爲遺漏值）

性別

　　S18．受訪者性別：（1）男（2）女

年齡

　　S1．請問您是民國幾年出生的？（如受訪者無法回答出生年，則改問現在幾歲，並換算成出生年填入，即97－年齡＝出生年）＿＿＿＿＿＿年（拒答設爲遺漏值）

　　■重新編碼：出生年換算爲年齡，年齡＝97－出生年。

教育程度

　　S4．請問您的教育程度是什麼（您讀到什麼學校）？（1）不識字（2）識字但未入學（3）小學肄業（4）小學畢業（5）國、初中肄業（6）國、初中畢業（7）高中、職肄業（8）高中、職畢業（9）專科肄業（10）專科畢業（11）大學肄業（含在學中）（12）大學畢業（13）研究所（拒答設爲遺漏值）

■重新編碼：9至13重新編碼為1，以「大專以上程度」表示；7至8重新編碼為2，以「高中職程度」表示；5至6重新編碼為3，以「國中程度」表示；1至4重新編碼為4，以「國小以下程度」表示。

省籍

S2．請問您的父親是本省客家人、本省閩南人（台：河洛）人、大陸各省市人，還是原住民？（1）本省客家人（2）本省閩南人（3）大陸各省市人（原住民、外籍人士、華僑、不知道，以及拒答設為遺漏值）

■重新編碼：1與2重新編碼為2，以本省人表示；3重新編碼為1，以外省人表示

地理區域

（2）東部：宜蘭縣、花蓮縣、台東縣（2）南部：嘉義縣、台南縣、高雄縣、屏東縣、澎湖縣、嘉義市、台南市、高雄市（3）中部：彰化縣、台中縣、南投縣、雲林縣、台中市（4）北部：台北縣、桃園縣、新竹縣、苗栗縣、基隆市、台北市、新竹市

家戶收入

S15．請問您家庭（台：厝內）每個月總收入大約是多少：（包括薪資以外的其他收入，如房租、股利等）（1）36000元以下（2）36001元~47000元（3）47001元~58000元（4）580001元~65000元（5）65001元~78000元（6）78001元~88000元（7）88001元~108000元（8）108001元~138000元（9）138001元~158000元（10）158001元以上（很難說、不一定、不知道，以及拒答設為遺漏值）

■重新編碼：7至10重新編碼為1，以「高收入」表示；4至6重新編碼為2，以「中高收入」表示；2至3重新編碼為3，以「中低收入」表示；1重新編碼為4，以「低收入」表示。

政黨認同

N1．目前國內有幾個主要政黨，包括國民黨、民進黨、新黨、親民黨，以及台灣團結聯盟，請問您有沒有（台：咁有）偏向哪一個政黨？（1）有（跳問N1b）（2）沒有（訪員漏問、不知道，以及拒答設為遺漏值）

N1a．那相對來說（台：那安捏比較起來），請問您有沒有稍微（台：咁有稍塊）偏向哪一個政黨？（1）有（續問N1b）（2）沒有（訪員漏問、不知道，以及拒答設為遺漏值）

N1b．請問是哪一個政黨？（1）國民黨（2）民進黨（3）新黨（4）親民黨（5）台灣團結聯盟（綠黨、紅黨、不知道，以及拒答設為遺漏值）

■重新編碼：N1或N1a答1且N1b答1、3或4者，重新編碼為1，稱為「泛藍認同者」表示；N1或N1a答1且N1b答2或5者，重新編碼為2，以「泛綠認同者」表示；N1與N1a均答2者，重新編碼為3，稱為「獨立選民」。

政治興趣

B1．請問您平時有沒有（台：咁有）與人討論有關政治或選舉方面的問題？是時常討論、有時討論、很少討論、還是從來不討論？（1）時常討論（2）有時討論（3）很少討論（4）從來不討論（拒答設為遺漏值）

B2．請問您對這次總統選舉的競選過程關不關心（台：咁有關心）？是非常關心、有點關心、不太關心，還是非常不關心？（1）非常關心（2）有點關心（3）不太關心（4）非常不關心（看情形、無意見、不知道，以及拒答設為遺漏值）

■重新編碼：將B1與B2加總，其得分原為2至8，得分愈低者，代表政治興趣愈高。2至4分者重新編碼為1，以「高度」表示；5分者重新編碼為2，以「中度」表示；6至8分者重新編碼為3，以「低度」表示。

政治知識

　　G1・請問您：現任的美國總統是誰？（1）對（0）錯（0）知道，但忘記名字（0）拒答（0）不知道

　　G2・請問您：現任的行政院長是誰？（1）對（0）錯（0）知道，但忘記名字（0）拒答（0）不知道

　　G3・請問您：我國（台：咱國家）哪一個政府機關有權解釋憲法？（1）對（0）錯（0）知道，但忘記了（0）拒答（0）不知道

　　■重新編碼：三項測量政治知識的題目，答對者登錄為1，「答錯」、「知道，但忘記了」、「拒答」、「不知道」則登錄為0。將G1、G2、G3加總，成為從0至3的連續變數，得分愈高者，表示政治知識程度愈高，反之亦然。

外在功效意識

　　D1・我們一般民眾（台：百姓）對政府的作為，沒有任何影響力。（1）非常同意（2）同意（3）不同意（4）非常不同意（看情形、無意見、不知道，以及拒答設為遺漏值）

　　D2・政府官員不會在乎（台：不會睬）我們一般民眾（台：百姓）的想法。（1）非常同意（2）同意（3）不同意（4）非常不同意（看情形、無意見、不知道，以及拒答設為遺漏值）

　　■重新編碼：將D1與D2加總，其得分原為2至8，得分愈高者，代表外在功效意識愈高。6至8分者重新編碼為1，以「高度」表示；5分者重新編碼為2，以「中度」表示；2至4分者重新編碼為3，以「低度」表示。

內在功效意識

　　D3・政治有時候太複雜了，所以我們一般民眾（台：百姓）實在搞不懂（台：搞不清楚）。（1）非常同意（2）同意（3）不同意（4）非常不同意（看情形、無意見、不知道，以及拒答設為遺漏值）

　　■重新編碼：得分為1至4，得分愈高者，表示內在功效意識愈高。3至4分者重新編碼為1，以「高度」表示；1至2分者重新編碼為2，以「低

度」表示。

族群認同

　　M1‧在我們（台語：咱）社會上，有人說自己是「台灣人」，也有人說自己是「中國人」，也有人說都是。請問您認爲自己是「台灣人」、「中國人」，或者都是？（1）台灣人（3）兩者皆是（2）中國人（原住民、不知道，以及拒答設爲遺漏值）

第八章

公民社會之發展與台灣民主化

江明修、林煥笙

壹、前　言

　　學者Salamon首先提出「全球結社革命」的觀點，說明主張全球化浪潮下，公民社會（civil society）組織獨立於國家與市場之外，同時為社會帶來重要影響。在這個全球治理的時代下，新興的公共議題不斷湧現，加上人民需求日益增加，過度負荷的政府部門，實已無力單獨應付社會所需。因此，在公民對政府普遍保持不信任感的時代，新興的公民社會組織似乎能更積極擔負起彌補社會需求和政府供給之間落差之角色，並有助於真正落實公民社會與社區意識之創發，及消弭疏離感。公民社會不僅是推動民主的重要力量，同時，也是鞏固民主、穩定社會的關鍵角色，不論是經濟、文化、社會範疇或思潮，都勢必與公民社會有所關連，這也促使學界開始投入研究公民社會的工程，以台灣而言，近年也掀起了一股「公民社會」的研究熱潮，呼應公民社會組織的興起，實際上也順應全球化之浪潮，扮演另一監督政府之角色，有助於民主體制之深化，另也對國家治理有正面之助益。在此社會愈趨開放、多元之狀態下，更有利公民社會之建構，使國家漸漸走上「善治」之路。

　　就台灣在政治體制的變遷歷程而言，論者主張，政府之政治體制從遷台初期的威權鞏固，逐漸改變為威權轉型，進而再轉換為民主轉型，近年則走向民主鞏固；在此走勢之下，政府角色與社會力量已開始產生調整與釋放，就我國的政治傳統而言，社會一向受到國家強力的管制，在此種情形下，要求國家與社會融為一體，甚至平起平坐，確實需要時間醞釀，也

因此，「公民社會」如何更趨於穩固？「公民文化」如何建構？政府、企業，以及公民社會等三者間的角色，孰輕孰重？以上各項課題確實值得吾人深加探究。

而台灣在1987年解嚴前後始，公民社會逐漸獲得發展空間，並且在經濟的高度成長和政治民主化之後，人民更加有能力與管道參與社會發展與公共事務。近年來，非政府組織在數量與業務上，都有顯著之增加與擴充，同時也提供多樣化的社會服務，此對於形塑公民社會來說，具有關鍵性的影響。大致而言，我國目前的非政府組織，雖然尚未發展至與公部門和私部門分庭抗禮的境界，然而，未來勢將更加成熟，並具備承擔社會責任，承擔穩固的公民社會之責。另者，在全球治理的框架下，公民社會將建構出以非政府組織為主要行為者的跨國性議題聯結網絡（林德昌，2010），以台灣而言，台灣非政府組織所涉入的跨國性議題眾多，也適時地扮演了台灣在國際社會間的一些參與角色，這與台灣的公民社會發展狀況及政治民主化程度有相當的關連。基此，本章將針對公民社會的發展議題，以及台灣民主化過程進行討論，也嘗試讓此兩個研究範疇相互對話，期以產生符合論述。

本章的章節安排為：首節將進行概念上的討論，將公民社會概念作一介紹。次節則進一步論述全球化現象與公民社會之發展，並探究台灣對全球公民社會的認知與行動。接著，第三節則將分析有關台灣公民社會的發展現況，並以社會、文化及公益等三個範疇作為探討焦點。最後為結語，主要就台灣的民主化過程，與公民社會發展的相互形塑關係加以說明，並兼述其演化趨勢，作為本篇文章總結。

貳、公民社會為何

關於公民社會的概念、定義上均有多元的說法，以下，將釐清公民社會概念的內涵。

　　「公民社會」一詞主要是由英文"Civil Society"翻譯而來，但也有「市民社會」、「民間社會」，甚至還有「民間會社」之說法，因學科範疇之應用而有所差異，如國內的社會學者則多用市民社會之譯名。廣義而言，公民社會就是公民所組織建構而成的社會，論者認為在這樣的社會裡，國家要以法律及其他方式保護公民的權利，免受侵犯，而公民亦應實踐其責任與義務。此外，也有較為狹義的說法，將公民社會視為一個由自主、多元開放的社會團體所組成的「公共領域」（public sphere）。

　　上述「公共領域」是指一種讓公民就公共事務進行聯繫、溝通和集體行動的社會空間（呂大樂、陳健民，2001：372-373）。事實上，前述的「公共領域」並不受國家政府所控制，即使公民社會與人民所涉及的經濟、文化、社會等領域關係密切，但公民社會仍有別於我們一般所理解的「社會」，一般意義的社會包含個人關係網絡，到家庭的社會組織，公民社會並非一般的「私」領域，同時，也不是爭取控制國家為目標，帶有政治意涵上的「公」民社會，概括地說，公民社會具有特殊的社會互動模式，其關注者並非以個人利益為依歸，主要功能是將個人利益整合為公眾利益，是介於「公」、「私」之間的一個領域，並成為「公」與「私」之間的媒介體。然而，這個領域亦由許多社會團體所組成，像是公民組成的宗教團體、職業團體（醫師、工會、商會……）、社群團體（族群團體、同鄉會、宗親會……）、專業性功能團體或機構（學術團體、基金會、非營利組織、婦女、環保、人權運動團體……）等等。上述的這些團體身為公民社會的組成份子，還必須具有自主（autonomous）及多元開放等特質。陳健民（2010：11）認為，所謂自主，是指這些組織在決策及財政上有相當的自主權，不受到國家或市場上個別公司所控制。所謂開放，是基於自願性（voluntary）的原則，是指公民可同時隸屬多個組織，而不會受到個別的組織所宰制。

　　此外，要特別說明的是，即使「公民社會」一詞為英譯詞，中文層面的譯義也有數個，本文採用「公民社會」的說法，主要著重在：以「公民」身分個別的參與公共事務和公共領域，本身享有特定的權利和義務，

亦受到法律的保障與約束，強調現代公民的身分及合法權利保障下，公民
自願結社、自主自治的多元社群，及其活動的總稱。另如「民間社會」與
「市民社會」的說法，本文認為前者較近於傳統的民間社會，亦具備社會
自主之空間，但似乎較缺乏現在公民身分的涵容性，及公民社會的開放
性；後者則主要用以描述歐洲在十九世紀城市資產階級的市民組織、社會
活動及其影響而來，另一方面也顯示社會領域的特性，是在社會城市化下
所衍生而來。基本上，公民社會仍是較偏向由自由的公民和社會組織機構
所自願組成的社會。

就台灣目前的公民社會發展狀況而言，台灣在有關公民社會的討論
中，主要是始於80年代政論性雜誌，對於社會運動抗爭的性質及角色的論
爭（何方，1990：39）。而在90年代中，社會變遷分析及非營利組織的
學術論文之中，往往也針對公民社會概念多所談論與琢磨。政府來台灣之
初，即為傳統的「威權體制」（authoritarianism）之統治，政策明顯呈現
一種「政治戒嚴、經濟自由」的特性，對於民間的集會結社則給予相當壓
制，這對於公民社會的發展當然產生不良影響。直到1987年前後，解除戒
嚴帶來的是公民擁有組織政黨、結社、集會、言論自由等憲法的權利，解
嚴後出現了不少的社會運動，諸如環境運動、女權運動、學生運動等均紛
紛湧現。也連帶地促使社會團體的快速成長，以內政部統計資料而言，台
灣地區的全國性社會團體在1988年只有821個。1996年躍升為2,456個，接
著再從2000年的3,964個到2006年的6,565個，2007年則增加至7,470個，光
從2000年至2001年間即增加了414個組織，這些項目團體的類型都是屬於
全國性團體，但若是包含全台其他的地方性團體及職業團體，截至2009年
底，總數已達到44,658個，數量可觀。

台灣公民社會的特徵及條件，比起歐美國家，雖然還不算是非常充分
與穩定，但也只是程度問題，未來必然有逐漸改善的可能，公民社會的穩
固與否，絕對與國家民主轉型和社會價值深化至為相關，以台灣來說，台
灣目前的政策形成往往須經過由下而上的公民辯論，就是與公共意見有所
關係，就此來看，台灣的確是已經朝向一個穩定且純熟的公民社會邁進。

參、全球化治理與公民社會

前文中也曾提到「全球結社革命」的觀點，說明全球化浪潮下，公民社會組織獨立於國家與市場之外，同時爲世界帶來重要影響。而自二十世紀末以來，國際政治與經濟情勢產生劇烈變化，世界各國政府的財政狀況都日益吃緊，市場經濟與政府機制雙雙發生失靈的現象，人民對政府的應變與危機處理能力逐漸感到失望和不信任，因此，「師法民間」或「效法企業」等措施，則成爲各國政府爭取公民支持的基調，因而引發一連串的行政改革風潮，也產生了「全球化治理」的概念。而這種全球化治理的機制，也對國家造成影響，傳統由上而下的權威式統治方式，已無法切合實際情況，以往圍繞以政府爲核心的治理結構，對於社會或人民日漸增加的要求，已難以充分回應，必須倚賴其他社會力量及非政府組織之銜補，才得以穩固。

首先，在全球化的概念框架之中，公民社會的角色在於跨國性的議題連結與在地化的議題倡導，涉及全球性的治理議題逐一浮現，像是災難管理、國際援助、貧窮、人權保障、和平維護、生態環境保護、醫療疾病預防、兒童老人福利、反歧視、社會企業、社區營造等議題，公民社會在面對這些重大的議題之時，必須要對跨國的議題連結，及在地的行動倡導，具有明確的發展目標，並且擁有永續發展的能力，以處理這些多元複雜的全球治理議題。由公民社會所建構的議題聯結，其主要的行爲者之一即是非營利／非政府組織。在此命題之下，能否取代或分擔政府的角色功能？其本身的能力逐漸受到關注。換個角度來說，治理模式鼓勵非政府組織參與治理機制，著眼於公民社會中公民權、公共參與的理念，而不是意味著非營利／非政府組織較政府組織更有績效（鍾京佑，2003）。此外，在全球化治理的框架與公民社會的概念中，也產生了「全球化公民社會」的詞彙，其意涵包括了：從公民社會的全球化觀點，強調公民社會的理念、語言與制度，如何從原本的區域擴散到其他新的地方，並在新的地方發酵與反饋；或是以全球治理的觀點，認爲全球公民社會是爲了處理全球層次

中，新的社會生態政治與經濟問題（潘若琳，2005）。

　　再者，以台灣公民社會行動與發展，在全球治理的趨勢中而言，實際上，台灣在全球國際社會認可及國際政治視角中，仍是受到一些限制的。公民社會的發展穩定與否，與非政府組織的活躍與多元，亦有相當程度之關係，以台灣而言，運用非政府組織之名義，參與國際社會之活動或議題，已成為在國際發聲的主要途徑之一。上述曾提及全球公民社會所面對的數種重大議題，台灣不僅在某些領域中，以非營利／非政府組織與國際社會或國際組織接軌，同時也付出實際的參與及投入心力，舉例而言，在災難管理方面，有慈濟功德會、中華救助總會、法鼓山慈善基金會等；國際援助方面，則有如國際紅十字會；人權保障有兩公約施行監督聯盟；醫療疾病改革則有中華民國愛滋感染者權益促進會、台灣醫療改革基金會、台灣路竹會等；兒童老人福利議題，則有國際兒童村、台灣世界展望會；反歧視議題，有中華民國婦女協會等。總括上述，雖然台灣的非政府組織在國際參與方面，尤其是在與國際非政府組織的交流與互動上，有相當程度的表現，但是，能否呈現國內公民社會的意見，是觀察其是能否落實「在地行動的重點」（鍾京佑，2003）。

　　前面討論了全球公民社會與台灣公民社會之交集，以下將針對台灣公民社會的發展進行歷史脈絡的闡述，事實上，也與台灣的民主化過程關係密切。1949年之前，基本上，較無公民社會蹤影存在的，此時期的非政府組織發展可說幾乎呈現真空狀態，與政府之互動往往大多是聽命行事。到了1949年至1980年時期，政府仍是採取傳統由上而下的權威方式，非政府組織相對於政府而言，僅能扮演附庸、配合演出之角色。一直到了1980年代開始，可說是我國在邁向民主政治過程中，相當重要的時期，在此時間內，大量的社會運動發生，也進而使政府做出政策的鬆綁與妥協，此時期傳統的威權體制已逐漸產生質變，而1987年的宣布解除戒嚴、1988年的開放黨禁和報禁等，都是台灣公民社會萌芽發展的重要里程碑。實際上，全球化的發展也從1980年迄今，開始出現了變化，世界各地紛紛發出全球在地化的訴求與行動，也成為公民社會須面對的趨勢之一。非政府組織在全

球化的發展下，開始注意全球化的議題，同時，非政府組織亦必須重視與關心本土的事務（蕭新煌、孫志慧，2000；邱連枝、官有垣，2009）。

最後，從2000年的初次政權輪替，或可顯示民主化體制逐漸趨於穩定，而公民社會也更獲得萌芽與發展，此與民主深化有關，民主政體獲得鞏固當有助於公民社會的建構，兩者亦能產生相輔相成的效果。然而，事實上，伴隨著全球化與民主化的效應，台灣之公民社會發展在整體自主性上，並未獲得預期的提升，而某些較知名，或擁有豐富資源的非政府組織持續發展，其他多數較小型的非政府組織，則須倚賴政府的支持與補助，相對之下，其與政府的互動關係也有所不平等，若依此發展下去，非政府組織是否能延續組織使命與價值，將令人憂心。進言之，台灣之非政府組織因與政府之關係互動十分密切，往往也導致在財務管理上喪失自主性的情況，且也反映在財源補助普遍不均且管制不當上，不少非政府組織在組織運作所需資金之中，政府補助所佔比例偏高，有些非政府組織在運作經費、人事安排、軟硬體設施等，都對政府具有高度依賴性，因此，對非政府組織自主性形成阻礙。如此一來，非政府組織或將淪為政府施政之背書工具，也將使非政府組織降了其參與公共事務的公信力，亦折損非政府組織的使命與成效。

台灣的公民社會，未來要走的路仍很長遠，政府似宜積極鼓勵其與國際接軌，並增進其與國際非政府組織間的互動關係，政府也應持續推動非政府組織之間的互動關係，並鼓勵非政府組織爭取國際會員資格，走向國際化，進而發揮其在國際事務決策過程的影響力。另一方面，在全球治理的發展趨勢下，國內非政府組織應更為瞭解跨國界議題的特性，有些非政府組織非常積極參與關於人道援助、醫療、衛生議題的國際事務，在這些組織有的皆累積不少海外服務、救援或國際合作的經驗，展現出為國際社會貢獻與關切的意圖。然而，尚有不少國內非政府組織受限於環境因素，缺乏接觸而欠缺更寬廣的視野，難以與國際接軌，此則有賴於政府部門提供經費與聯繫方面的協助。

總括上述，目前政府已與非政府組織有著相當程度上的互動關係，在

經費補助、協助服務遞送、給予租稅優惠，以及釋出方案委託等方面，均有所協助，此也促進了現今非政府組織的日漸發展。對照國外而言，台灣在非政府組織、非營利組織、社會企業的相關建置上，已略具規模，亦有相關法令藉以參照，惟仍需要政府與非政府組織之間，建立起更完善的公私協力的夥伴關係，此關係須包含溝通、協調、監督、課責、承諾、評估等功能，方能在輔助非政府組織，推動非營利組織產業化及社會企業政策方面，發揮充分效力，以促進經濟、文化、產業的發展，進而促使公民社會趨於完備。其實，社會、文化以及公益等三個因素，更是構成更完善之公民社會之核心要素，也是檢視公民社會良窳之關鍵指標，這將是下節的重點。

肆、公民社會的三種層面：社會、文化、公益

吾人將針對公民社會，進行多元觀點的檢視，以下將依次說明之。

一、社會層次

前面曾經提到，台灣政府之政治體制從遷台初期的威權鞏固，逐漸改變為威權轉型，進而再轉換為民主轉型，近年則走向民主鞏固，其實也不過是約60年的過程而已。就我國的政治傳統而言，社會一向受到國家強力的管制，在此種情形下，要求國家與社會融為一體，甚至平起平坐，確實需要時間改變，以宏觀的角度觀之，政府角色的轉換與社會力量的重組態樣，的確需要以國家與社會互動層面下細加觀察，而在國家部門之內，相關政治行動的主要決策者為政府；社會領域中，相關社會行動的總集合體便是公民社會，換言之，國家與社會之相互關係即反映於政府與公民社會之互動議題上。

以歷史變遷的角度，再對照台灣的民主化過程，本文在此擬將「社會」層次之焦點放在「社會運動」概念上，追本溯源，社會運動的興起

與影響，在一定程度上，確實能夠詮釋台灣公民社會之發展，與民主化過程之影響與關係。分析架構上，有兩種觀點，分別是：「資源動員論」（McCathy & Zald, 1977）與「網絡動員論」（Della Porta & Diani, 1999）。研究者進一步描述此兩種不同觀點的內容，資源動員論的原型，主要提出社會運動組織往往由菁英籌組，因為基層人民缺乏能力與資源從事動員，此論點後來得到修正；「網絡動員論」則是認為社會運動本質是流動的，它並不一定需要正式的組織結構，更重要的是行動者的網絡，此說法捨棄了資源，而著重於行動者參與（陳健民、陳韜文，2006：110）。

　　以整體系絡而言，台灣所發生社會運動較為接近「網絡動員論」之性質，在1970年代以後就出現不少社會運動，如1979年的美麗島事件；1989年要求「國會全面改選」示威遊行；1990年「野百合學運」要求解散萬年國會等，為數頗多者，是為了爭取自由結社權利，與反對政府威權體制統治而集結起來，雖然，這些社會運動當時並未得到立竿見影的效果，但確實為日後公民社會的興起建立基礎。自1980年代開始，可說是台灣在邁向民主政治化過程中，相當重要的時期，在此時間內，大量的社會運動興起，同時也逐漸代表民間的意見，與執政者進行談判。總而言之，在此時期的民主政治轉型過程中，威權體制的統治方式，一直受到公民社會的挑戰，國家機關的自主能力，也受到公民社會的質疑，民間社會勢力乃蓬勃崛起，也造成社會出現對於政策合法性的認同危機。基此，政治反對運動乃成為公民社會運動者觀摩的對象，終於演進成一股銳不可擋的社會運動。台灣的公民社會發展，受惠於龐大的社會運動，也關乎政治體系轉型及結社自由的爭取，基此，運用社會運動作為判準，確實可以針對台灣公民社會的發展系絡與民主化過程之關係，一窺其堂奧。[1]

1　「社會資本」概念與台灣的非政府組織及公民社會發展，甚至與民主政治都是十分相關的。社會資本之調查也可視為是非政府組織發展的一項參考指標。公民社會與民主政治之關係與未來發展，如透過社會信任感的強化、自主規範的建立等方式檢視培育社會資本之狀況也是重要的研究範疇。本文因篇幅限制，在此並未論及。

二、文化層次

公民社會是目前在全球化議題下所受到重視的課題，也與民主發展與多元參與價關係密切，以台灣目前的行政體制而言，中央政府仍是掌握多數的職權與資源，台灣五都合併升格的市長選舉甫於2010年11月27日落幕，此次五都合併升格提供了一種區域整合與行政劃分的新起點，事實上，五都合併可能不僅是民主政體與地方自治體制的變局，也可能對台灣的公民社會發展多所關連，因此，勢必也將形塑成新型態的公民社會文化。而以構成公民社會文化的重要因素——「公民文化」而言，學者Boulding（1988）則認為公民文化代表著一種模型，並且負責管理在陌生人群體之間的互動關係，而這些陌生人群將構成一個公共體系，藉著這種互動關係，創造出一種共同公益的觀念，由此可知，Boulding所提到的公民文化，乃包含了公共性與公益性。

事實上，若從概念性上的公民文化轉化到實質面向的層次，文化政策或文化研究對於公民所建構而成的公民社會，在公民身分的建構與公民社會的發展上也扮演重要角色，王俐容（2009）指出，有許多學者已討論過文化政策對於公民權落實的重要性，例如，著重文化公民權與公民社會的關係。其亦進一步指出，從歐洲社會發展文化公民權的經驗顯示出，文化公民權對於公共認同，公民參與及落實民主有著重要影響。以台灣而言，與公民社會相互結合之文化政策，以1993年提出的社區總體營造為發軔，著重在社區參與的重要性，以社區參與、共同經營建構社區居民自己的公民社會，透過公民在社區活動中進行「文化實踐」，凝聚民主政治意識之產生。此外，除了社區總體營造強調公民的共同參與、公民認知的製造外，文建會提出的「文化公民權宣言」，不僅對台灣發展文化公民權有所啟迪，也對民主深化有所影響，文化公民權宣言於2004年提出，再次強調文化公民權之重要性，文建會也進一步對文化公民權運動進行說明，經由社區總體營造推動「文化公民」概念，將文化藝術納入政府對於人民應保障之權利，強調不同族群與文化差異背景的公民參與及平等（包括原住民、客家族群、新住民等），最後，則是建立共同的公共文化（陳其南、

劉正輝，2005）。

　　總括來說，公民社會的文化勢必將在國際全球化、台灣民主化的系絡內容中，不斷擴大與充實，然而，雖然台灣外部與全球化的發展接軌，內部之民主程序與地方自治精神濃厚，逐漸朝向發展成一個更成熟的公民社會文化前進，但公民社會是否能獨立於政府與市場之外，保有自主性而不受到泛政治化的干擾？以及是否能持續提升公民文化的公民參與和公共性等面向，都將是台灣進入「民主鞏固」時期，公民社會的危機（或許也是轉機）所在！

三、公益層次

　　從公益觀點觀察公民社會，吾人深知，公民社會即是以自願性的形式存在，並以非營利為導向、不同於政府、企業的一股力量，關切的議題以公益議題為主，包括像環境保護、社會福利、教育改革、勞工權益，以及更具體的實務問題，如垃圾處理、營建廢棄土清運、河川污染防治等環保議題，機場捷運、都會區大眾捷運、藍色海上公路等交通建設議題，地方產業外移和輸入外勞所引發的失業問題，振興地方農、漁、牧產業的問題，都市及區域規劃的議題，水資源管理的問題，發展觀光產業議題，以及城市行銷和聯合對外招商的議題等等，均是公民社會在關懷公益方面的實際體現，換言之，公民社會是一個以自主結社為基礎、以追求公益為目標的人道社會。

　　實際上，帶有公益性質的非政府組織，在中國歷史上萌發甚早，且以各種不同形式在不同朝代出現，例如北宋時期范仲淹及其子范純仁、范純禮於范氏義莊中設置義塾，供族內貧寒子弟就學；明、清兩代逐漸發展，以賑災濟貧為主要目的的「善堂」；類似於現在台灣社會上的守望相助隊性質的「義莊」，以及地方仕紳創辦的「義塾」、「書院」等，像書院、善堂以及義莊等組織均可視為是非政府組織早期歷史的代表形式，也反映出中國在歷史上，民間公益慈善傳統的展現。

　　以台灣而言，公民社會逐漸站穩腳步，也眞正開始推動公益活動的時候，還是得追溯到1980年代之時，此時可說是我國在邁向民主政治化過程中，相當重要的時期，在此期間，民間團體開始多關注慈善、教育、福利、文化等事業，例如：慈濟伊甸社會福利基金會（成立於1982年）、台灣兒童暨家庭扶助基金會（成立於1985年）、創世社會福利基金會（成立於1988年）、勵馨社會福利事業基金會（成立於1989年）兒童福利聯盟文教基金會（成立於1989年）等等。從另一角度來看，這些組織的紛紛成立，也相當程度分擔了部分政府的公共職能。時至今日，非政府組織除了直接或間接擔負了政府所應該提供的服務之外，還能對公共議題進行倡導，此作用可讓社會大眾及政府，察知受服務對象的權利，以及其應得的公平待遇等，對於公共利益促進，與社會正義實現都甚有幫助。

　　目前台灣登記立案的公民團體主要有：社會團體、宗教團體、職業團體、政治團體、社區型組織等，從相關統計數據顯現，不論是哪一類型的團體，都有逐年成長之趨勢，然而，公民社會的公益層面，也並非全然無失，即使目前台灣已處在民主鞏固階段，政府也對公民團體之設立採尊重及開放之態度，並且也嘗試減少公民社會的障礙，提供一個友善的環境來鼓勵公民社會發展，但國家的法令規範以及行政部門的裁量權，都深刻影響公民團體的發展走向，如民間組織的專業化程度低、政府法令紊亂且繁多、民間組織的財務透明度問題，及公益責任問題，因無具體立法，導致政府不易協助民間組織，以及組織決策淪爲寡頭政治等等組織實務運作上的許多問題，均尚待改善，因此，未來政府應大力培養非政府組織之能力建構與透明化，畢竟，台灣民主政治發展良好與否的關鍵，在於是否有良好的公民社會。

伍、結　論

　　以概念描述來說，公民社會其實是處在政府體制與市場經濟互相涵容之狀態之中，並具備公民意識、自治觀念、法治觀念、契約精神、公益

精神與公民參與等深厚的文化底蘊。若以公民社會之發展與民主化過程之關連而言，公民社會是現代民主政治能否順利運作的關鍵。公民社會的存在，代表一個國家的人民關心公共事務，重視政治參與，並且知道如何以集體結社的方式影響政府的施政。

回顧台灣歷史發展進程，在公民社會發展方面，先後經歷了蓬勃社會運動以奠定基礎，也有民主政治轉型之後的效果，及結社自由的實踐之持續發展，同時，也必須在全球化變遷的系絡下，逐漸發展，並有所行動，也因此厚實了台灣公民社會。黃肇松指出，[2]雖然「台灣目前的確是五千年來華人社會裡發展得比較接近公民社會的」，但台灣在民主化的過程中也產生了很多問題，包括政治的對立、社會的兩極化等。台灣的政治是在高度懷疑的氣氛中進行的，令媒體也常常產生立場的對立，在仍存有現實問題與潛在問題之下，對於進一步推動台灣成為更完整的公民社會，是有所不利的。

而在立足當前，展望未來的觀點下，吾人應該對於國家目前的民主化政治與公民社會未來之發展，感到欣慰與樂觀，即使台灣在公民社會的概念發展和實務操作方面，都仍有不小的改善空間，但在民主政治體系之下，凝聚社會資本、改革國家制度與引導社會發展，甚至是讓國內的社會行動，轉型為全球公民社會的行動力等等，均尚有賴公民社會的力量，予以推展，因此，如何健全公民社會，進而產生正面的影響，進一步促成社會與國家進行良性互動，以及透過不斷的資源互補與相互制衡關係，進以建立起民主政治發展的良性循環機制，將是台灣公民社會未來發展的重要課題。

---

[2]　請參考http://w.chinareviewagency.com/doc/1016/4/9/9/101649908_2.html?coluid=93&kindid=2788&docid=101649908&mdate=0405091510。檢閱時間：2011年8月30日。〈黃肇松：台灣比較接近公民社會〉，時間：2011年4月5日，資料來源：中國評論新聞網。

參考書目

中文部分

王俐容，2009，〈文化政策與公民建構：以台灣與中國大陸為例〉，載於江明修（主編），公民社會理論與實踐（頁116-134）。台北：智勝。

林德昌，2010，〈全球公民社會對國際非政府組織在中國大陸發展的影響〉，《東吳政治學報》，第28卷，第4期，頁93-146。

呂大樂、陳健民，2001，〈在家庭與政治社會之間〉，載於陳祖為、梁文韜（主編），政治理論在中國（頁372-373）。香港：牛津。

江明修，2010，〈全球治理下非營利組織的發展與前瞻，非營利組織的發展與前瞻研討會〉，中華救助總會、國家圖書館主辦。

邱連枝、官有垣，2009，〈非營利社區文化產業的運作與影響：苗栗縣社區營造組織的兩個個案研究〉，《國家與社會》，第7期，頁29-86。

陳健民，2010，走向公民社會—中港的經驗與挑戰。香港：上書局。

陳健民、陳韜文，2006，〈香港公民社會及其社會動員：組織與網絡的互動〉，《第三部門學刊》，第6期，頁107-124。

陳其南、劉正輝，2005，〈文化公民權的理論與實踐〉，《國家政策季刊》，第4卷第3期，頁77-88。

何方，1980，〈從民間社會論人民民主〉，《當代》，第47期，頁39-52。

鍾京佑，2003，〈全球治理與公民社會：台灣非政府組織參與國際社會的觀點〉，《政治科學論叢》，第18期，頁23-51。

潘若琳，2005，〈全球公民社會與台灣：以國際人道救援為例〉，東海大學政治學系主辦，「整合全球化與在地化：21世紀政治學研究的新趨勢」學術研討會，台中：東海大學（2005年12月24日）。

蕭新煌、孫志慧，2000，〈台灣非營利部門的未來〉，收錄於蕭新煌編，《非營利部門－組織與運作》（頁481-495）。台北：巨流圖書。

英文部分

Anheier, Helmut K. 2004. *Civil Society: Measurement, Evaluation, Policy*. London: Earthscan.

Boulding Elise, (1988). *Boulding a Global Civic Culture*, Syracuse: Syracuse University Press.

Salamon,Lester M. eds. 2004. Global Civil Society: Dimensions of the Nonprofit Sector. Volume Two. US.: The Johns Hopkins Comparative Nonprofit Sector Project.

第九章

新聞自由與台灣民主化

彭懷恩

壹、前　言

　　就近代民主政治的發展歷程來看，新聞媒體（Press）的自由一直是重要關鍵的指標。而新聞自由的取得，有很大程度要歸功於人民反抗政府的英勇鬥爭。在英國，星室法庭（The Court of Star Chamber）的廢除（1641）、報刊許可制的終結（1694）、福克斯誹謗法案的頒布（1792），以及實行於1853年至1861年的報刊稅的廢止，正是經過這些改革，新聞報業終於獲得自由（Curran and Seaton, 2005）。

　　在新聞自由的抗爭史上，有三個歷史事件建構了我們對新聞自由的觀念。第一位是米爾頓（1608-1674）的《出版自由請願書》（Areopagitica），他認為，每一個人應當享有自由「獲知」、「陳述」和「辯論」的三種權利。就如請願書中所說：「殺死一個人，只是殺死一個理性動物；但不准好書出版，乃是毀滅理性的本身。」第二位是英國移民美洲的出版人曾格爾（John Peter Zenger），他因創辦《紐約週報》（*New York Weekly Journal*）與當時總督考斯貝（William Cosby）針鋒相對，最後因言賈禍入獄，由著名律師漢米爾頓（Andrew Hamilton）為之辯護，主要論點是：「這是自由的問題，就是說與寫，出諸『事實』，以揭破與對抗專制權利的自由問題。」第三個是美國開國後的《憲法第一修正案》（The First Amendment），清楚的明文規定「國會不得制定法律……剝奪言論自由與出版自由的法律」。由於這些抗爭，建立了新聞自由的重要性。就如美國第三任總統傑佛遜的名言：「鑑於政府的基礎是建

立在輿論之上，第一個目標當是扶植輿論；如果本人有機會可在兩者間作一選擇：有政府而無報紙，抑或有報紙而無政府，本人將棄前者而取後者，沒有一分鐘的猶豫。」

中國報業的萌芽始自清末，最早是基督教傳教士所創的《察世俗每月統計傳》（1815）。其後有中外人士陸續加入。據統計從1842年到1891年，中國都會報刊總計已有七十六種，教會辦占十分之六（賴光臨，1978）。在國人經營的報刊中，著名人士有黃勝、伍廷芳、陳靄亭、王韜等人，他們都在香港、或接受西方教育，或與外人相接近，都具有現代知識和世界眼光（賴光臨，1978）。1895年之後，政論報刊勃興，主要報人有康有為、梁啟超、汪康年、黃遵憲、嚴復等人，介紹民主憲政思潮，鼓吹富國強兵之道，在媒體的角色上，也明確強調：「監督政府」和「嚮導國民」，反映維新人士的思想。與之相對的是孫中山先生倡導的革命報章，如陳少白的《中國日報》、章炳麟的《蘇報》、于右任、連橫出的《四報》、同盟會的《民報》等，鼓動了革命風潮，最終於1912年達到推翻滿清、建立民國的目的。

民國建立後，新聞事業更是蓬勃發展，新報紛紛建立，全國報紙達270家。臨時約法雖規定人民有言論著作刊行的自由，但政治現實卻非常黑暗，主要原因是野心政客、軍閥為爭權奪利，對手無寸鐵的主筆、記者、編輯，威脅利誘，甚至綁架暗殺。從民初到1949年，中國政治體系一直處於內憂外患的動盪時局，新聞自由無理性滋長的環境，新聞媒體也沒有安全成長的空間，最終是國共內戰、兩岸分治的悲劇（曾虛白，1996）。

從1949年迄今，在台灣的中華民國政府歷經了威權統治（1949-1986）到民主化的政治轉型（朱雲漢，2004），在這六十多年的政治發展中，新聞媒介與政治體系之間的關係密切。新聞媒介歷經了「白色恐怖」的壓制，到反威權統治的抗爭，及民主化之後爭取到新聞自由，卻很快的又面臨政商勢力強力介入，又產生許多問題。本論文將探討1949年以來台灣政治發展中媒介與政治之關係，作者將借用政治傳播

（political communication）所發展出的媒介模式，來解釋在威權時期與民主化轉型下，新聞媒體與國家機關的關係，並對當前媒體生態提出規約的觀點。若以問題的形式呈現，本章將探討下列兩個問題：

一、在威權時期，台灣新聞媒體與權威當局的關係，是哪種的模式？
二、民主化階段，台灣新聞媒體朝向哪種模式轉型？

貳、比較媒介制度 —— 新制度主義觀點

政治學探討政治現象無法擺脫制度（institutions）的因素。早在亞里斯多德寫《政治學》（*Politics*）就開始為古希臘時期大大小小的城邦，提出了六種政治制度的模式，使我們掌握當時不同政體（polity polities）的特性。到了十九世紀末政治學成為社會科學獨立的學科後，「制度」再度成為瞭解當時歐洲及美國政治現象的途徑（approach），只不過早期的制度研究是以憲法、法制等靜態描述方法為主。這種研究途徑被1930年代出現美國的行為主義批判，一度沈寂。及1970年代歐美學者重新重視制度的結構作用，於是新制度主義（new institutionalism）再度成為政治研究的主流典範（paradigm）。

觀察一個國家的媒介與政治之間的關係，透過新制度主義的重要分支「歷史—制度主義」（historical institutionalism）是很好的切入點。一方面可以認識政治當局控制與規約媒介的來龍去脈，另方面也可以掌握兩者結構化的互動關係。在探討媒介與政治的古典研究中，1960年代學者塞伯特等（Siebert et al., 1965）的《四種報導理論》是劃時代的著作，雖然他們並沒有用新制度主義的概念，但在分析途徑上是屬於制度或體系（system）的。因為他們將世界上的報業理論（theories of press）分為：自由主義式（libertarian）、社會責任式（socially responsible）、威權主義式（authoritarian）及蘇維埃式（soviet）等四種模式（參見表9.1）。

表9.1

模式	定義
自由主義模式（商業式）	媒介組織可以自由出版發行他們所喜歡的東西。攻擊政府的行為是被允許的，為了更好的社會利益，甚至鼓勵這種行為。記者與媒介組織被賦予完整的自主權。
社會責任模式	媒介組織並無法完全隨心所欲自由地出版發行，因為他們對社會負有特定的義務，必須提供資訊與平衡。媒介組織必須提供所有團體都能獲得相關資訊的管道。媒介組織與政府共同作為建構文明社會的夥伴。
威權主義式	媒介組織必須經由直接的政府管控滿足國家的需求。不允許媒介組織印刷或播送任何可能破壞既定權威體制，或侵犯既存之政治價值的內容。如果有破壞規則的媒介組織，一旦被發現，就必須受到審查與懲罰的管制。
蘇維埃式	理論上，媒介組織是為了勞工階級的利益而運作的，而其限制／審查權的觀念，則是透過與勞工團結在一起的記者的覺醒所賦予的。在實際運作上，國家以極權主義模式掌控蘇維埃式媒體。

　　雖然塞伯特等學者的《四種報業理論》被批判為稍嫌簡化，並且被視為冷戰下的產物（Nerone, ed. 1995），但這種研究途徑對於以一種概括方式來探討新聞媒體與政治之關係，的確提供一個有幫助的起點。因為這四種模式中，不同國家的政媒關係是有不同的形貌。在塞伯特等發表《四種報業理論》之後，許多傳播學者相繼發展新的模式，如馬奎爾（McQuail, 1983）、奧丘（Altschull, 1984）、哈其頓（Hachten, 1981）等，他們都認為要針對開發中國家或地區提供新的模式，即「發展式理論」（development theory）。就如馬奎爾所說的：「經歷從低度開發和殖民主義，最後獨立的轉型社會，通常缺乏金錢、基礎建設、技術、閱聽人來維持廣泛的自由市場媒介體系。一種更積極的媒介觀點便顯必要，即把焦點放在國家目標與發展目標，以及自主與國家團結等需求，在這種情境下，政府選擇性的分配資源，適度限制新聞自由可能是合法的。」（McQuail, 1983）

2004年，學者哈林與馬西林（Hallin and Mancini, 2004）在《比較媒介制度》（*Comparing Media Systems: Three Models of Media and Politics*）進一步針對當代民主國家的政媒關係提出新的模式：分別是「地中海地區或極端多元模式」（Polarized Pluralism Model）、「北歐／中歐地區的民主統合模式」（Democratic Corporatist Model）及「北大西洋的自由模式」（Liberal Model），並以四種變項：「報紙產業」、「政治平行主義」（political parallelism）、「新聞專業性」（journalistic professionalization）及「國家在媒介制度上的角色」（role of the state in media system）作為比較不同模式的標準。（見表9.2）

表9.2

模式	定義	奠基的國家
自由模式	市場機制與商業媒介的相對主導。就相對性而言，國家在媒介組織中所扮演的角色是比較微弱的。	英國、愛爾蘭、美國
民主統合模式	商業媒介與聯繫於組織性與政治性團體的歷史性共存。國家的角色相對來說是活躍的，但在法律上是有限制的。	北歐大陸
極端多元模式	媒介組織整合進政黨政治中，就歷史的發展來說，商業媒介是比較衰微的。國家在媒介組織中的角色是強大的。	南歐的地中海國家

本章將借助於上述學者對於不同國家的政治與媒介之間的模式，來檢視台灣從1949年迄今的政媒關係。基本上假設，在政府遷台到1986年解嚴，台灣是屬於威權主義式與發展式的混合模式。到了解嚴之後的民主化階段，台灣轉型到自由主義式與極端多元的混合模式。

參、威權統治下的政媒關係──威權主義式與發展式的混合模式

　　李金銓（2004）說：「台灣從1949年到1986年戒嚴時期，媒介受制於寡頭結構的政治生態。……台灣當局當年以戒嚴之名，鎮壓大眾參與；聲稱政治穩定是經濟發展的前提，反共必須有統一的領導。媒介是國家意識形態的機器。當局壟斷黨、政、軍的『三結合』，控制龐大的言論喉舌，並吸納私營媒介為意理輔助機構。如同拉丁美洲的官僚威權模式。」這段話很清楚的呈現威權統治時期台灣的政媒關係，但要細察台灣政媒關係的歷史，還必須上推到1945年日本戰敗，台灣光復到蔣經國晚年解除戒嚴（1986），其間又可分為三個階段：戰後初期、白色恐怖時期，與解嚴前夕時期，來看當時新聞媒體的動態。若依媒介模式的特徵來看，台灣在威權時期是威權主義式與發展式的混合模式。

一、戰後初期的台灣報業

　　日本統治台灣時，對新聞報業採特許制，實施事前檢查，初期台灣只有三家報紙，其後增為六家，其中唯一由台灣人創辦的是《台灣民報》，在文化啟蒙運動展開後，報紙成為台灣人抗日鬥爭的重要思想傳播工具（呂東熹，2010）。

　　1945年二戰結束，接收台灣的國民黨政府解除日本殖民時期的報禁，戰後三個月向內政部登記的報紙就有十一家。及228事件之前，台灣已登記的報刊有二十八家，另根據留台日人的調查在1946年到1947年，台灣報刊共有六十種（呂東熹，2010）。惟新來的陳儀政府治理無能，加上經濟民生的衰退，社會治安的每下愈況，報刊與廣播對執政者的批判與日俱增。根據官方的說法，媒體在228事件中扮演極為重要角色（賴澤涵等，1993）。

　　有關228事件發生的原因及其過程，學者論述很多（陳芳明編，

1989），不在本章探討範圍，但此事件的影響非常深遠，迄今仍未平息。因為政府派軍直接鎮壓，逮捕殺害與事件相關的台籍精英，查封報社及電台，使原本百花爭鳴的新聞自由，剎那間走入最寒冷的冬天（呂東熹，2010）。對於台籍精英而言，從以日文為主的寫作轉變成中文已是困難重重，再加上228事件的武力鎮制之威脅，使台灣論述急速減少，相對的，中國大陸來台人士因掌握較佳的政治關係，加上專長於中文寫作，使228事件後的台灣新聞媒體轉變成延續中國大陸的報業經營模式及大中華的論述。誠如陳芳明（1989）所述：「228事件的影響，已變成台灣文化深層結構的重要部分。」

　　從228事件到國民政府遷台，台籍人士創辦的報紙只有李萬居的《公論報》、林頂立的《全民日報》，及李瑞標的《民鐘日報》，及1949年政府頒布戒嚴令，接著頒布「台灣省新聞雜誌資本限制辦法」，再對報業實施紙張配給政策，更是對報業經營構成威脅。

　　相對於民營報業的困難，國家機關透過其「國家統合主義」（State corporatism）的運作，由黨政軍特分別介入報業，扮演執政者宣傳的工具（彭懷恩，1984）。《台灣新生報》為長官公署的宣傳機構，國民黨中央宣傳部在台南創辦《中華日報》，國防部宣傳處則於台中成立《和平日報》，台灣省黨部發行的《國是日報》（晚報）。這些官方或半官方的媒體分據北中南，與民營報紙展開競爭。在此艱困時局，只有《公論報》發揮言論監督的媒體角色，取得民眾信任，由於言論客觀，報導詳實，贏得「台灣大公報」的盛譽（呂東熹，2010）。

二、白色恐怖時期

　　1949年國民黨失去大陸，撤守台灣，政權面臨嚴峻生存威脅，在5月19日頒《戒嚴令》，陸續實施「懲治叛亂條例」、「戡亂時期檢肅匪諜條例」，大舉逮捕涉嫌叛亂與中共有關係的「異議份子」，此謂之「白色恐怖」，據統計從1950年到1987年解嚴為止，台灣共發生兩萬九千件政治相關案件，牽涉人數達十四萬人，約有三千到四千人遭到處決，其中不少是

新聞從業人員。（何振盛等譯，2004）

　　研究極權主義（totalitatianism）的學者漢娜‧鄂蘭（H. Arendt）指出，極權主義不僅是全面（total）控制社會，更重要的特徵是讓人民活在朝不夕保的恐懼之中，如陳芳明（1989）所說：「白色恐怖，並非只是指對人身體的監禁與殘殺而已，最重要的還是在於這種政策對個人身體、心靈造成的徹底傷害。白色恐怖政策的最大作用，乃是無需對每位人民進行迫害，就可使全體被統治者完全屈服。繼1947年228事件的大屠殺之後，50年代恐怖政策的震懾效果，可謂無遠弗屆。」

　　戒嚴時期的黨國體制是屬於威權主義（authoritarism）的統治，但依學者溫克勒（Winckler, 1984）的分析可分為兩階段：硬性威權（hard authoritarianism）及軟性威權（soft authoritarianism）。前者是蔣介石在50、60年代的統治時期，後者是蔣經國於80年代的統治時期，兩者的差別在對付異己的方式的高壓與懷柔。筆者在《台灣發展的政治經濟分析》（1984）書中，則是從軍事威權朝向技術官僚威權的轉變，作為兩者的差異。簡而言之，白色恐怖時期就是硬性威權主義。

　　就政媒關係而論，此一階段的媒介理論是屬於威權主義的控制，其特徵是：

　　（一）實行出版特許制度，限制報刊的發行。
　　（二）實施新聞的事前檢查，防止反對或不利於政府的言論刊出。
　　（三）報刊如攻擊政府或不利於政府的言論，政府對新聞人員得予以處罰，對報紙得勒令停刊。
　　（四）政府自辦報刊，作為控制言論的工具。
　　（五）對於新聞從業人員，威脅利誘，並且頒發宣傳指示。

　　就政治經濟學的觀點，國民黨遷台後是採用「國家統合主義」的思想，來掌控民間社會的經濟活動，一方面有龐大的國營事業，對於具壟斷性、獨占性的領域，以國家或公部門的法人組織經營。另方面對於私營事業，也容許其依法設立，自主經營，但對後者，黨國體制是設立各種特許

的半官方組織由上而下的協商統合，如「中華民國工商協進會」等。在新聞媒體部分，國民黨中央黨部下有「文化工作會」、「新聞黨部」等組織建立「縱向」與「橫向」的網絡關係。所以，雖然是民間辦報的《聯合報》、《中國時報》，或如《自立晚報》，其內部從業人員或被納入國民黨的組織或成為相關人士監控的對象。

根據李金銓（2004）的分析，國民黨透過國家機器控制媒體的政策有下列幾個特點：

（一）以黨政軍三頭馬車方式進行，有國民黨文工會（以前稱為四組）；在政府方面則由行政院新聞局負責；軍特方面包括警備總部、國家安全局、國防部總政戰部。

（二）一方面以軍警特（槍桿子）鎮壓異己，另一方面利用媒體（筆桿子）塑造特定的世界觀。

（三）對於媒體控制寬鬆不一，廣電系統直接操縱，報紙管制嚴格，但仍有黨報、黨員報及黨友報之分。

（四）廣電的控制並衍生出惡質的國家資本主義的矛盾典型，一方面加強意理控制，另外則又強化商業利益。

為了落實國家統合主義從上而下的控制媒體，執政黨訂出許多法律及行政命令對新聞媒體進行管制，如國家總動員法，限制報館、通訊社的設立；戒嚴法則提供對出版物施行售前審查等限制；出版法和出版法施行細則，為出版物限張、限印等提供「法」的規範，懲治叛亂條例更令新聞從業人員為之膽寒，深恐被扣上「為匪宣傳」的帽子而入獄。

執政當局一方面透過報禁等手段控制新聞媒體，另方面又以各種優惠的措施對媒體進行軟性控制，如報紙不必繳納發行營業稅；省政府從政令宣導補助費下，撥款補助里鄉辦公室訂閱報紙；再者提供新聞傳播人員搭乘國營交通工具的優惠等等。除上述明文的補助優惠之外，國民黨文工會也透過補貼稿費等方式，籠絡親政府的文化人撰寫支持執政當局的文章。

白色恐怖時期，執政黨雖然以軟硬兼施的手段來限制新聞自由，但

爭取自由民主的在野運動卻此起彼落。其中最重要的事件有《自由中國》事件與《文星》雜誌事件。前者是由胡適、雷震、杭立武、王世杰等自由主義人士於1949年11月20日在台北創刊，初期是國民黨運用來改善國際形象的刊物，但隨著美國支持國府，簽訂中美共同防禦條約之外，台灣政局轉趨穩定，《自由中國》雜誌的存在價值就不重要，但雷震「假戲真做」將雜誌成為批評時政的媒體。1956年蔣介石七十大壽，《自由中國》推出「祝壽專號」邀請胡適、徐復觀等著名知識份子分別撰文對蔣公及執政黨提出建言與批評，卻引起執政當局不滿，視為「思想走私，為共匪統戰鋪路」（李筱峯，1987），連對主張言論自由，都批評為「毒素思想」。但《自由中國》仍堅持自由、民主、人權的理念，連續推出專文，其中包括：

　　台大哲學系教授殷海光的言論，主張多黨政治與反攻大陸短期無法實現等言論，激怒保守的執政當局。1960年的地方選舉，因為在野的本土精英與《自由中國》的重要成員期望能成立新的政黨參與選舉，終於使台灣警備總部以涉嫌叛亂，拘捕了新黨秘書長雷震及《自由中國》編輯傅正，並令雜誌停刊，最終是雷震被判刑十年，新黨運動受到打壓無疾而終。

　　《文星》雜誌創立於1957年11月，原本是文學、藝術具學術氣息的刊物，但到了1961年11月第49期開始，因李敖等新青年的加入，編輯重心轉向，大力提倡現代化、宣揚科學與民主，許多自由主義知識份子和殷海光、李聲廷都是《文星》重要的筆陣，其結果於1967年發行到等90期遭查禁與停刊的命運。不久，李敖也被羅織罪名，涉入彭明敏的「台獨」案而入獄。

三、軟性威權時期

　　1970年代，台灣無論在政治及經濟方面，都呈現大幅度的轉變，主要因素是國際環境。在政治方面，美國開始與中共關係正常化，使台灣面臨嚴峻的外交困境，經濟方面因兩次石油危機的衝擊，造成全球性的不景氣，使台灣以外貿為主的經濟體系，面臨衰退的打擊。這關鍵時刻，接續

蔣介石領導的蔣經國展開政治及經濟上的改革，鞏固國民黨的統治正當性。惟其威權統治的本質並未改變，只是在手段上較白色恐怖時期軟化許多，所以稱之為「軟性威權」（Winckler, 1984）。

　　觀察台灣政治發展的新聞媒體與政治當局的關係，可以察覺其與白色恐怖時期已經有所不同，雖然在威權統治的本質上是一致的，但性質上可以用哈其頓（William A. Hachten）在《世界新聞》（*The World News Prism*）的分類，即「發展式模式」。他說：「在最近數十年來，開發中世界的國家在政治獨立後已出現權威主義概念的變異——發展式概念」。學者宣偉伯（W. Schramn）與冷納（D. Lerner）認為在這些國家，大眾傳播對國家整合與經濟發展的實現，十分重要。在這概念下的發展模式有下列特點：

　　　　（一）所有大眾傳播工具——報紙、廣播、電視、電影等皆須由中央政府動員起來，以幫助國家完成啟迪民智，建立政治意識與協助經濟發展。

　　　　（二）因此媒體應支持當局，而非向權威挑戰，異議及批判政府是不適當，出版自由也必須符合社會發展需要，予以限制。

　　　　（三）資訊是國家資產，統治者與被治者之間的資訊流通是由上而下，新聞與資訊必須用於促進國家目標。

　　　　（四）國家面對的首要是貧窮、疾病、不識字等問題，因此個人言論自由及公民權利並非當務之急。

　　　　（五）在國際新聞處理上，應以國家主權的觀念管制外國新聞媒體人員及消息的進出。（Hachten, 1981）

　　以上述的特徵來看蔣經國時代的政媒關係，一方面延續威權主義的本質，另方面已開發一些言論及新聞自由的空間。

　　鑑於失去國際支持的危機，蔣經國展開本土化政策，即選拔新一代的政治精英，涵納到國民黨的領導階層，其方式是透過行政部門政務官的任命及立法部門的國會議員增補選。當時蔣經國的重要左右手，救國團主任李煥即扮演橋樑溝通的功能，透過《大學雜誌》的改組，廣泛吸納新一

代的知識份子，逐步進入領導團隊，這些本土精英包括了李登輝、施啓揚等，改變了國民黨「外來政權」的形象。

但是並不是所有的本土精英都被黨國機器收編，也不是所有知識份子都支持蔣氏父子的「家天下」政權，在威權政體逐漸開放的同時，新的在野力量透過地方選舉及中央民意機關的增補選，所提供政治參與管道，展開新一階段的集結。在《大學雜誌》完成助蔣經國接班的任務後，對台灣未來不同的取向，也就是統獨議題的萌芽，促使《台灣政論》雜誌的誕生，這本由立委黃信介擔任發行人，康寧祥擔任社長，張俊宏爲總編輯的刊物，成爲蔣經國時代第一份反對派媒體，甫出刊即造成轟動，也引起情治單位的注意，警總在第5期即下令停刊。惟其發揮政治傳播的功能，使1975年12月的增額立委選舉，以「黨外」名義當選有康寧祥、黃順興、許世賢等。接著1977年的五項地方選舉，黨外人士更一舉取得了四位縣市長，二十一席省議員，隱然有形成新的政黨的態勢。各形各色的黨外雜誌，紛紛創刊，提倡政治改革，主張全面改選，直接挑戰國民黨的一黨威權統治。

爲了強化對出版物的管制，從1967年開始以「爲加強對匪文化作戰，取締違法出版品」爲由，警總在各種「違法出版品」的取締，即所謂「文化審檢工作」。對黨外雜誌進行查禁與整肅（呂東熹，2010）。這些鎮壓手段包括了查禁、查扣、停刊、停照之外，還羅織文字獄，令不少的黨外人士在誹謗罪等名義下入獄，包括了陳水扁等人在內的《蓬萊島》雜誌案（田弘茂，1997）。

但政治參與的熱潮一旦被動員，是很難平息，爲了宣傳政治理念，黨外人士除了辦雜誌之外，就是出書，如康寧祥的《問政三年》、姚嘉文的《護法與變法》、陳鼓應的《民主廣場》、黃煌雄的《國民黨往何處去？》等都引發新一代青年的共鳴與對台灣民主化的期待。1978年12月原本要進行的中央民意代表選舉，因美國總統卡特承認中華人民共和國；與中華民國斷交被政府宣佈而中止，黨外人士失去合作參政的管道，朝向建立政黨方向而努力。《美麗島》雜誌就是在這關鍵時刻創辦，誠如李筱峯

（1987）所說：「美麗島雜誌以社委的形式組成，網羅了全台各地黨外人物，在實質上具有政黨的雛形，因此《美麗島》被視爲黨外運動的機關刊物。」

　　透過《美麗島》雜誌各地分社之成立，再加上宣傳之號召，黨外勢力的成長已威脅到國民黨政權的生存，於是有計畫的鎮制隱然成形。最終在1979年12月10日，黨外於高雄舉行的國際人權日紀念大會大遊行，與當局派出的大批軍警發生嚴重的流血衝突，於是治安單位於13日清晨，一舉逮捕美麗島雜誌的重要領導幹部，一夕間，反對運動被打入谷底（何振盛等譯，2004）。可是，爲《美麗島》高雄事件被告的辯護律師團，很快的又成爲後美麗島時代的領導人，這些律師包括了江鵬堅、尤清、陳水扁、張俊雄、蘇貞昌、謝長廷等，都投入1980年代的各項選舉，逐步恢復了反對運動的生氣。

　　在《美麗島》雜誌創刊的同時，康寧祥的《八十年代》扮演溫和派的角色，在總編輯司馬文武的領導下，也培養了一批新生代的黨外雜誌俊彥，包括了林濁水、林世煜、林正杰等，他們在高雄事件後也陸續自辦刊物，再加上出身台大；熱衷黨外運動的年輕人，如吳乃仁、邱義仁等投入黨外雜誌的市場，使1980年代開始，黨外雜誌如雨後春筍，不顧警總的查禁，此起彼落，進入百花爭鳴的戰國時代，而且在言論尺度上，不斷升高，執政當局由於考慮國際形象，爭取美國對台灣的支持，無法對之採取查禁、停刊以外的鎮壓手段，因此，台灣的言論自由已大幅的開放（李筱峯，1987）。

　　從1984年開始黨外政治人物再度朝向組織化的方向，試圖突破執政當局的「黨禁」限制，於是有「黨外公共改革研究會」的誕生，由原本是國民黨的立委費希平掛名理事長，聯合當時黨外的公職人員。相對的，由新生代的黨外雜誌負責人也另組「黨外編輯人聯誼會」，立場更爲激進。但他們在參與體制內選舉上並無「實質」差異，於是「1985年黨外選舉後援會」就水到渠成，並正式推出42位候選人參選，並獲得可觀的成績。國民黨領導階層終於認清台灣多元政治是無可抵擋的事實。

　　1986年5月海外異議人士率先宣布成立「台灣民主黨建黨委員會」，刺激了島內的黨外人士「公策會」也提出組黨的時間表，7月秘密成立「組黨行動規劃小組」，8月公開舉辦「行憲與組黨說明會」，並以一連串的街頭運動從事宣傳，終於促成9月28日民主進步黨的建立。執政黨主席蔣經國決定持寬容應對之策，並透過陶百川、楊國樞、胡佛、李鴻禧等中介溝通。一週後，蔣經國在國民黨中常會發表「時代在變、環境在變、潮流也在變，執政黨必須以新的觀念、新的作法，在民主憲政的基礎上，推動革新措施。唯有如此，才能與時代潮流相結合，才能與民眾永遠在一起。」兩日後，10月7日蔣經國總統在接見華盛頓郵報董事長葛蘭姆時，表示政府將儘快取消戒嚴。自此，台灣民主化工程終於開始啓動。次年7月15日，台灣、澎湖地區解除戒嚴。1988年1月1日，長達40年的報禁解除，自此，平面新聞媒體可自由設立，發行與增加版面。於是新報紙如雨後春筍，定期發行的報紙一度激增到四百家（2001），但很快就面臨激烈的競爭與淘汰。

　　長達近四十年的戒嚴，國民黨的威權體制下，統攝台灣大眾媒介的主流意識，是透過所謂的「二報三台」，即平面媒體的《中國時報》、《聯合報》與「台視」、「中視」、「華視」，來運作「意識形態的國家機器」（Althusser, 1984）。在國內外學者的眼中，這些媒體是黨政軍統治的複合體（complex），建立起一套複雜的恩庇侍從網絡，由黨、政及軍方高層從上而下的掌握人事。就算是掛著民間公司法人的中時與聯合，但其發行人皆爲國民黨的中央常務委員，雖然不全然接受政府宣傳的要求，但也不牴觸政府設定的政治尺度（陳曉開，2011）。

　　相對於主流媒體以「泛中國意識」意圖建立政治共識，本土報業只有《台灣日報》與《自立晚報》。由於前者的經營權屢次變動，很難維持一以貫之的立場。相形之下，《自立晚報》因以較爲公允的角度報導黨外及社會運動，使其成爲政治異議人士及反國民黨民眾認同的新聞媒體。惟在戒嚴法等相關法令的限制下，報紙等媒體有關政治的報導，皆謹守當局所建立的「共識空間」及「具有合法性的爭議空間」，幾乎未觸及「不可接

受的爭議空間」，也形成台灣媒介報導內容資訊娛樂導向，現實功利掛帥的「框架」（陳曉開，2011; Batto, 2004）。

肆、民主化後的政媒關係──自由模式與極端多元模式的混合型態

蔣經國晚年的重大決策：開放黨禁與解除戒嚴，對台灣民主化是關鍵的里程碑。但政治體制全面轉型的民主工程並非一蹴可幾。在解嚴初期警總仍然照舊運作，「臨時條款」賦予總統的緊急權利之條文依然有效，不同的是「國家安全法」將觸犯之罪的定義更為清楚，且刑罰較輕，並由軍事審判改為司法審判。政府對媒體報導之管制逐漸解除。1988年《自立晚報》三位未經核准赴大陸採訪的記者開釋。同年11月康寧祥發行的報紙《首都日報》正式出刊。廣播媒體方面，1993年政府開放更多的廣播頻道予民間。電視則是遲至1997年始有為反對派發聲的民視開台。惟自解嚴後，政治言論尺度是大幅擴張，雖然，1989年初，《自由時代》雜誌發行人鄭南榕因抗議政府箝制新聞自由而自焚，但其雜誌內容主張在當時已經沒有什麼法律可以令其入獄。

1988年1月13日蔣經國逝世，由副總統李登輝繼任，除了國民黨內保守派的暗中抵制外，他贏得多數民意的支持，隨後他以一連串高明的政治手腕，達到他的改革目標，包括了國會的全面改選、總統的直選、削減省政府的編制，改革的外部效應是強化本土化的意識形態與論述。這些加強台灣主權的動作，引發中共的強烈不滿，與兩岸關係的緊張，導致1996年台海危機升高至美國介入，甚至，派兩個航空母艦戰鬥群進行危機管理。

1990年代，李登輝的本土化取向，使國民黨內部出現主流派與非主流派的鬥爭。雙方都動員了媒體進行意識形態的論戰，導致台灣政媒關係走向「極端多元模式」。這十年間國民黨一連串的分裂鬥爭，給予民進黨於2000年取得政權的機會，陳水扁當選總統完成政黨輪替，之後，更進一

步裂解國民黨與媒介的關係。2003年立法院正式通過黨政軍退出媒體的決議，形式上完成媒體民主化工程（Rawnsley, 2007）。

2003年港資《蘋果日報》登台，其新聞娛樂化的取向，爭取到對政治極化對立的民眾之青睞，也改變了整個媒體生態，因為《蘋果日報》將政治等公眾人物的隱私暴露於閱聽人的面前，引起電子媒體的跟進報導，產生極高的收視效果，於是台灣新聞媒體開始轉向「蘋果化」，這使媒體生態趨向於「自由報導」的思維發展。以下將解嚴後的兩階段之政媒關係，分別討論，探討台灣民主鞏固階段的新聞自由問題。

一、政治平行主義的激化

過去對民主國家的媒介制度之討論都是以自由模式與社會責任模式為主（Dominik, 2007），近年來，哈林及馬西林（Hallin and Mancini, 2004）進一步細分民主國家的政媒關係有三種模式。其中極端多元模式是很適合來解釋台灣民主化後的媒體與政治之現象。

所謂政治平行主義（political parallelism）是指媒體在功能及權力行使上，與國家或政治機構間的分殊程度，在內容上是否能反映國內政治意識形態的光譜分布。簡單的說，當報導與政黨之間，以及與讀者之間有高度的聯繫關係（Hallin and Mancini, 2004）。

這報業不只是指平面媒體的報紙、雜誌，也包括了電子媒體的新聞頻道，政治平行主義的特徵就是無論是不同的報紙或電視，在新聞報導與評論上，都與不同的政黨有密切不可分的關係，形成「各擁其主」，彼此不相交的平行關係（Blumler and Gurevitch, 1995）。

台灣進入李登輝時代，隨著國家機器對媒體的鬆綁，長期被壓制的「台灣本土意識」開始挑戰「泛中國意識」，而李登輝為了擴大統治的權力基礎，瓦解原本的黨政軍結構，與本土報業進行「策略聯盟」關係，這在1990年代的《自由時報》的崛起，得到最好的明證。

　　《自由時報》負責人林榮三，自1970年代中期因擁有雄厚的土地資產，就以政商兩棲身分進入政治圈，當選立法委員（1975-1979）、監察委員（1980-1991）、監察院副院長（1992-1993），李登輝總統時期的國策顧問。他緊抓當時李登輝強調的「本土化」路線，以「台灣優先，自由第一」為口號，與當時主流的《中國時報》、《聯合報》在政治意識形態進行區隔，爭取到本土意識強的讀者，並開始接收支持《自立晚報》的市場。

　　1992年《聯合報》因報導「中共政治局常委李瑞環不惜血洗台灣」的新聞，而引發李登輝強烈批評，台灣本土精英社團聲援李登輝，發起「退報」運動，台灣媒體的統獨對立自此迄今未止。誠如陳曉開（2011）論文所述：「聯合報所面臨退報事件只是當時李登輝所領導國府進行意識形態權力鬥爭過程中的一部分罷了！但這期間突顯出，在政治意識形態論述鬥爭中，台灣報紙的所有權人及其所表示的言論皆涉足其間，本身甚至是特定意識形態言論的代言人，此現象在國民黨內展開主流派及非主流派間的鬥爭；乃至而後分裂出新黨及後親民黨的多次政黨板塊重組中，都不斷重複出現。」

　　1990年代中期，《中國時報》原本在主流與非主流對立時，採旁觀的態度。但在1997年李登輝接受「德國之聲」專訪時提出「兩國論」之後，創辦人余紀忠親自主導批判，與當局分道揚鑣（林麗雲，2008）。自此，台灣新聞媒體的「政黨化」；所謂政治平行主義的「楚河漢界」很清楚劃分出來。新聞不是客觀事實報導，而是通過政治立場的眼光加以建構的真實（constructive reality）。

　　台灣民主轉型與本土化一直有密切關係，加上中國經濟崛起、國際地位揚升對台灣構成生存發展的壓力，使統獨議題的「環境變項」只增不減，激化媒體的「政治平行主義」程度。所以，當2000年民進黨取得政權之後，「統派」vs.「獨派」媒體之間的意識形態戰爭是延續李登輝時代，且有更僵固化的趨勢。瑞斯萊（Rawnsley, 2007）即認為：「此一現象充分顯現出台灣民主發展僅停留在初步的鞏固階段，完全不符合共和國

政治要求的識讀公民資格。」李金銓（2004）也批判說：「在威權時代爭取本省人的權益是民主的，是解放的，但權力已經再分配的過程，本地人掌權，如果媒介再刻意渲染簡單化、本質化的身分認同，在歷史傷痕上撒鹽巴，這是傷害、報復和排擠大陸族群的意識形態。……一言以蔽之，台灣媒介自由化了，但沒民主化。」

二、媒體生態丕變的時代

台灣經過報禁解除後十年的媒體競爭環境，自由化的市場發揮了汰弱留強的作用。李秀珠（2006）認為，報業解禁後，台灣報業市場已經歷三種競爭壓力，一為1993年有線電視合法化，將24小時輪播新聞方式帶入市場，吸引觀眾改以電視新聞為主要消息來源；二是電子報（網路新聞）的出現，排擠大眾，特別是年輕人的媒介使用行為；第三則是香港《蘋果日報》於2003年5月在台灣創刊，直接衝擊報業市場結構及行為。

有傳播學者認為早在報禁之前，台灣新聞媒介的競爭已有羶色腥（sensationalism）的惡質化傾向，但在國家統合主義的運作下，台灣媒介邏輯（media logic）是比較符合「社會責任論」。但在自由化後，台灣報業並未出現多樣化（diversity）發展，卻在形式或內容上開始朝向同質化，版面上變化是「各報改版亦步亦趨，彼此模仿移植」（蘇蘅，2003）。因此，並不是因為《蘋果日報》進入台灣市場而使台灣主要的新聞媒體全面走羶色腥新聞的路線。但要追究原因，還是因為有線電視新聞的普及，加上電子網路新聞的免費供應，使報業讀者人口減少，廣告營收下滑，造成報紙競爭的生態使然（陳曉開，2011）。

就在台灣報業一方面處於政治平行主義的意識形態對立，一方面又有電子媒體的競爭壓力之夾殺環境下，《蘋果日報》進入台灣市場，這份被香港學者蘇鑰機（1997）形容為「報紙雜誌化、娛樂版新聞化、新聞版娛樂化、副刊生活化」的成功商業報紙，不僅對台灣報業市場構成新的威脅，其對公共人物隱私之報導，具議題設定（agenda setting）之強大效果。許多研究顯示，2003年以後的台灣新聞報導都有蘋果化的傾向（陳澤

美，2010）。

　　台灣主流報導面臨如此嚴峻的生存壓力下，開始進入一場無休止的裁員、停刊與轉售的惡夢，最早退報是1999年初的《自立早報》，其後《自立晚報》也進入不斷易手轉賣的命運，最終是2001年10月停刊（呂東熹，2010）。國民黨旗下的報業因政權輪替失去公部門機關的支持，先是減薪減張，再而優退合併，最終仍於2006年停刊。2005年《中時晚報》也宣布停刊，2006年《大成報》、《星報》相繼結束。最戲劇性的是中時集團，2002年還以家族資金購入國民黨旗下的中視及中天電視台，但因虧損過大，到2008年金融風暴的衝擊下，居然易手給旺旺集團。

　　2006年美國《洛杉磯時報》北京分社社長麥馬克（Mark Magnier）在一篇文章指出，亞洲的印刷與廣電媒體記者常常是政府與富商的啦啦隊，而台灣媒體則是這地區最具侵略性（aggressive）的一群，其無所忌憚的新聞作風，既是制衡，也是混亂，他將解嚴前後台灣媒體特徵的轉變，定位爲從哈巴狗（lap dog）到瘋狗（mad dog）的歷程（轉引胡元輝，2007）。似乎能說明民主化後的台灣媒體的特性，與描述早期黃色報業時期自由主義式的報業模式，若合符節。

伍、結　論

　　1949年迄今，台灣政治發展歷經40年，到1980年代中期開始朝向民主政治轉型，雖然歷經波折，終能建立華人世界第一個民主政體（田弘茂，1997）。

　　在這段民主化過程中，新聞媒體也一直參與政治變遷的進程，先是遭威權當局的「白色恐怖」鎮制，其後在「發展取向」的政策上，經常面臨動輒得咎的困境。所幸在蔣經國晚年的開放決策下，開放報禁，及李登輝的民主工程，使廣電媒體也爭取到自由發展的空間。惟自由化帶來的市場競爭壓力，加上缺乏公民社會的媒體素養，使台灣新聞業出現「政治平行

主義」與「自由模式」的負面效應。這些民主化後的問題，顯示台灣在民主鞏固的政治工程上，新聞媒體在爭取自由的言論空間後，仍面臨許多應改進的挑戰。

參考書目

中文部分

田弘茂，1997，〈台灣民主鞏固的展望〉，田弘茂等主編，《新興民主的機遇與挑戰》，台灣：業強，244-291。

朱雲漢，2004，〈台灣民主發展的困境與挑戰〉，《台灣民主季刊》，1（1），143-162。

何振盛等譯，Denney Roy著，2004，《台灣政治史》，台北：商務。

林麗雲，2004，《台灣傳播研究史——學院內的傳播學知識生產》，台北：巨流。

林麗雲，2008，〈變遷與挑戰：解禁後的台灣報業〉，《新聞學研究》，95，183-212。

呂東熹，2010，《政媒角力下的台灣報業》，台北：玉山社。

李金銓，2004，《超越西方霸權：傳媒與文化中國的現代性》，香港：牛津大學出版社。

李秀珠，2006，〈台灣媒體競爭市場之報紙內容多樣性之研究〉，中華傳播管理學會年會論文。

李筱峯，1987，《台灣報業自由40年》，台北：自立報業。

胡元輝，2009.05.08，〈台灣報業的明天不在昨天〉，財團法人卓越新聞獎基金會，上網日期：2010/03/21，取自：（2007）《媒體與改造》，台北：商周，http://www.feja.org.tw/modules/news002/article.php?storyid=173

陳澤美，2010，〈九十七年報紙出版業概況〉，《2009年出版年鑑》，台北：行政院新聞局。

陳曉開，2011，〈政治社會轉型的媒體與政治：台灣與義大利的媒介制度比較分析〉，台北：世新大學傳播所博士論文。

陳芳明編，1989，《二二八事變學術論文集》，台北：前衛。

彭懷恩，1984，《台灣發展的政治經濟分析》，台北：風雲論壇。

蘇蘅，2003，〈消息來源與新聞價值——報紙如何報導『許歷農退黨』效

應〉，《新聞學研究》，50，15-40。

蘇鑰機，1997，〈完全市場導向新聞學：《蘋果日報》個案研究〉，陳韜
　　文、朱立、潘忠黨主編，《大眾傳播與市場經濟》，香港：鑪峰學會。

賴光臨，1978，《中國新聞傳播史》，台北：三民。

曾虛白，1996，《中國新聞史》，台北：三民。

賴澤涵等，1993，《悲劇性的開端——台灣二二八事變》，台北：時報文
　　化。

羅世宏，2008，「政治置入性新聞對新聞可信度之影響」，《新聞學研
　　究》，95，213-238。

英文部分

Alexander. J. (1981). "The Mass News Media in Systemic, Historical and
　　Comparative Perspective." In Katz, E. (ed.), *Mass Media and Social
　　Change*. Beverly Hills: Sage. pp.17-51.

Altschull, J. H. (1984). *Agents of Power: The Media and Public Policy*. White
　　Plains, NY: Longman.

Altschull, H. (1995). *Agents of Power: The Media and Public Policy*. New
　　York: Lonhman.

Althusser, L. (1984) 'Ideology and Ideological State Apparatuses.' In *Essays
　　on Ideology*, London, Verso.

Batto, P. R. (2004). The Consequences of Democratisation on Taiwan's Daily
　　Press. *China Perspectives*, 51 January-February/Taiwan.

Blumler, J. G., & Gurevitch M. (1995). Towards a Comparative Framework
　　for Political Communication Research. In Blumler, J. G., & Gurevitch, M.
　　(1995). *The Crisis of Public Communication*.

Curran, J., & Jean Seaton (2005). *Power Without Responsibility: The Press*,
　　Broadcasting, and New Media in Britain, 6th ed. Routledge.

Diamond, L. (1999). *Developing Democracy: Toward Consolidation*. Baltimore
　　and London: The Johns Hopkins University Press.

Dominick, J. R. (2007). *The Dynamics of Mass Communication*. McGraw-Hill.

Hachten, W. A. (1981). *The World News Prism*, Iowa State University.

Hallin, D. C., & Mancini, P. (2004). *Comparing Media Systems: Three Models of Media and Politics*. Cambridge and New York: Cambridge University Press.

Kean, J. (1990). *The Media and Democracy*. Cambridge: Polity Press.

McQuail, D. (1983). *Mass Communication Theory: An Introduction*. London: Sage.

Nerone, J. C. (ed); Berry, W. E. et al. (writers) (1995). *Last Rights: Revisiting Four Theories of the Press*, Urbana and Chicago: University of Illinois Press.

Rawnsley, G. D. (2007). The Media and Democracy in China and Taiwan. *Taiwan Journal of Democracy*, 3 (1), pp.63-78.

Siebert, et al. (1956). *Four Theories of Press*, Urbana IL. University of Illinois.

Stevenson, R. (1988). *Communication, Development and the Third World*. New York: Longman.

Voltmer, K. (ed.) (2006). *Mass Media and Political Communication in New Democracies*. London: Roultege.

Winckle, E. A. (1984). "Institutionalization and Participation on Taiwan: From Hard to Soft Authoritarianism." *The China Quarterly*, No.99. pp.481-499.

第十章

台灣民主化與人權發展

周志杰

壹、前　言

　　馬英九總統自上任以來，極力推動我國於1967年即已簽署之《公民與政治權利國際公約》（International Convenant on Civil and Political Rights, ICCPR）與《經濟、社會、文化權利國際公約》（International Convenant on Economic Social and Cultural Rights, ICESCR）兩項國際人權公約的國內化（internalization）工作，期使兩公約具有我國國內法的效力。立法院於2009年3月31日正式批准前述兩公約後，同時通過兩公約之施行法，經總統於是年12月10日簽署後正式施行。自此，兩公約條文及其相關解釋成為台灣的國內規範，可為所有執法人員與民眾直接適用。此一努力除了代表中華民國已完成「國際人權法典」（International Bill of Rights）的國內法化工作，使得在地人權規範與主要之國際人權文件（international human rights instruments）接軌，更可視為我國重視人權保障之具體作為（參見表10.1）。此舉不僅提昇台灣的人權標準，亦將促進人權施政與保障的改善與落實。環顧全球，台灣成為唯一建構完整人權規範機制的華人社會，並為我國欲以民主與人權價值，作為在國際社會自我定位與兩岸交流上所發揮之「軟實力」，建構堅實的基礎。美國國務院所發布的「2010年各國人權實踐報告」（Country Reports on Human Rights Practices for 2010）中，即將台灣列為尊重人權的國家[1]；在公民與政治權

---

[1] 參見http://www.state.gov/g/drl/rls/hrrpt/2010/eap/154383.htm.（瀏覽日期：2011/10/24）

利方面，著名的國際人權非政府組織自由之家（Freedom House）在2011年的年度報告（*Freedom in the World* 2011）中，亦將台灣列為「自由」（free）的國家。[2]然而，回首台灣半個多世紀以來的人權發展，以及政府播遷來台後的人權實踐，能夠取得今日的成績，可謂朝野官民之間在反覆進退與衝撞的血淚交織中，伴隨著政治的變遷與經濟的發展，一步一腳印地思量與試煉的結果。

人權價值與理念的國際化（internationalization）與法制化（legalization）是二次大戰後影響人類社會的重要發展。人權理念得以國際化與法制化的主要動因在於第二次世界大戰的災難性後果，特別是德國納粹與日本軍閥的暴行，使得人權國際化的觀念在戰後迅速獲得多數國家的認同。人權從原先的抽象概念逐步提升為具體的法律請求權利。由聯合國主導將人權規範與理念納入國際法的範疇。以國際人權規約、規約監督機構（treaty supervising body）、聯合國及相關國際組織，以及非政府組織（NGOs）所構成的國際人權建制（international human rights regime）於焉成形。藉由多邊規約的通過與生效，以及各主權國家的簽署與批准，將相關規範國內化，進而為人權的在地實踐提供實質的國內法律保障，以及各國制定人權政策與規範的重要參考與依據。循此，在國際人權規範成為人權普世化的價值內涵與動力之際，主權國家更成為人權規範國內化與人權保障落實的關鍵（Chou, 2009b）。然而，儘管諸多人權理念已然成為國際規範，但在走向法制化與國內化的實踐過程中，卻備感艱辛，台灣的經驗亦復如此。循此，本章將首先回顧人權理念在二次大戰後逐步國際化與法制化的發展，並分析人權在地化實踐與國際規範接軌的相容性。本章接續評析台灣人權發展與政治變遷互動的脈絡與歷程，並提出當前台灣人權實踐所面臨的既有困境與新興議題。最後，筆者提出今後台灣人權保障深化與廣化的發展方向與具體作為。

2　參見Freedom House, 2011, *Freedom in the World 2011*, p.16. http://www.freedomhouse.org/images/File/fiw/FIW_2011_Booklet.pdf.（瀏覽日期：2011/10/24）

貳、人權理念之法制化與人權規約之在地化

一、從價值理念轉化爲法規權利

　　人權是每一個人與生俱來自然享有的基本權利，凡生而爲人即享有人權，不因背景地域的差異而有所不同（張佛泉，1993：4）。人權源自人性與人的道德；乃人之應有者，無法將人權讓渡他人或對其剝奪侵犯，也不因背景、種族、地域、環境與時間不同而有所差異，是社會根基於平等之概念的個體基本權利，近來更擴展至群體甚至其他物種的權利。更重要的是，人權價值的倡導與實踐自二次世界大戰結束後，透過由聯合國主導制訂與通過的諸多國際人權文件與各國的遵行與實踐，已逐步成爲普世價值。[3] 是故，人權作爲一種價值是無庸置疑的。但人權不僅是一種價值，更是一種生活方式，如此才能將此一價值落實在日常生活的人際相處上，以及個人與社群、乃至於國家機器的互動上，成爲一種根植每個人內心的觀念。若社會中的所有成員與公權力機關皆具備人權的素養與認知，人權理念與價值方能以法律的形式轉化爲個人或群體權益的請求權與救濟權，並且具體落實在生活的保障當中，而非徒具法律而無實質規範性與實踐性的形式條文。

　　如前述，人權規範不僅涉及暴行的禁止，亦包含國家應負之責任。人權規範是「在複雜、快速變遷及高度互賴的社會中，人們希望擁有尊嚴及在和平環境下追求各自的目標，所須訂定的基本規則」（Freeman, 1996: 358）。因此，人權價值國際化與法制化的目的，乃企圖將與人權議題相關的事務外部化與規約化，並據以規範國家行爲。循此，筆者歸納國際人權發展的階段性趨勢爲：（1）國內人權事務的國際化；（2）人權理念的法制化；（3）國際人權規範的國內化（周志杰，2007：15）。其發展的脈絡大體上是依循代際人權（intergenerational rights）的三階段：

3　有關二次世界大戰後的國際人權發展，參見黃默（2008：181-187）；周志杰（2010：66-78）；Jack Donnelly (1989: 16-17).

（1）政治與公民權利（基本權利）；（2）經濟、社會與文化權利（生存權利）；（3）集體權利（collective rights），重視群己間及群體間的相互尊重與發展，以及人與環境及其他生命的和諧關係（Donnelly, 1989: 210-212）。是故，國際人權發展對主權國家的法律體系與外交實踐皆產生實質影響，人權事務不再僅屬於國內司法管轄範圍，亦成爲國際關係所牽涉的議題。換言之，人權價值國際化與法制化的目的在於規範國家行爲。

二、從國內事務的排他性管轄到多邊形式的普世性保障

然而，國際人權與國家主權的扞格亦由此產生。此一爭議常被視爲涉及國際習慣法程序中，權力所具有的角色和定義。如Byers所言：「國家須行使權力介入領土內發生的所有事務，國際社會則運用習慣規則挑戰國家的專屬權力，故此爲關於排他性的爭議」（1999: 45）。因此，一方面，國際人權法學家如Bassiouni認爲「傳統以主權爲基礎的論點，不承認國際社會透過多邊形式對人權的保障，現在看來是無效的。因爲目前已有諸多條約獲得適用、國家對國際習慣法的援用，以及國際法一般原則對【國家】產生約束力」（Bassiouni, 1993: 238）。此外，法律權利可以建立在國際習慣法的基礎上，不論國家是否爲人權規約締約者，都須盡到維護國際人權的義務（Byers, 1999: 43-44）。但另一方面，多數國際關係學者對國際人權規約的有效性卻抱持懷疑的態度。Morgenthau認爲國際法秩序在無政府狀態下的國際體系中十分薄弱的，而且國際成文法向來有被權力控制的趨勢（Morgenthau, 1978: 279-288; Hurrell, 2000: 328）。特別是對現實主義者（realist）而言，由於國際法有去中心化的本質，因此當人權與主權在國際關係中產生衝突時，國際法便成爲一個無效率的機制。

不過，不容否認地，隨著人權事務的國際化與法制化，重新界定國家主權的內涵與範圍的趨勢亦日益明顯，「人道干預」之概念在國際社會中開始萌芽。儘管國家主權（即基於國家的同意）仍然是國際法的基本原則，但愈來愈多主權國家與其他國際政治行爲者，藉由讓渡主權的方

式擴展國際人權建制的範圍，並制定更多的國際規範，以制約國家主權可能的掣肘與抵抗。換言之，將主權視爲一種社會建構的結果。循此，在人權理念逐漸普及的趨勢下，國家讓渡有關人權議題之管轄權予國際建制，本身亦提高其遵守國際人權規範的意願。國際社會得以藉由人權規範與建制來監督主權國家的實踐，如此至少發揮間接保障人權的效果（Forsythe, 2001）。

此外，1970年代起，第三波民主化從南歐、東亞擴展至東歐、非洲。在民主轉型過程中，「跨國倡議網絡」（transnational advocacy networks）促成人權規範擴散及政府人權施政的改善，進一步改變民主轉型國家內部政經菁英的思惟，加速在地人權實踐與國際人權規範的磨合（周志杰，2009a）。藉由外部國際網絡與內部民間社會的結合，在既有的社會結構中形塑由下而上（bottom-up）的壓力，迫使威權政府推動政治自由化與民主化。民主政治的建立爲人權保障提供了制度化的機制，進而爲建構多元的公民社會與民主文化奠定基礎。有學者將之歸納爲規範擴散的「螺旋式模型」（spiral model）（Risse, Ropp, and Sikkink, 1999: 17-35）。此一進程始於國際社會及內部民間團體對於主權國家違反人權作爲逐漸產生意識覺醒（consciousness-raising）並施壓，國家在一段時期的抗拒後作出讓步以改善不利的內外部處境，並逐漸傾向認同國際人權規範的規範性，最終促成人權保障機制的制度化。過去60年來，台灣的人權發展與實踐，即是外部環境與內部政治變遷密切互動的顯著實例。

參、台灣的人權在地化實踐經驗：政經變遷與人權保障的扞格與磨合

一、雙重二元結構下的人權發展

有人形容半個世紀以來國際人權的發展狀態可視爲一種「不穩定的勝利」（Reiff, 1999: 36-41）。然而，持平而論，若將台灣社會所呈現的人

權狀況當作檢視國家機器人權相關施政良窳的觀察指標，顯然與「勝利」與「完善」等詞彙仍有相當之差距。如前述，從人權發展的三階段來看：（1）政治與公民權利；（2）經濟、社會與文化權利；（3）群體與永續發展權利，台灣在形式上已完備第一階段的權利，但在實踐上仍受到政治因素的影響。至於第二與第三階段權利的實踐，則出現明顯地城鄉與南北差異。若以人權的類別看來，以新住民如移工與外偶為例，甚至尚未獲得第一階段人權的完善照拂。而且，長期的威權統治與獨尊經濟發展，使得在台灣理應作為保障人權主體的國家機器，反而成為侵害人權的主體。因此，民間人權團體與社運人士長期以來即是監督與發掘人權問題的重心，從而不斷壓迫國家機器改善人權政策，以確實涵蓋傳統人權保障的標的，即個人。儘管我國憲法明訂國際法與條約的優位性，政府亦儀式性的宣稱願意遵守具普世性的國際人權法規，但當國家機器與民間社會之間，無法有效解決因為對國家整體發展之看法相異而出現的衝突時，人權議題及其保障往往仍是最受輕視的決策選項。此乃台灣長期政經發展的遺緒（周志杰，2010：69）。

　　由此觀之，台灣自二次世界大戰結束後的人權發展，事實上面臨一種「雙重的二元結構」（參見圖10.1）。

　　（1）在「外部環境」的層次上呈現「冷戰－內戰」的二元互動結構
　　「冷戰結構」變動的關鍵在於以美國為主的自由世界對中華民國政府合法性是否持續地支持（美國對華政策的變遷）；「內戰結構」的緊繃與緩解，則端視中共對台灣安全的威脅程度（兩岸關係的變遷）。前者不僅提供台灣安全上的保證，亦提供台灣發展出口導向經濟所需的市場，經濟發展的成果改善台灣民眾的物質生活，亦強化威權政府的治理合法性；後者成為政府採行威權統治的主要理由，相對地亦逐漸削弱台灣民眾對威權政府合法性的認同，導致民眾對威權統治箝制公民自由與政治權利的反感，政權合法性更與國族認同及族群間隙產生連動。兩者的發展皆不利於人權的保障與實踐：在政治上，形成了威權的「反共國家安全體系」，在經濟上，造就了「產品外銷、污染內銷」、「用健康換外匯」的經濟奇蹟。

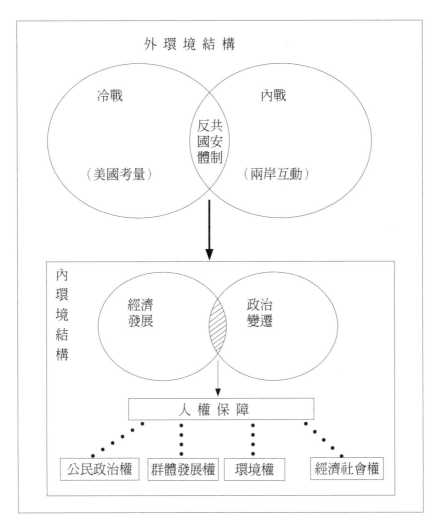

圖10.1　台灣戰後人權發展的雙重二元結構

資料來源：作者自繪

（2）在「內部環境」的層次上呈現「經濟成長－社會公義」的二元
　　磨合過程

　　在外環境的二元結構影響下，台灣的整體發展始終面臨另一個內環
境的雙重危機：長期獨尊經濟發展的結果，造成「人與環境的疏離與對

立」，對弱勢群體、環境生態與鄉村偏遠區域的權利與發展產生負面影響；民主轉型過程雖然和平，但選舉政治滲入統獨與族群間隙等因素而高度政治動員的結果，導致「人際與群己關係的疏離與對立」，民主鞏固所需的公民社會之成熟發展，被民粹政治與扒糞文化所侵蝕，不利於公民權、政治權與文化權的深化與落實（參見圖10.1）。是故，前述後遺症對人權價值與概念的推廣與保障，形成莫大的阻力。

二、公民及政治權利保障與政治變遷的互動

其實，前述「雙重的二元結構」的變化，亦是驅動台灣政治變遷與經濟發展的動因。國民政府播遷來台後，兩岸的軍事衝突自中共建政後一直延續到1960年代初期。故「反共國家安全體系」存在的「必要之惡」就是持續箝制公民與政治權利，禁止反對黨的成立與反對勢力的集結。228事件後的「清鄉掃蕩」伴隨著「白色恐怖」的登場即是明證。此一時期以《自由中國》雜誌（1949-1960）對當局的批評，以及以該雜誌為核心的自由主義人士雷震、胡適等人於1950年代末期的組黨活動最為著名（林淇瀁，2011：144-145）。最後政府於1960年以「掩護匪諜」與該雜誌言論違反「反共國策」為由，將雷震判刑入獄並關閉該雜誌。1963年創刊的《思與言》雜誌，成為延續自由主義在台灣發展的陣地，但其言論受到政府的嚴密監視。其他如1949年的「四六事件」、「煙台流亡學生迫害」事件、1955年的「孫立人案」，以及彭明敏、蘇啟東、吳泰安、柯旗化、童軒蓀、廖一久、秦松、柏楊等人所遭受的迫害、流亡、不當羈押或文字獄，都是血淚斑斑的例證。[4]直至我國民主轉型完成，政府於1998年制定「戒嚴時期不當叛亂暨匪諜審判案件補償條例」，並成立基金會進行補償，前述受害者始獲得平反，回復名譽。胡佛對此時國民黨威權統治之政治體制的描述最為傳神：「領袖操縱黨機器的權柄（祇有一黨，所以是一黨威權體制），再分別控制控制三種社會：民間社會、政治社會及統治階

4　有關各案件之起因與後果，詳見新聞局（2011：140-143）；陳玲芳（2011：224-225）。

層（或社會）。這就好像撐開一把傘。領袖掌握傘柄的樞紐，再經由一黨的傘柄及三根支撐的傘骨，控制上述三種社會，故可稱爲現代威權政治的傘狀理論。」（胡佛，1998：10）。

台灣自1970年代起中產階級已逐漸興起，對爭取公民與政治權利的意識亦日益濃厚。加上台灣一連串外交上的失利，從聯合國席位的喪失到台美斷交與中美關係的正常化，以及美國自卡特政府以來高舉的人權外交，皆給予政府極其沉重的內外部壓力，尋求新的政治論述與人權作爲來因應壓力，並延續其政權合法性（Chou, 2009a）。1977年的「中壢事件」爲反對勢力提供測試群眾不滿政府與組織動員的強度與能力；1979年的「美麗島事件」[5]等於爲幾年後（1984）「黨外公共政策研究會」，甚至更往後民進黨的成立，積蓄足夠的民間力量。在美麗島事件爆發前數個月成立的「中國人權協會」（已於2011年2月更名爲中華人權協會），成爲台灣第一個綜合性的民間人權組織，試圖分擔當時政府所面臨的來自外界要求改善人權狀況的壓力。1980年的「林（義雄）宅滅門血案」、1981年的「陳文成命案」以及1984年的「江南（劉宜良）命案」等疑似政府謀殺政治異議份子或批評者的事件，更讓政府的人權形象跌落谷底。江南案更是罪證確鑿地指出中華民國情治單位涉嫌雇用黑道份子在美國殺害批評當局的海外作家。

因此，在外有國際壓力，內有逐漸組織化的反對運動與公民意識覺醒的情況下，政府朝向政治自由化的作爲在1980年代逐步啓動，其目的在於緩解「黨國體制」續壟斷政經資源分配的「單一化」控制體系與民間社會力因經濟富裕而持續茁壯解放的「多元化」發展趨勢之間的緊張關係。亦即如何將此一緊張關係通過「由下而上」擴大政治參與及監督的制度化設計，加以吸收與緩解。事實上，發展中國家因經濟發展與社會變遷所帶動的政治參與需求，其需求的強度與散布的速度往往遠超過政治改革與制度革新的緩慢腳步，其結果就是政治的衰敗與失序。[6]中國在清代即獨步全

5　有關該事件之簡述，參見陳錦昌（2011：222-223）。
6　進一步討論，請參見Samuel P. Huntington（杭廷頓），*Political Order in Changing*

球首創的「中央集權式專業官僚政府」（Fukujama, 2011），確實爲台灣創造經濟奇蹟。但擅長行政指導的高效率官僚無法解決經濟起飛後，台灣中產階級要求擴大政治參與、改善政治貪腐，以及可能出現「少數人決策不如衆人決策」的「中樞失靈」問題。[7]因此，在威權政府仍享有「領導經濟發展有功」的合法性威望下，憑藉著蔣經國晚年的決心、反對人士的冒險組黨，並順勢啓動從「反共陣營盟友」轉型爲「民主社群成員」的地緣政治「身分轉型」戰略，於是開始政治自由化與民主化的過程（Chou, 2009a: 58-61）。對內緩解前述緊張關係，以政治開放來容納民間社會活力的解放，將政治體制與秩序從由上而下的一元結構轉化爲由下而上的多元結構；對外因應國際格局的結構變化，轉移外交困境的壓力，並爲鞏固美國持續對台的安全承諾注入新的共同價值（民主）。台灣最終以已經行之有年的民選政治、加上政黨競爭爲手段，來實現參與決策渠道與決策者甄選的多樣性及決策監督機制的獨立性。

　　無論是外在形勢所逼或自身對局勢的體察，蔣經國晚年運用其政治強人的影響力，完成政治自由化（黨禁與報禁的開放），奠定了民主化的基礎。繼任的李登輝利用其合縱連橫的政治手腕，結合反對黨來削弱黨內的反對勢力，並結合「台灣人」總統的優勢，基本上完成了往「選舉式民

Society. New Haven, CT: Yale University Press, 1968, pp. 4-5；另參見周志杰，〈探索東南亞政治變遷的動因：不同層次之比較分析〉，收錄於宋鎮照、周志杰主編，《變遷中的東南亞政治：制度、菁英與政策的磨合》。台北：五南書局，2008，頁4，8；周志杰，〈區域與國內因素在民主化進程中之互動：東南亞轉型困境之比較分析〉，同前書，頁103，119。

[7] 美國學者福山（Francis Fukujama）在2011年出版的*The Origins of Political Order: From Prehuman Times to the French Revolution*書中，讚揚中國社會存在中央集權式大有爲官僚體系（high-quality centralized bureaucratic government）的悠久傳統，但此制度無法保證其聽命的一直是「賢君」（good ruler），而非「昏君」（bad emperor）。若是後者，則社稷動盪。故福山擔憂中國在邁向現代社會的同時，如何解決「昏君」問題。筆者將「昏君問題」譯爲「中樞失靈問題」。詳見Francis Fukujama, *The Origins of Political Order: From Prehuman Times to the French Revolution*. 轉引自Nicolas Wadef, *'End of History' Author, a Look at the Beginning and Middle*, New York Times (March 7, 2011).

主」過渡的民主轉型。除此之外，事實上，台灣在威權時期即已實施的地方層級的選舉，使民眾習於選舉政治的規範，間接影響其後民主轉型以和平的「協商式轉型」（pact transition）方式完成。[8]出口導向式的經濟發展，儘管不利於經濟權、社會權與環境權的發展與落實，但崛起的私營部門與中產階級強化了社會流動的頻率與民間社會的活力，喚起了民眾的公民與政治權利意識。特別是：

「『十大建設』所帶來的經濟成長與繁榮，以及社會的開放與流動，增強了整體民間及政治社會在政治參與方面的資源。此種資源與本土台灣意識相結合後，進而促動政治參與的勃興，選舉制度乃成為吸納參與浪潮，安定政局的最佳制度化及正當化管道。經濟及社會資源與政治參與的相互結合，並透過選舉管道，重新分配政資源，特別在各級地方政府與議會，以及省議會與中央民意代表，強化本土化的政治發展，如此在選舉機能不斷循環下，使得威權統治結構日趨鬆動而呈現衰退。」（胡佛，1998：28）

三、經濟發展與經濟、社會及群體權利的扭曲及漠視

然而，現代化理論的實踐，由經濟發展導致政治民主化，成就第一代人權的獲得與保障，但獨尊經濟發展反而導致對第二代人權的忽視。以低福利、高汙染所換取的「加工出口區」式的經濟成長，雖然暫時鞏固了威權政府流失的政權合法性，但「重發展、輕福利」的思惟，至今仍無法全然扭轉，持續戕害台灣人權實踐的深化。換言之，內環境的二元結構扭曲國家整體發展的遺續仍然存在：一方面，政府為成就經濟的發展而忽視公民社會形塑與人權觀念的紮根，造成重發展、輕人權；重北輕南、城鄉差距的扭曲發展。以南台灣為例，無論是人口嚴重外移與小工廠林立的鄉村，還是工業區遍佈的城鎮，皆存在極其嚴重的「家庭即工廠」環境後遺

---

8 國民政府遷台後，從1950年起實施地方自治。1950年8月1日，花蓮、台東兩縣率先完成縣議員選舉，成立縣議會。其後陸續舉行省議員選舉與增額立法委員與國民大會代表的選舉。相關討論，參見呂育誠（2011：146-147）。

症與城鄉失衡發展下的人權問題。1985年由作家陳映真所創辦的「人間」雜誌，以寫實的黑白照片，紀錄了前述扭曲發展下的台灣社會（李文吉，2011：298-299）。舉凡婦女、老人、孩童等既存的弱勢人權，到移工與外偶等新興涉外人權議題，乃至於環境與生態權利的課題，均亟待關注與改善（周志杰，2007：16）。儘管，環保意識興起的跡象自1986年的「反杜邦」運動即揭開序幕，並掀起反對污染性工廠與反對核能發電的運動熱潮。消費者運動亦以1980年成立的「中華民國消費者文教基金會」為開端。許多關懷弱勢群體與公義議題的民間團體紛紛設立。

然而，台灣在第二代與第三代人權的實踐上仍佈滿阻礙。政府與企業的思惟仍是關鍵。另一方面，政治菁英特其在民主轉型中的超凡群眾魅力，利用族群間隙與悲情意識累積政治資源，利用程序民主取得權力來徇私濫權。用政治力曲解法律的適用，以專業包裝心證的濫用。執法人員與專業官僚在處理若干公共政策或司法案件時，亦不免在「依法行政」、「專業判斷」的大纛下，卻侵害個人權利與群體的公益。在程序正義的掩護下，實質正義喪失殆盡。其結果是侵蝕台灣社會中的人際互信、是非觀念與尊重異見的基本價值（周志杰，2007：17）。

因此，檢視與省思台灣當前的人權狀況，不僅是民主治理績效的重要指標，更是台灣能否形成名實相符之多元公民社會的基礎。是故，建構自主、多元、尊重人權的公民社會是維繫政治體系運作的重要關鍵。然而，台灣的危機在於汲取民間社會的養分及犧牲公民社會的形塑來成就經濟社會的茁壯與國家機器的存續。當然，後兩者的穩定與發展可反饋予民間社會，但因長期漠視公民文化與民主社會的建構，導致前述二元危機的產生。而人權保障與實踐的狀況就成為觀察前述病灶的最佳指標（周志杰，2010：70）。由此觀之，人權保障與實踐的關注與改善，應是現階段提升台灣對外形象與建立民主品質的關鍵。近年來，政府在總統府（國家人權諮詢委員會）、行政院（人權保障推動小組）及監察院（人權保障委員會）皆設置人權專責機構，雖然影響範圍或功能有限，例如僅屬諮詢性質、或屬任務編組、或僅處理與公機關與人員相關的案件，但仍顯示政府

的努力。特別是在兩人權公約的國內法化與落實，以及筆者親身參與的首次國家人權報告的審查與撰寫工作上，政府高層均展現實踐的誠意，但各機關及執法人員的觀念強化與重視更加重要，民間社會的持續監督亦不可或缺。顯然，人權保障的深化在台灣仍有諸多課題必須關注。

肆、今後深化人權保障的課題

一、普世人權規範落實的難題：相對主義與普世主義

　　人權雖然成為普世之價值，甚至由概念經過法制化之努力而提升為實質權利，但也面臨東西文化價值觀之差異所帶來的挑戰。1993年於維也納舉行「世界人權會議」（World Conference of Human Rights），在會議中的宣言表明：「所有人權皆是全球性的、不可分割的、互賴的及相關聯的」（Albuquerque, 2010: 145），似乎代表人權普世化已獲得國際共識，但宣言卻出現附加文字：「人權問題應該依國家和地區的特性及不同的文化、歷史及宗教背景加以衡量」，揭露文化差異隱含的人權價值爭議（武田美紀子，2006：281-282）。多數發展中國家質疑所謂普世人權的客觀性。基於國家、種族與文化的差異性所衍生出來的不同價值觀念，因此人權的保障與實踐應該因地制宜，人權問題必須考量國情、地區、文化、信仰等多元背景之特性加以評估才適宜（Weiss et al., 2009: 129-152）。通常，倘若關於「人權」一詞的研究文獻並無指涉特定區域時，它指的便是由西方發軔而逐漸普世化的價值。這是由於人權理念與概念的發展始於歐洲的啟蒙運動（the Enlightenment），致使人權價值等同於西方價值，並且伴隨著現代化與殖民主義，成為從西方傳到非西方國家的單向運動。二次大戰結束後，眾多亞洲、非洲、拉丁美洲等國家致力於現代化。若干經濟發展突出的國家，特別是所謂的新興工業化國家或發展型國家，無法認同西方對人權概念所具有的解釋霸權。

　　循此，國際人權規範於在地化的過程中與非西方文明區域產生磨合

的衝突，從而引起西方「普世主義」（universalism）與非西方區域「相對主義」（relativism）的二元對立（dichotomic confrontation）（Shih, 2002）。前者以促進人權價值為目標，認為人權應該超然於文化差異之上，成為普遍性的價值認同，因此其他文明的文化傳統必須接受以西方價值為主體的國際人權規範；然而，相對主義者堅持源自西方哲學傳統之國際人權規範無法反映普遍性價值，僅包含歐美西方國家之價值與信念。由於東西方存在明顯的傳統文化差異，西方國家主張的普遍人權等同於將西方的主流價值強在東方的傳統文化上，除非國際人權規範也能囊括亞洲價值（Asia value）之主要規範，否則就不算是真正的「普遍」人權（Chou, 2008: 142-144）。

Donnelly則認為，西方現代國家與非西方國家對於「個人」（individual）人權看法存在較大的差異，前者的傳統價值是保護個人權利，其他個人、團體或權威皆不得侵犯個人權利，但此種為圖個人利益而對抗社會的觀念顯然與非西方國家的傳統思維模式背道而馳（Baehr, 1999: 13）。東方儒家文化在悠久君主統治的威權社會下，講求倫理與義務，重視禮法、安分守己、表彰犧牲小我完成大我之情操，不但抑制個人人權觀念，還將權利與「爭權奪利」劃上等號，故對人權持負面態度（王玉菁，2007：27-28）。

事實上，前述說法有以偏概全之嫌。其實，人權的相對主義與普世主義可視為一種文化的變項。對普世主義者而言，由西方發展的人權價值是無分地域、放諸四海皆準且屬於全人類的共同文化。然而，相對主義者更關注國際人權規範與當地既存的文化傳統與規範的一致性（Shih, 2002: 13-24; Donnelly, 1998: 62; Chan, 2002: 1047）。換言之，它所指涉的是西方人權理念及論述與非西方國家內部的一般信仰及價值體系相容的程度。假設人權團體所提倡的理念和價值與當地社會既有的傳統與規範有所牴觸，則國際人權規範很難植基於當地，遑論發揮影響力。例如反對施行女性「割禮」（circumcision）的跨國運動在許多國家與地區未能克竟全功，即是與當地根深蒂固的文化信仰產生扞格（Forsythe, 2001；周志

杰，2006）。

　　許多東亞經濟較繁榮且民主化國家以「亞洲價值」爲由拒絕在國內
法中落實若干人權保障，使得所謂人權普遍化的程度不夠，而遭受人權實
現尚待努力之譏（林佳範，2009：9）。例如台灣近來討論熱烈的死刑存
廢問題，即是一顯例。立法院已批准之公民權利與政治權利公約第6條明
確規定，本公約的任何締約國不得援引本條文的任何部分來推遲或阻止死
刑的廢除。闡述本條文的聯合國人權委員會之第6號一般性意見（General
Comments）亦有更明確的立場宣示。是故，依照公約內容，台灣政府應
該採取逐步廢除死刑之立場。此外，兩公約施行法第8條規定，各級政府
機關應該依照兩公約內容檢討法令與措施有無違反兩公約規定者，應該於
施行兩年內完成修法跟改進。但在實務上，台灣內部反對廢死的民意向來
遠高過於廢死，故此一難題陷入僵局。由此觀之，倘若西方人權理念在普
世化的過程中較能貼合其他區域的文化傳統、歷史經驗與民間社會的主流
看法，方能促使人權理念落地生根，並與時俱進地在當地發揮影響力。

二、在地人權保障與國際人權規範的進一步接軌

　　如前所述，我國早在仍爲聯合國會員國之1967年，即以中華民國名
義簽署ICCPR及ICESCR，爲原始簽署國之一。然而，自1971年退出聯合
國，除了喪失此一重要國際組織之會籍，亦等同與以聯合國爲核心之國際
人權建制脫節。隨著我國於1980年代展開民主化，人權的保障與實踐亦
與日俱進。如前所述，在馬總統的宣示與努力下，立法院終於2009年3月
31日批准兩公約及《公民與政治權利國際公約及經濟社會文化權利國際公
約施行法》，馬英九總統於5月14日公布後於12月10日世界人權日正式生
效，至此完成國內法化程序。由於施行法第2條：「兩公約所揭示保障人
權之規定具有國內法律之效力」，明確將兩公約與國內法接軌，得爲所有
民眾與執法者直接適用，故不致產生兩公約雖具國內法效力但位階過低的
問題。

　　事實上，主權國家透過國際人權規約的簽署與批准，將相關規範

轉化為國內法律體系得以適用的過程，係屬國際人權發展的第三階段，即前述的「國內化」階段。此過程涉及國際法與國內法關係的釐清。當前國際社會的主流實踐是傾向國際法優位的一元論，而非同位二元論。然而，國際規約欲發生國內效力仍須經過包容（incorporation）或轉化（transformation）的方式：前者通常在該國憲法中承認國際法之國內效力，國際法得依其固有形式「直接適用」於國內法秩序；後者認為國際法須經該國立法機關，依條約內容重新制定相關法律，始得適用於國內並發生效力，即不得直接適用於國內法（陳隆志、廖福特，2002）。但由於我國的特殊國情，故在國內法化的過程中，上述兩種方式兼而採之。在前述兩人權公約國內法化完成之前，其實我國曾分別於2005年及2007年由立法院審議通過「菸草控制框架公約」（WHO Framework Convention on Tobacco Control, FCTC）及「消除對婦女一切形式歧視公約」（Convention on the Elimination of All Forms of Discrimination Against Women, CEDAW）（參見表10.1），轉請當時總統陳水扁頒發加入書，以中華民國（台灣）名義委由友邦代向聯合國遞交。但聯合國祕書處以不回應或退回等方式，拒絕承認我國加入前述兩公約的意思表示與權利。然而，此與甫完成國內法化之兩公約情況相異之處在於，陳前總統簽署的是FCTC及CEDAW的「加入書」，然後向聯合國表明欲簽署兩公約成為締約方；馬總統所簽署的是我國在1967年即成為締約方的ICCPR與ICESCR的「批准書」，並連同施行法一併頒布施行。後者是傳統的國際規約國內法化程序；前者則宣示意義重於實質效果。故我國針對ICCPR與ICESCR的國內法化程序應已完成，但仍有無法存放之瑕疵，但FCTC及CEDAW則尚未開始。相同的是，無論遞送加入書或批准書，結果均無法存放於聯合國秘書處。即便如此，我國應持續以前述國內立法的方式與聯合國核心人權規約接軌（參見表10.1），藉國際規範的國內化來促進我國人權施政的完善與人權意識的普及。

表10.1　主要國際人權文件之名稱與開放簽署年份

名稱	公開簽署年份
公民與政治權利國際公約（International Covenant on Civil and Political Rights, ICCPR）	1966
經濟、社會暨文化權利國際公約（International Covenant on Economic, Social and Cultural Rights, ICESCR）	1966
消除一切形式種族歧視國際公約（International Convention on the Elimination of all Forms of Racial Discrimination, ICERD）	1966
消除對婦女一切形式歧視公約（Convention on the Elimination of All Forms of Discrimination Against Women, CEDAW）	1979
禁止酷刑與其他殘忍、不人道或有辱人格之待遇或處罰公約（Convention against Torture and Other Cruel, Inhuman or Degrading Treatment or Punishment, CAT）	1984
兒童權利公約（Convention on the Rights of the Child, CRC）	1990
保障所有勞工移民及其家屬國際公約（International Convention on the Protection of the Rights of All Migrant Workers and Members of Their Families, ICRMW）	1990
公民與政治權利國際公約之任擇議定書（ICCPR-OPT1）	1976
公民與政治權利國際公約第二任擇議定書（ICCPR-OPT2）	1989

資料來源：本表整理自UNHCHR, *Status of Ratification of the Principal International Human Rights Treaties*, New York: United Nations, 2010. http://www.unhchr.ch/pdf/report. pdf（09/10/2011）.

　　儘管，前述兩人權公約成為國內法之後，「兩公約所揭示保障人權之規定具有國內法律之效力」。然而，政府若以此自滿而未有後續的作為，則將窄化政府推動國際人權規範國內法化與重視人權事務的初衷。其實，從2009年5月14日馬總統出席公約簽署儀式時，場外民眾與學生抗議政院版集遊法與人權公約牴觸的行動，即突顯出政府實無法輕忽內部現行法規可能與兩公約扞挌與牴觸的深度和廣度（周志杰，2009a）。未來只要民眾認為有牴觸公約之虞的法規與措施侵害其權益，即可援引公約之規定作為救濟之請求權利。另外，施行法中將檢討及修訂與公約牴觸之現行法規的權責交由「中央及地方各級機關」於兩年內完成（施行法第8條）、並

由法務部統籌人權講師培訓、宣導、教育等事宜，盡皆顯示未來兩公約之落實與推廣似較仰賴公部門之作爲與否，而忽視民間人權團體與學界在修法與教育推廣上可提供的協助及監督。

此外，政府應將現有設置於總統府的「國家人權諮詢委員會」轉型或改組爲「國家人權委員會」，以符合聯合國爲鼓勵各國設立國家人權保障機構於1993年所通過的「巴黎原則」。此原則是爲確保國家人權機構（National Human Rights Institute）設置之獨立性與有效性：一方面賦予軟性調查權，以確保在地法令與國際人權規範接軌；二方面透過幕僚單位協調各機關人權施政的落實、公布國家人權年度報告、推廣人權教育，使其成爲輔助與協調人權公約實踐的制度化平台（周志杰，2008：24-26）。現有的建制初具後者的功能，但仍與巴黎原則的標準相去甚遠。事實上，全球已有超過一百個國家與地區設置符合巴黎原則的國家人權機構，如英國、德國、法國、加拿大、澳洲等西方國家及南韓、南非、墨西哥等新興民主國家，並組成全球性國家人權機構論壇。區域性的亞太論壇（Asia-Pacific Forum, APF）亦於1996年成立（周志杰，2011）。上述論壇已成爲國際人權社群最具影響力且具官方色彩的國際非政府組織。

三、開展兩岸的人權交流與對話：從經濟利益共享到人權價值對接

兩岸自1980年代末期，藉開放探親而展開接觸後，台灣的人權團體主要以實際的人權關懷作爲，如人道救援、發展協助、扶貧濟弱、希望工程，與中國大陸間接進行人權相關事務的合作。關於人權價值與理念的直接對話較少，主要以下述形式進行：（1）個別人士訪台：台灣人權團體或學術機構邀請中國大陸人權學者來訪或客座；（2）國際場合交流：兩岸人權團體代表、學者共同參與國際人權相關會議及活動；（3）兩岸特定人權議題團體的互訪與交流。再者，部分台灣民間團體從事體制外的人權聲援，接觸對象以自由派知識份子、異議人士、維權人士、海外民運人士爲主，或藉由網路訊息傳遞進行交流。此外，台灣人權促進會亦於2010

年結合澄社、「兩公約施行監督聯盟」與部分立法委員，推動建立「兩岸協議人權對話機制」，試圖藉由監督兩岸已簽訂之經濟與社會性協議，評量前者在落實的過程中，是否與已成為台灣國內法規之兩人權公約的精神與條文相符。

至於體制內兩岸綜合性人權團體的正式交流遲至2010年開始。是年6月10-12日，中華人權協會應中國大陸的中國人權研究會之邀，在北京進行兩岸兩會的首次正式交流（參見表10.2）。2011年7月5-8日，中國人權研究會應中華人權協會的邀請，亦首次組團來台進行人權交流（李佩金，2010：34-40）。雙方的往來與交流的制度化雖未形成書面協議，但已成為兩會的共識與默契。兩會以同為華人社會的實踐經驗，進一步將人權價值的推廣與落實，納入兩岸人權對話與互勉的範疇。在兩岸大體認同ICCPR及ICESCR等兩公約之普世性的前提下，兩會交流即以此共識為基礎，分享推動兩公約在地實踐的磨合經驗與遭遇的困難。中國大陸落實的困

表10.2 台灣「中華人權協會」與大陸「中國人權研究會」之比較

	中華人權協會	中國人權研究會
組織性質	NGO 民間團體； 財務獨立	GONGO 半官方； 財政為政府補助
主要領導人之身分	律師、學者	黨政官員、學者
理監事人數	約30名	約160名（無監事）
理監事背景	律師、法官、學者、企業家、NGO人士、民代（立委、監委、試委、議員）、官員（政務委員、中央部會司處級官員）、卸任部會首長	黨政官員、學者、體制內記者與社會人士（涵蓋大陸所有高校及相關學術際構之人權研究中心的學術研究人員）
交流性質與定位	・體制內接觸與對話 ・體制內菁英取向 ・半官方組織對民間組織 ・已達成建立制度交流管道之共識	

資料來源：作者自繪

難點在於人權觀念畢竟在大陸啓蒙較晚，故成爲落實人權法律時的障礙，需要決策者與執法者強化人權觀念從「儀式性」的口頭宣示，推進至「規範性」的具體落實。在批准ICESCR後，大陸當局積極朝批准ICCPR的方向努力。雙方初步交流的共識在於，兩岸如何國內化兩公約之程序不同，但目標相同，台灣的經驗可供中國大陸借鏡（周志杰，2011a：48-49）。

　　事實上，自1989年以來，中共面對國際人權壓力的反應，已逐漸從引用國情不符等藉口的敵視與辯解態度，轉而積極運用其躍升的國際地位，來強化其對人權內涵與規範的話語權，並制定人權行動計畫作爲宣示。然而，在人權實踐上，仍與行動計劃中的宣示有極大的落差，特別是對侵害公民與政治權利的現狀視而不見。不過，至少在形式上，中國大陸已簽署ICCPR以及ICESCR（前者尚未批准）。執此，兩岸進行人權論述與價值的對話與交流產生共同的基礎。而且，自2008年春開始，兩岸停滯近十年的對話與交流重新啓動，當前兩岸關係以和平發展爲基礎進入大交流的時代。在此一背景之下，隨著兩岸交流的深化，展開軟性價值的對話亦趨於成熟。

　　「從某種意義上講，中國的經濟成就是以低民權、低福利、低保障換來的：低民權、低福利、低保障降低了交易成本，促成了經濟發展」（燕繼榮，2011）。台灣亦歷經過類似過程，其遺緒影響至今。顯然，大陸在「十二五」規劃綱要中強調，更加注重「以人爲本」的施政，將改革開放以來所側重的「GDP至上」思維，轉化爲以「人的全面發展」爲基本的價值取向（常修澤，2011）。其實就是提倡一種更加注重人權的保障與實踐的價值觀。報告亦提及當前大陸發展過程中出現「不平衡、不協調、不可持續」的問題，如教育、醫療、物價、拆遷、食品安全、腐敗等等，從老年人的安養醫療、青年人的住房就業育兒、到弱勢群體的福利與城鄉及貧富差距等問題。[9]這些問題其實就是以經濟權與社會權爲主的人權議題。

9　例如相關議題的輿論報導，參見〈十二五、改革與公民權利〉，《旺報》（2011年3月17日），http://news.chinatimes.com/wantdaily/11052101/112011031700557.html；〈中國食品安全亂象叢生：監管滯後，被動執法何時休？〉，http://www.chinanews.com/jk/2011/04-18/2981154.shtml；〈別讓食品安全標準變公文〉，《人

台灣亦仍面臨同樣的課題。因此，若兩岸可在這些人權議題上分享經驗，甚至共謀對策，則將有助於兩岸由下而上的累積互信，消除不安全感，進而從第二代人權議題的對話與協作，外溢至第一代人權議題的切磋與對接。

更重要的是，台灣人權學運界或許應思考發展出有別於西方的做法，以台灣自身特殊的人權實踐經驗，以及同為華人社會對中國大陸具參考性的優勢，發展建設性的人權對話，或許效果將優於與西方沆瀣一氣的宣示性批評。當然，所謂體制內的交流，究竟是「對牛彈琴」還是「滴水穿石」，恐怕只能以「愚公移山」的精神來自勉。畢竟，台灣無法擺脫對岸的影響，兩岸價值與思惟愈趨近，對台灣民眾至少應沒有壞處。再者，拉近兩岸在軟性價值與公民文化論述上的詮釋與論述，對兩岸互動的「和諧永續化」具有關鍵性的作用。本質上，中西人權對話與兩岸的人權交流不同。前者寄望透過壓力促使中共改善人權外，亦不時將人權議題作為遂行外交利益的籌碼；後者則是未來兩岸關係永續和平所需之價值與制度對接的基礎。

伍、省思與展望

在自由之家（Freedom House）最新公布2007-2011年的人權表現趨勢上，台灣是呈現微幅倒退（decline）的情況。[10]中華人權協會的人權調查

民日報》（2011年04月18日），http://www.chinanews.com/jk/2011/04-18/2979364. shtml；〈又到一年畢業季 大學生難就業拷問了誰？〉，《光明日報》（2011年04月18日），http://news.xinhuanet.com/edu/2011-04/18/c_121318184.htm；〈警惕房價「假摔」為宏觀調控「添堵」〉，《新華網》（2011年04月16日），http://news.xinhuanet.com/2011-04/16/c_121311678.htm；〈樓市調控進入「攻堅戰」房價目標應有「民聲」〉，《新華網》（2011年04月17日），http://news.xinhuanet.com/2011-04/17/c_121314047.htm。

10 參見"Freedom in the World in 2007-2011," http://www.freedomhouse.org/images/File/fiw/Maps_2003_2007_2011_FINAL.pdf（瀏覽日期：2011/10/24）。

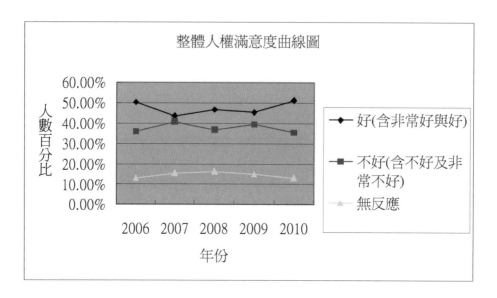

	2006	2007	2008	2009	2010
好（含非常好與好）	50.60%	43.70%	46.70%	45.50%	51.40%
不好（含不好及非常不好）	36.00%	40.80%	37.00%	39.50%	35.60%
無反應	13.40%	15.50%	16.30%	15.00%	13.00%

圖10.2　2006-2010年民眾對台灣人權狀況之滿意程度

資料來源：本圖表整理自中華人權協會「人權指標調查報告」http://www.cahr.org.tw/about_2.php（10/25/2011）

亦顯示，近五年來仍有近四成的民眾對台灣的人權現況感到不滿。這顯示儘管影響台灣人權發展的外環境結構已改變，然而內部環境二元發展的磨合歷程，其實才隨著民主鞏固時期的展開而開始。事實上，民主化並未緩解資源分配與國家發展的扭曲，轉型正義與司法改革的落實、公民與政治權利的完善化（隱私權與集會遊行權的保障、資訊揭露與決策透明等知情權的強化），以及執法的中立性，皆有待改善。經濟、社會、文化權利的具體落實與預算的合理分配亦是重要議題：例如弱勢群體的權益、城鄉發展的差距、多元文化的落實、環境生態的優位性。此外，人權決策機制位階的提升與協調整合，以及施政力度的強化，都考驗著主政者的智慧（周

志杰，2009a：19-22）。上述課題的因應，將是觀察台灣能否從「選舉式民主」（electoral democracy）邁向「自由式民主」（liberal democracy）的最佳指標。[11]

是故，除仰賴人權法規及政策與國際人權建制接軌外，人權價值在民間社會與政治場域的廣化與深化是不二法門。其目的在於重建公民社會中的群己關係、強化政治場域中的權責關係、提升官僚體系的人權素養、並兼顧整體發展上的多元平衡。事實上，台灣為一個多元民主社會已是事實。政府所要戮力的不僅是顯現多元，而是強調實踐與包容的過程，落實人權的精神。人權保障與多元文化的維繫仰賴公民社會中群己關係的重建。事實上，在社會發展長期被經濟發展與政治動員所支配與扭曲的台灣，建構一個永續發展之和諧社會的急迫性不亞於中國大陸。其實，隨著信仰、議題與身分的不同，每個人都可能在不同的群體中成為多數和少數，尊重與包容是深化人權的基礎。唯有建構尊重人權的社會，台灣始得脫離形式民主的階段。人權台灣的營造，行政機關的執行是必需的，單憑法規制訂與民間團體創造論述場域顯然不夠，建制化的落實與執法者的心態更為重要。因此，不是籌辦特定活動、編列個案預算，發津貼即可解決問題。政府的責任是厚植多元文化與人權至上的土壤，而非政治宣示的口水。

在對岸經濟實力大幅提升、國內朝野對峙與族群間隙未解的情況下，民主與人權價值的普及與實踐，已成為我方面對兩岸互動與內部紛爭的唯一優勢與共識。況且，中華民國作為一民主國家且自詡為負責任的國際社會成員，尊重與順應具有普世性的國際人權規範，乃責無旁貸之義務。台灣已是民主而多元的社會，然而國家機器應戮力的不僅是在表面上顯現多元與強調包容，更應在決策與施政中注入人權的關懷。今後，深化台灣人權保障的關鍵，在於（1）如何「橫向」地從「經濟發展」轉化為「永續發展」的思維與作為、從面對與處理「轉型正義」的歷史遺緒，過渡到建

---

[11] 有關「選舉式民主」與「自由式民主」的定義與討論，參見Larry Diamond（1999：8-13）。

構與履行符合「社會正義」的法治機制，平衡區域發展與縮減貧富差距；以及（2）如何「縱向」地從民主轉型的「選舉式民主」過渡至民主鞏固的「自由式民主」。亦即，在決策思維與施政作為逐漸「由上而下」轉變為「由下而上」的過程中，讓政治社會中無論是執政團隊、還是在野政客的手完全抽離民間社會，讓民粹與理盲的習氣，被逐漸養成的思辯與討論的慣性所取代。前者是第二代與第三代人權的充分實踐；後者是第一代人權的深化明證。政府持續而實質的作為，加上民間團體的監督與批評，人權立國的宣示才能名符其實，華人社會人權標竿的美名才能維繫不墜。

參考書目

中文部分

王玉菁，2007，〈分開儒家與伊斯蘭：西方普遍人權對亞洲價值的回應〉，《國家發展研究》，第7卷，第1期，頁7-40。

李永然，2008，〈《世界人權宣言》六十週年之台灣人權發展現況檢視〉，《台灣民主季刊》，第5卷，第4期，頁189-199。

李永然，2010，〈協助推動及監督兩大人權公約之落實〉，收錄於李永然、蘇友辰、周志杰、蘇詔勤合著，聯合國人權兩公約與我國人權發展。台北：永然文化出版社，頁3-33。

李佩金，〈兩岸人權交流專題〉，《人權會訊》（中華人權協會），99期（7月），2010，頁34-40。

李文吉，2011，〈相信・希望・愛〉，收錄於新聞局主編，《百年風華》。台北：新聞局，頁298-299。

呂育誠，2011，〈實施民主的第一步〉，收錄於新聞局主編，《百年風華》。台北：新聞局，台北：新聞局，頁146-147。

周志杰，2006，〈內外有別的人權倡議者？－國際人權法在美國的實踐〉，《中華國際法與超國界法評論》，第2卷，第2期，頁207-254。

周志杰，2007，〈南台灣人權的保障與實踐：全球化與在地化的接軌〉，《人權會訊》，第86期，頁14-18。

周志杰，2008，〈民主鞏固過程中國家人權機構之功能：南非的經驗〉，《人權會訊》，第90期，頁24-26。

周志杰，2009a，〈正視人權保障制度化的趨勢：設置國家人權委員會〉，《人權會訊》，第92期，頁19-22。

周志杰，2009b，〈從國際人權發展檢視台灣之人權實踐：結構性的探析〉，《新世紀智庫論壇》，第45期，頁23-29。

周志杰，2010，〈國際人權發展與台灣人權實踐〉，收錄於李永然、蘇友辰、周志杰、蘇詔勤合著，《聯合國人權兩公約與我國人權發展》。台北：永然文化出版社，頁66-78。

周志杰，2011a，〈兩岸人權交流初探：出席北京人權論壇之觀察〉，《人權會訊》（中華人權協會），99期（1月），2011，頁48-49。

周志杰，2011b，在地人權實踐與國際人權規約的接軌。台北：永然文化出版社。

林佳範，2009，〈台灣人權發展與國際接軌〉，《新世紀智庫論壇》，第45期，頁9-11。

林雍生，2009，〈我國人權報告之省思與展望〉，《台灣國際法季刊》，第6卷，第1期，頁215-241。

林淇漾，2011，〈容忍與自由之間〉，收錄於新聞局主編，《百年風華》。台北：新聞局，頁144-145。

胡佛，1998年，《政治變遷與民主化》，台北：三民書局。

武田美紀子，2006，〈經濟、社會與文化權利國際盟約的歷史與法的性質〉，《台灣國際法季刊》第3卷1期，頁267-306。

張佛泉，1993，《自由與人權》。台北：台灣商務。

陳玲芳，2011，《禁書與禁歌》，收錄於新聞局主編，《百年風華》。台北：新聞局，頁224-225。

陳錦昌，2011，〈黨外運動分水嶺〉，，收錄於新聞局主編，《百年風華》。台北：新聞局，頁222-223。

陳隆志、廖福特，2002，〈國際人權公約與國內法化之探討〉，《國家政策季刊》，第1卷，第2期，頁33-56。

常修澤，2011，〈科學發展觀：「十二五」規劃的基本價值取向〉，《人民日報》2011年4月18日。

黃默，2002，〈台灣人權教育的倡導、現況與展望〉，《國家政策季刊》，第1卷，第2期，頁69-84。

黃默，2008，〈台灣人權的回顧與展望〉，《台灣民主季刊》，第5卷，第4期，頁181-187。

燕繼榮，2011，〈「中國模式」還能支撐「奇跡」嗎？〉，《人民網》2011年5月26日，http://theory.people.com.cn/GB/82288/112848/112851/14748597.html。新聞局（2011）。《百年風華》。台北：新聞局。

劉靜怡，2008，〈台灣人權狀況再檢驗〉，《台灣民主季刊》，第5卷，
　　第4期，頁223-233。

英文部分

Albuquerque, Catarina de (2010) "Chronicle of an Announced Birth: The Coming into Life of the Optional Protocol to the International Covenant on Economic, Social and Cultural Rights: The Missing Piece of the International Bill of Human Rights." *Human Rights Quarterly*, Vol.32, No.1:144-178.

Andrew Hurrell, 2000. "International Law and the Changing Constitution of International Society." In *The Role of Law in International Politics: Essays in International Relations and International Law*, ed. Michael Byers. Oxford: Oxford University Press, pp.327-347.

Andrew P. Cortell and James W. Davis, 2000. "Understanding the domestic impact of international norms: A research agenda," *International Studies Review* Vol. 2, pp. 65-87.

Antonio Cassese, 1986. *International Law in a Divided World*. Oxford: Oxford University Press.

Antonio Cassese, 1990. *Human Rights in a Changing World*. Cambridge: Polity Press.

Baehr, Peter R. (1999). *Human Rights: Universality in Practice*. New York: ST. Martin's Press.

Chan, Steve. (2002). 'Human Rights in China and the United States: Competing Visions and Discrepant Performances' *Human Rights Quarterly*, Vol.24, No.4: 1035-1053.

Chih-Chieh Chou (周志杰). 2009a. *Triggering or Halting? Impacts of International Efforts and Geopolitical Order on Transition to Democracy*. Germany: Verlag Dr. Muller Publisher.

Chih-Chieh Chou (周志杰). 2009b."State Authority vs. International Norms:

Impact of Legitimacy on Practice of International Human Rights Law."《政大法學評論》(*Cheng Chi Law Reriew*) 109:113-176.

David Easton, 1990. *The Analysis of Political Structure*. NY: Routledge.

David Forsythe, 2001. *Human Rights in International Relations*. NY: Cambridge University Press.

Francis Fukujama, 2011. " Is China Next ? " *Wall street Journal* (Marah 12).

Hans J. Morgenthau, 1978. *Politics Among Nations: The Struggle for Power and Peace*, 5th ed. New York: Alfred A. Knopf.

Jack Donnelly, 1989. *Universal Human Rights in Theory and Practice*. Ithaca: Cornell University Press.

Jack Donnelly, 1998. *International Human Right*. 2nd Edition. Boulder, CO: Westview Press.

Jack Donnelly, 2002. *Universal Human Rights in Theory and Practice*. 2nd Edition. Ithaca: Cornell University Press.

Larry Diamnod, 1999. *Developing Democracy toward Consolidation*. Baltimore: Johns Hopkins University Press.

M. Cherif Bassiouni, 1993. "Human Rights in the Context of Criminal Justice: Identifying International Procedural Protections and Equivalent Protections in National Constitutions." *Duke Journal of Comparative and International Law* 3 (2): 235-297.

Michael Byers, 1990. *Human Rights in a Changing World*. Cambridge: Polity Press.

Michael Byers, 1999. *Custom, Power and the Power of Rules: International Relations and Customary International Law*. Cambridge: Cambridge University Press.

Michael Freeman, 1996. " Human Rights, Democracy and 'Asian Values'," *Pacific Review* 9(3):352-366.

Paris Principles, 1993. "Establishing the powers of national institutions for the promotion and protection of human rights" G.A. Res. 134, U.N. GAOR,

48th Sess., U.N. Doc. A/RES/48/134 (1993).

Shih, Chih-yu (石之瑜). "Opening the Dichotomy of Universalism and Relativism," *Human Rights and Human Welfare*, 2:1, 2002, pp.13-24.

Thomas Risse, stephenc. Ropp, and Kathryn Sikkink, 2007. *The Power of Human Rights: International Norms and Domestil Change*. NY: Cambridge University Press.

Tu, Wei-Ming. (1994). " Cultural China: The Periphery as the Center," in Wei-ming Tu (Ed.) *The Living Tree: The Changing Meaning of Being Chinese Today*. Stanford, CA: Stanford University Press, pp.1-34.

UNHCHR, 1997. *Human Rights: A Basic Handbook for UN Staff*, Geneva: Office of the United Nations High Commissioner for Human Rights.

UNHCHR, 2005. *Fact Sheet No.19, National Institution for the Protection and Promotion of Human Rights*. Geneva: Office of the High Commissioner for Human Rights. http://www.unhchr.ch/html/menu6/2/fs19.htm (09/15/2008)

Vienna Declaration and Programme of Action, 1993. U.N. GAOR World Conference on Human Rights, 23d Sess., 157th mtg. PP 83-98, U.N. Doc. A/CONF.157/23 (1993).

Weiss, Thomas G., Forsythe, David P, Coate, Roger A, and Pease, Kelly-Kate (2009). *The United Nations and Changing World Politics*. Clorado: Westview Press.

第十一章

直接民主的嘗試與困境

高永光

壹、前言

本章主旨在討論台灣地區實施直接民主的嘗試與困境。在討論本章之前，與直接民主相關的幾個名詞之間，如：選舉、罷免、創制、複決，直接民主與間接民主，公民大會、庶民投票（plebiscite），公民投票自決（self-determination）等等相關概念的釐清，實具有其必要。

公民投票是指公民在民主社會中（但其實在共產主義或威權主義統治下亦有之），對公共事務或政策，以及對於民意機關之代議士或行政機關之行政首長，可以在投票期限內，到投票所去領取選票，對於人或事表示自己的意志，圈選同意（for）或不同意（against）。除通訊投票、提早投票等較特殊的選舉方法外，大體都是在指定的一個投票日（voting day），到投（開）票所（poll station）去領票、圈選及投票。

從上述公民進行投票的過程來看，選舉或罷免民選公職人員是一種公民投票。至於對「法律原則」或「法律全文」進行一種「創制」——也就是擬定某項公民所需要的法律之原則或全部條文的創制（initiative），也是一種公民投票行為；同理，對於立法機關或行政機關所通過的法律、公共政策或行政命令，若人民可以行使投票，表達「接受」或「拒絕」的複決（referendum）行為，也是一種公民投票。

至於庶民投票（plebiscite）比較上指的是對憲法的改革，或是採取一部使國家獨立的憲法。斯洛維尼亞共和國（The Republic of Slovenia）在

1991年6月26日,當時的斯洛維尼亞人民大會(Slovene Assembly)通過基本主權法(the Fundamental Sovereignty Acts),同時宣布獨立。1991年10月8日斯洛維尼亞變成一個獨立的國家,憲法在1991年12月23日正式通過。但是,斯洛維尼亞早在1990年11月到12月就由其民調單位(SPO-Slovenian Public Opinion)進行了庶民投票(plebiscite)。斯洛維尼亞當時共有200萬人口,合格選民是146萬,其中128萬投票贊成獨立。[1]

當然,一般也把自決投票(self-determination)的公民投票稱作庶民投票(plebiscite)。

但自決投票長期以來即有爭議。民族自決是採公民投票方式為之,此所以民族自決和公民投票極易混淆之故。尤其民族自決和分離主義(separatist movement or secessionist movement)經常被連貫在一起。這是因為在二次世界大戰之後,聯國成立以來,第三世界的反殖民地運動(anti-colonial movements)所致,聯合國憲章第1條之2及第55條(Articles 1(2) and 55),都把人民自決(self-determination of peoples)列為聯合國的目標,聯合國大會第1514號決議:

1. 但被外國或外來統治者予以剝削、打壓其基本人權時,此種情形被視為違反聯合國憲章,同時是對世界和平及合作的一種阻礙。
2. 所有的民族(All peoples)都有自決權(the right to self-determination),他們有權利(right)自由地決定他們的政治地位、經濟社會文化發展。

不過,這是在第二次世界大戰後反殖民熱潮下所產生的民族自決或自決權,其施行自然是以公民投票為主。但在國際法上則分離主義和領土完整主義(territorial integrity or territorial approach)對於是否存在著「自決權」,長期以來爭論不休。分離主義者認為人民主權(popular sovereignty)是基於「治者之權力來自於被治者之同意」。但傳統領土完

---

[1] http://ancient history.about.com/od/greekpolics/p/Ecclesia.htm. 20: 48,2011年10月17日。

整主義者，則認為被治者有「默示同意」（tacit consent）權，以及被治者應包含原領土內不贊成分離主義者之意見[2]。

由於民主進步黨長期以來主張台灣前途應由2,300萬人共同決定，類似「自決」的敘述，這也是後來民進黨推公民投票，一般人會把公民投票和2,300萬人之自決權串連在一起之故。

古希臘（ancient Greece）的城邦國家（city-state），理論上所有成年的男子都可以參加公民會議或公／市民大會（public assembly），對於公共議題都有發言權，最後並參與投票，而後則是以多數決（majority rule）來決定公共政策。然而，雅典的公民大會或市民大會，並不是每個成年公民都有投票權，婦女就沒有投票權。所以古希臘的公民大會事實上並非具有現代意義的公民投票多數決決定政策[3]。

二十世紀末期，公民大會的觀念被沿用，而改變其古希臘時代的內涵。"public assembly"在二次大戰之後被認為是一種公民集會，也就是集會自由，用以表現人民有言論自由，並提出「異見」。美國憲法修正案第1條的真義就在這裡。因為治安當局對於公民集會所可能產生的失序及犯罪，往往做出不同意或錯誤逮捕及打壓群眾的情形；所以有人主張建立「自由言論區」（free speech zone）及「安全區」（security zone）的觀念。[4]

由於重視公民表達意見之自由，逐漸形成審議式民主（deliberative democracy）的觀念。審議式民主作為代議式民主的一種補充，Pratchett（1999）就說：「there is nothing particularly new about public participation

---

[2]　Lea Brilmayer, "Secession and Self-Determination: A Territorial Interpretation" (1991). *Faculty Scholarship Series*. Paper 2434. http://digitalcommons.law.yale.edu/fss-papers/2434.

[3]　Eric W. Robinson, *Ancient Greek Democracy: Readings and Sources*, Wiley Blackwell, 2004.

[4]　Heidi Boghosian, The Assault On Free Speech, Public Assembly, and Dissent, A National Lawyers Guide Report On Government Violations of First Amendment Rights in the United States, 2004. The North River Press Publishing Corporation.

as a supplement to representative democracy.」[5]，所以，審議式民主基本上是代議民主的一種補充。它主要在強調政策決定過程中的「溝通」。所以審議式的民主和公民去投票表達意見，在本質上稍有不同。Maeve Cooke列舉了審議式民主的五大功能：

1. 公共審議過程中的教育力量；
2. 公共審議過程中以社區（community）為主而產生的公共討論力量；
3. 公共審議過程中的公平性（fairness）；
4. 公共審議的結果產生（outcomes）被認識到的品質；
5. 在公共審議過程中，參與的公民所有的那種「我們是誰」（Who we are）和政治理想面的契合（congruence）[6]。

由以上可知審議民主較偏向公共討論，有了公共討論再與公民投票結合，才有助於民主的深化。但公民投票未必會經過豐富的公民討論過程。公民討論的過程和結果，如果不能用公民投票表達出來，公民討論的民主意義就降低很多。

貳、代議政治和間接民主

從以上的討論可以知道，公民投票可以和很多不同的概念連結在一起。而公民投票只是單純地指涉一個公民領票投票的過程。以直接、間接民主而言，都和公民投票有關連。理論上當談及公民投票時，指的是直接民主（direct democracy），以有別於間接民主（indirect democracy）。

古希臘城邦政治的公民會議，姑不論其伴隨著的是奴隸制度，或婦女

5　Cited from David M. Ryfe, Does Deliberative Democracy work? 'Annual Reviews of Political Science', 2005, 8: 19-17, *Annual Reviews*, publisher.

6　Maeve Cooke, *Five Arguments for Deliberative Democracy, Political Studies*, 2000, Vol. 48, pp. 947-969.

沒有投票權，但被認爲在小國寡民之下，可以採取直接民主的方式決定公共事務。但一個國家領土遼闊，或人口衆多時，事事必由公民集會來做成決定，在實務上有其困難，代議政治或政府（representative government）因此而產生。代議政治所產生的代議政府（representative government）因而被視爲是自由主義民主（liberal democracy）必然的一種政府體制。由公民依據法定過程選出民意代表或行政首長代表民衆行使管理衆人之事的權力。而政府的體制、權力運作或權限，與人民的基本權利或政治權利等都規範在憲法中，國家主權屬全國人民所有，此乃共和體制；共和國憲法規定民主政治體制，所以共和民主就是自由民主主義。

一般把自由民主的代議政府體制視爲間接民主（indirect democracy），但其實中央及地方民意代表由公民直接選舉產生，行政首長如我國之總統、副總統，直轄市長及一般縣市長也由公民直接民選產生，是指公共政策在形成過程中，最終決定權不在公民手中，在民選的代議士或行政首長手中。而民選的代議士或行政首長並不必然反映民衆的眞正意志。而且，民選民意代表及行政首長也可能營私舞弊、結黨徇私，罔顧大衆利益，或只照顧自己選區選民的利益，形成「肉桶立法」（pork barrel）或「滾木立法」（logrolling barrel; quid pro quo）。換句話說，代議政府雖由人民直接選舉產生，但行使至今普遍使民衆不信任政治，對於公共政策的決定民衆其實沒有眞正的意見表達權；媒體應代表民衆監督政府政客，但媒體有其自我的商業、經濟，甚至政治利益。傲慢的政客及政黨霸占一切權力與利益。

在德國讀者文摘（the Reader's Digest）委託TNS Emnid所做的調查可以證明代議政府所產生的民衆對政府、議會及政黨的不信任。從1995年到2005年十年之間，德國人對政府的信任度從41%掉到17%，對國會的信任度從58%掉到34%，對政黨的信任度從41%掉到17%。

參、直接民主的爭辯

在被稱爲間接民主的代議政府或政治，乍看之下，似乎和直接民主是兩個完全相反或對立的概念；因此其實有必要澄清直接民主的內涵。瑞士蘇黎世大學的Bruno S. Frey和Alois Stutzer認爲創制和複決（initiatives and referendums）是人民額外的權利（addtional rights）。他們說：「直接民主（或者更精確一點是半直接民主—semi-direct democracy）不是要取代議會、政府和法院等等所有代議民主的象徵。直接民主想要做的是，把解決問題的最後權利交到人民手中。人民直接參與的權利之程度或有不同，但總是包括憲政變遷（constitutional changes），而且正常狀況下，人民對此變遷的複決是具有強制性的（an obligatory referendum）；選擇性的創制或複決，此即允許人民把政治議題設定到政治議程上，則需要一定數目公民的連署。」[7]

在本章的前言中已經提到和直接民主有關的一些名詞所代表的內容和事實的爭議。Arthur Lupia和John G. Matsusaka就認爲直接民主是一個十分鬆散的名詞，它包含一些各類的決策過程，例如鎮民大會（town meeting），罷免的選舉（recall elections）、創制（initiatives）和各種不同的複決（referendums）。Lupia和Matsusaka所做的研究集中在創制和複決。

創制是公民主張制定新法律和修改憲法的過程，像美國加州有名的1978年第13號創制案（Proposition of 1978, Califorinia）就是由民眾所草擬的法案。複決案則是針對政府部門所形成的法案，人民主張廢除、拒絕或接受它。當然，包括憲法修正案。人民主動提起複決（petition referendums），或立法機關交由公民複決（legislative referendums），憲法複決則是憲法修正需要得到人民的委任賦與（mandatory）。此外，尚

7　Bruno S. Frey and Alois Stutzer, "Direct Democracy: Designing a Living Constitution", *Working Paper Series, Institute for Empirical Research in Economics*, University of Zurich, ISSN, 1424-0459, September: 2003, p.4.

有諮詢性複決（advisory referendums），諮詢性複決沒有拘束力，僅供政府了解民意及參考。

不過，Lupia和Matsusaka研究的是美國各州的直接民主，美國沒有聯邦層級的創制複決[8]。

他們兩位指出儘管「直接民主」一詞及各種相關的創制複決投票，在歐洲及美國都獲得重視，但仍然存在著一個世紀以前，進步主義運動（Progressive movement）時期存在的老問題。那就是：

　・選民的能力足以勝任嗎？（Are votes competent?）
　・在直接民主過程中，金錢所扮演的角色？（What role does money play?）
　・直接民主如何影響政策？（How does direct democracy affect policy?）
　・直接民主究竟對多數人有利，還是少數人有利？（Does direct democracy benefit the many or the few?）[9]

Lupia和Matsusaka認為上述四大問題至今仍是相當爭議的。

不過，Frey和Stutzer[10]則列舉了十大反對直接民主的理由：

（一）一般民眾不瞭解複雜的問題；
（二）民眾參與投票的興趣不高；
（三）民眾容易被操弄；
（四）民眾傾向情緒性的決定；
（五）太多的公投議題民眾常常會混亂；
（六）公投產生的結果並不必然是好的決策；
（七）公民投票不適合用來解決主要議題；

---

[8]　Arthur Lupia and John G. Matsusaka, "Direct Democracy:New Approaches to Old Questions", '*Annual Reviews of Political Science*', 7: 463-482, 2004. esp. p.465..

[9]　Ibid, p.464.

[10]　Op. cit, pp.27-33.

（八）公民投票阻礙了進步；

（九）公民投票會摧毀民權（civil rights）；

（十）公民投票成本，花費太昂貴。

但以上十個問題都很容易反駁。

像一般民眾不了解複雜問題，其實，政治人物在做決定時也不見得獲得完整資訊。何況，有些問題主要是民眾的偏好，不需要專家來決定；至於投票率，以瑞士為例，一般狀況下介於25%到45%之間，但1992年時有些投票率達到80%以上。事實上，很多議案在議會的投票率也不高。至於選民容易被操控，其實政治人物更容易被利益團體、財團以及所屬的政黨牽制。至於群眾的情緒，透過愈多的辯論，可降低情緒直接反應而增加理性考量。

至於太多的公民投票議題，則可以分開投票；適度提高聯署門檻也可考慮防止一些較無意義的公民創制複決案。至於公投的結果是否帶來較好的政策領導？一般認為，在代議政治下，好的前瞻性政策更不易出現；但付諸公民投票，反而可以迫使政治人物出面解釋、辯論，更易促成好的具有領導前瞻進步的公共政策。

至於直接民主公民投票的議題是否只能對那些瑣碎的低層次公共問題？以憲法修正案來說，就是主要議題（major issue），當然需要徵詢全國民眾的意見。而有關直接民主公民投票是否會阻礙進步？事實上反而不會，像一些比較嶄新觀念的議題，容易在議會中因黨派不同而受到阻礙，交付公民投票，反易釐清問題本質，了解什麼是進步的措施。

而公民投票帶來族群或階級撕裂，恐怕會摧毀民權（civil rights）。因為，每次每個議題的投票依多數決；易形成多數專橫（tyranny of the majority）。但其實民主政治的本質就是不會有永遠的多數群，今天的多數會是明天的少數，以議題投票來使多數群和少數群之間不斷替換，更符合多數決民主的基本本質。定期改選反而限制了多數變成少數，少數變成多數的頻率。

　　至於公民投票的成本太高，相較於政府或議會在公共建設或政策制定及施行上的浪費，議題設定的直接民主公民投票，反而比較之下，成本不算高。

　　Lars P. Feld和Gebhard Kirchgässner兩位作者，更用了瑞士100多個城市（Cities）和郡（Cantons）的多年經驗資料證明，在公共議題上，面對公民投票，民眾比起一般狀況下的民選議員和官員更清楚狀況（well-informed）。同時，在經濟政策上例如公共支出、稅收問題、公共債務處理、垃圾處理等經濟財政上的議題，民眾更有責任感（responsibility）和理性（rationality）。比起民意代表、民選官員，民眾常常做出更佳的、更有效率、更符合成本的選擇。[11]

　　其實，Matsusaka在他自己獨自撰寫的另一篇文章中，對美國各州直接民主公民投票的正面效果，也得到經驗上的證明。[12]

　　他舉一個簡單的總花費例子來證明直接民主並沒花費太多社會成本，以1998年全美的公投花費為例，共用掉4億美金，但2000年總統大選，花費是3.26億美金，1998年國會參、眾兩院選舉花掉7.4億。另外，他也發現愈是採取直接民主公投的州，其政府部門的花費也減少，稅賦減少；社會福利支出的費用也減少，民眾對社福支出反而比政府保守，比較允許採取死刑，支持墮胎前要告知父母。但沒有採取直接民主公民投票的州，則呈現相反的趨勢；最有趣的是，採取直接民主公投的州，都比較傾向限制民選政治人物的連任任期數。換句話說，他們反對政治人物形成政治權力的長期性壟斷階級。

　　直接民主公民投票不論在理論及實務上，遠比想像中複雜。再以拉丁美洲國家為例，1990年代以來，幾乎所有拉丁美洲國家的權力核心都

[11] Lars P. Feld, Gebhard Kirchgässner, Direct Democracy, Political Culture, and the Outcome of the Economic Policy: a report on the Swiss experience), *European Journal of Political Economy*, Vol.16 (2000), pp.287-306.

[12] John G. Matsusaka, Direct Democracy Works, *Journal of Economic Perspectives*, Vol.19, No.2, Spring 2005, pp.185-206.

是以總統爲主；相對地國會及政黨都弱化了。因此，有人主張以直接民主公民投票的方式，讓總統和民衆之間建立直接關係，形成所謂的新民粹主義（neo-populist），1990年秘魯總統Alberto Fujimori透過新憲法的公民投票複決，進行中央集權，其後阿根廷、巴西、厄瓜多爾、委內瑞拉也都有樣學樣。拉丁美洲國家的經驗，確實給了民衆一個參與公共政策決定的機會，也被用來打破立法僵局；但另一方面確實也給了政客一個操弄維護利益的機會。初步證明了，直接民主公民投票確實是一把鋒利的兩面刃。[13]

肆、台灣實施直接民主公民投票的嘗試

依我國憲法（1947年）原先之設計，全國性創制複決權的行使由國民大會行使之（憲法原規定之第27條）；但其先決條件是必須全國有半數的縣市已經行使創複兩權。我國憲法是依據「孫中山先生創立中華民國之遺教」（憲法前言），以及基於三民主義（憲法第1條）而訂定。中山先生主張人民直接行使民權，明確倡議除選舉罷免兩權之外，民權應擴及創複兩權。因此，在中山先生討論政治權利應爲四權時，雖然他使用的是「直接民權」一詞，但中山先生在本質上是主張現今所討論的「直接民主[14]」。曹金增所撰《解析公民投票》一書[15]，對中山先生直接民權的行使有較系統的整理。由於中山先生對地方自治之重視及強調，地方實施直接民權殆無疑問。此所以36年憲法第123條及第136條，皆有有關縣民行使創制複決之條文規範。因此，可以說依中山先生之原意，台灣原本就具有行使直接民主公民投票之依據。

---

[13] Monica Barczak, "Representation By Consultation? The Rise of Direct Democracy in Latin America", *Latin America Politics and Societies*, Vol.43, No.3 (Autumn, 2001), pp.37-59.

[14] 陳博志，〈由孫中山先生的思想看公投的爭議〉，「公投民主在台灣」研討會，主持人致詞稿，2004年2月6日。

[15] 曹金增，《解析公民投票》，台北，五南，2004年3月，初版，第三章。

　　因此，當台灣在1990年代快速民主化而進行修憲時，原本可以理性思辨如何推動直接民主公民投票。但因爲自1990年代前後開始，民主進步黨就主張制定新憲法，交付公民複決；以及1990年民進黨黨綱的「住民自決」論，主張以公民投票決定國家未來之主權，使公民投票與台灣制憲、更改國號等情事連結在一起。[16]也因爲此背景之故，究竟台灣直接採公民投票之名稱，或創制複決法之名稱，也就糾纏在一起，使得直接民主公民投票的理性討論或學術論辯的性質，似乎少了一些。這也使得，2003年通過的公民投票法，從其立法背景及朝野政黨利用此法進行對決，充滿政治計算。從直接民主與民主政治的理論發展及其在台灣的實踐，不免讓人有一些唱嘆。

　　當然，2003年公民投票法通過前後，對於直接民主之公民投票，還是有不少的書籍和文章，進行過嚴肅的討論。

　　在2003年公民投票法尚未通過前，有兩本頗受矚目的學術論述，其一是2001年David Butler和Austin Ranney合著的*Referendums Around the World: The Growing Use of Direct Democracy*（1994）以及Maija Setälä的*Referendums and Democratic Government: Normative Theory and Analysis of Institutions*，以上二書皆有中文譯本，對台灣內部研究直接民主公民投票的人助益很大。在台灣從學術理論及實例介紹公民投票的兩本書，一本是前面已提過的曹金增的《解析公民投票》，另一則是曲兆祥的《公民投票理論與台灣的實踐》，也都值得參考。[17]

　　曲兆祥一書，將直接民主公民投票有關的文獻整理，介紹得頗爲完整。[18]當然，推動公民投票甚力的台灣新世紀文教基金會或台灣智庫的出

16　曹金增，前揭書，頁391。

17　Butler Ranney之書譯者爲吳宜容，書名《公民投票的實踐與討論》，台北，韋伯，2002年；Setälä的書，譯者爲廖揆祥，陳永芳，鄧若玲，書名譯爲《公民投票與民主政治》。另見，曲兆祥，《公民投票理論與台灣的實踐》，台北，揚智，2004年10月初版。

18　見曲兆祥，前揭書，第一章第二節，文獻探討，頁4至頁17。

版品，也有很多相關學術討論。[19]

　　以上是從台灣在推動直接民主公民投票時，其實並不是單純地想改善代議政治的缺點，容或許有借民主化之過程，強化公民直接參與公共政策之意涵，但仍無法阻擋各個政治勢力的政治企圖。

　　從公民投票法正式完成立法之前的各種公民投票、創制複決法草案版本來看，如果刻意避開也許具有負面意涵所謂的「政治企圖」此一詞彙，很客觀地把當時的立法草案版本拿來看，依據張正修所撰《公民投票法，誰是誰非？——立法院公民投票法各版本評析》[20]截至該書出版前，當時共有七個版本，計有：蔡同榮版、（蔡同榮、高育仁、郁慕明、林濁水、黃爾璇、黃昭輝、蘇嘉全）協商版本（本版本後經內政及邊政法制兩委員會審查，條文經過一些改變）、郁慕明版、黃爾璇版、趙永清版及行政院版本。張正修一文從"plebiscite"與"referendum"二詞之原意出發，對中山先生之創制複決權有所批評，但原則上據此檢驗各版本。其實，如果不將改變憲法、國體、政體等等重大議題，視爲當然之政治企圖，從各版本可以很明顯地看出，草擬者、協商者或提出者因對創制、複決、公民投票等等之認知不同，對公民投票行使之對象，充滿高度之分歧。

　　從各版本來看，如果把直接民主公民投票視爲解決政治、政策或任何公共議題的一種機制，那麼憲法層次（制憲或修憲）立法及政策層次、國際條約、甚至對於司法過程的參與，都可以成爲公民投票施行的對象。從這個無限擴大的解決公共議題的投票機制看來，即使已經有了現在的公民投票法，以及現行公投法或有被譏爲「鳥籠公投」的此時此刻，仍然存在著相當寬廣的討論空間。

　　台灣究竟需要怎樣的一個直接民主公民投票制度，應該才是問題思考的核心。

---

[19] 見陳龍志主編，《公民投票與台灣前途》，台北，前衛，1999年初版；台灣智庫，《公投民主在台灣，研討會論文集》，台灣智庫，2004年2月6日。

[20] 本文載於陳隆志主編，前揭書，頁149～206。

　　公民投票法於2003年11月27日經立法院三讀通過，同年12月31日經總統公布施行。[21]

　　從對公民投票法基本態度上來看，在時間變遷的歷史發展中，一般認為以國民黨為主的藍營較不傾向以公投為主的解決重大公共議題的爭議；相對地，以民進黨為主的綠營則傾向以此機制解決重大政治議題，甚至可以上綱到制憲公投，並以之作為捍衛執政或取得執政權之手段。

　　因此從2003年底通過後，到2004年3月的總統大選期間，陳水扁為爭取連任，遂依據公投法第17條發動所謂的「防禦性公投」，被認為企圖以「公投綁大選」以提高一己之投票率。

　　公投法第17條規定：「當國家遭受外力威脅，致國家主權有改變之虞，總統得經行政院院會之決議，就攸關國家安全事項，交付公民投票。前項之公民投票不適用第十八條關於期間之規定及第二十四條之規定。」

　　公投法第17條的通過，真相如何，猶待探究。民進黨1999年通過「台灣前途議決文」，其第1條即主張「台灣是一個主權獨立的國家，任何有關獨立現狀之更動，必須經由台灣全體人民公投決定」[22]。

　　對照內政部出版之「公民投票法研訂實錄」，立法院92年11月26日院會紀錄（立法院公報第93卷第54期院會記錄頁3-295），當時國民黨籍立委李嘉進說：

　　「國民黨的立場非常清楚……，現僅就國民黨立場提出以下幾點主張：一、適用範圍：民進黨、陳水扁總統一直以小眼睛、小鼻子認為國民黨、泛藍不敢對有關主權、領土、國旗、國歌等議題開放，在此本席代表國民黨團慎重的宣示，任何人民需要的公投議題，包括領土、主權、國旗、國號、國歌，都可以藉由公民投票方式，進行公民投票表決[23]。」

---

[21] 可參考，內政部編印，《公民投票法研訂實錄》，台北，鼎教印刷，92年12月。

[22] 牛震，試論防禦性公投，《海峽評論》，第157期，2004年1月號。

[23] 內政部編印，前揭書，頁414～415。

　　有趣的是台聯提案建議刪除防禦性公投條款,表決時不少親民黨籍立委與民進黨籍立委持反對之立場,因此最後表決不通過,[24]防禦性公投條款才得以被保留下來。

　　依據公投法第17條之總統防禦性公投,幾乎沒有任何程序性的限制,事實上,部分人士認為第17條的規範在文字上很難判定,何謂「當國家遭受外力威脅」?「國家主權有改變之虞」?

　　陳水扁所提的第一案為「強化國防」案,主旨為:「台灣人民堅持台海問題應該和平解決。如果中共不撤除瞄準台灣的飛彈,不放棄對台灣使用武力,您是否贊成政府增加購置反飛彈裝備,以強化台灣自我防衛能力?」本案配合2004年3月20日之總統大選,投票率為45.17%,由於未達公投法公投案通過的第一個門檻,即需有50%以上選民前往領票,才是有效的公投案;因此,儘管領票投票人數達7,452,340,當時擁有投票權人總數為16,497,746,而在有效票數7,092,629票中,同意票佔91.8%(6,511,216)。

　　第二案為「對等談判」,主旨為:「您是否同意政府與中共展開協商,推動建立兩岸和平穩定的互動架構,以謀求兩岸的共識與人民的福祉?」投票人數佔全體合格選民45.12%(7,444,148),其中同意票佔92.05%(6,319,663)。

　　而當年陳水扁以6,471,970萬張票當選。以第一案來看,兩者差距相當有限。公投是否拉抬了陳水扁的獲票率,需要做更精密的分析。(何況本次選舉尚受「兩顆子彈」的影響)。但公投與大選的結合,乃是無可避免的策略。

　　公投法通過後的第三案是「討黨產案」,主旨為:「『政黨不當取得財產處理條例』將中國國民黨黨產還給全民;國民黨及其附隨組織的財產,除黨費、政治獻金及競選補助金外,均推定為不當取得的財產,應還

---

[24] 內政部編印,前揭書,頁511～519。

給人民。已處分者，應償還價額。」本案領票人僅26.34%，同意票佔其中91.46%，但因未通過領票投票50%的門檻，投票結果否決。

第四案爲「反貪腐」案，主旨是：「您是否同意制定法律追究國家領導人及其部屬，因故意或重大過失之措施，造成國家嚴重損害之責任，並由立法院設立調查委員會調查，政府各部門應全力配合，不得抗拒，以維護全民利益，並懲處失職人員，追償不當所得？」領票人比率爲26.08%，但同意票僅達58.17%。

第五案爲「台灣入聯合國」案，主旨爲：「1971年中華人民共和國進入聯合國，取代中華民國，台灣成爲國際孤兒。爲強烈表達台灣人民的意志，提升台灣的國際地位及參與，您是否同意政府以『台灣』名義加入聯合國？」本案領票人比率僅35.82%，投同意比率爲94.01%。

第六案爲「務實返聯公投」，本案主旨爲：「您是否同意我們申請重返聯合國及加入其他組織，名稱採務實、有彈性的策略，亦即贊成以中華民國名義、或以台灣名義、以其他有助於成功並兼顧尊嚴的名稱，申請重返聯合國及加入其他國際組織？」本案有35.74%之合格選民領票，贊成者達87.27%。

以上第三、四、五、六案皆配合2008年3月22日第12任總統大選，合併舉行。儘管關於如何領票、投票，即與總統、副總統選票同時或分開領取，同時或分開投票皆產生爭議，以及後來國民黨表達拒領公投選票的「呼籲」，以致投票率過低。但所謂的有意拒領票者即爲投反對票，雖易爲政治人物或政黨操弄，仍爲一種意思表示。固然低投票率無法眞實展現台灣人民對公投票的意志，但也有其「隱含意思表示」的另一面值得討論的地方。

只是第二案明顯針對國民黨（領銜人爲民進黨前主席游錫堃），第四案明顯針對陳水扁家庭及其政府之貪腐行爲（由前財政部長王建煊領銜）。而第五案爲民進黨長期之主張（仍由游錫堃領銜提出），第六案則針對第五案，由當時副總統參選人蕭萬長領銜提出。

平心而論以上2008年的四案，皆屬選舉考量，維基百科雖非學術性研究，但其評論到：

前六案公投的舉行均伴隨著所謂「公投綁大選」的爭議。當時以國民黨為首的在野泛藍陣營強烈質疑執政的民進黨平時不發起公投，總是特意挑選在大選時刻舉行，乃醉翁之意不在酒，企圖藉由製造議題與強大泛綠動員力度以達勝選的目的，公投是否通過非其所關心，並呼籲選民拒絕參與公民投票。因此自民進黨發動第三案公投開始，泛藍陣營也以發動公投反制。不過發動公投的民進黨一貫強調公投與大選同時舉行可以節省人力物力，並非作政治盤算，時任總統的陳水扁於首次發動公投時更宣稱：「如果公投沒過半，阿扁就算連任也沒意思」。

由於公民投票淪為選戰與政治鬥爭的工具，由其自第三案開始的四件公投甚為明顯，因此六件公投皆因投票人數低於50%而遭否決，而且遠低於同時舉行的大選投票率，反映出參與大選投票的選民中有相當比例拒絕參與這類公投。而且儘管六案公投皆遭否決，然而六案的內容仍舊不同程度在政府的施政中繼續推行，諸如第一案「強化國防」遭否決，台灣仍持續強化國防；第二案「對等談判」遭否決，台灣仍與中共展開協商；第五、六案的「入聯」、「返聯」遭否決，但台灣依然持續這方面的工作。所以前六案的公投確實否決也無甚影響，突然耗費社會資源，而且損害公投對台灣人民意志展現的代表性。[25]

伍、結論：直接民主的困境

前面說過台灣在探索直接民主公民投票時，雖然伴隨著修憲的民主化（democratization）而來，但其實朝野充滿政治算計，並沒有針對實踐直接民主以補代議民主體制缺失之縝密考慮；以及期待以直接民主公民投票促成公民參與的民主鞏固的角度出發，去設計應有的公投體制。

---

25 魏基檔案，「中華民國全國性公民投票」條目。

其次，自2004年及2008年的總統大選，都有「公投綁大選」的選舉策略考量，此種演變並不意外，在討論其他國家實施直接民主公民投票時，此方面之缺失早已被提出。但不論是防禦性公投，抑或第三到第六案，每一案都充滿了文字及語意所觸及的可能性憲法層次上的問題。此即筆者在前面論述公投法正式成為法律之前的各種公民投票、創制複決草案版本，所牽扯到的公民投票對象層次問題。

由於公投法已明定修憲案交由公民複決，隱含著修憲或涉及憲法層次之問題，應依修憲條文之規範處理。但以第三案為例，涉及特定組織或團體之財產處分，此係重大之憲法人權保障之原則及憲法對人民財產權之保障。國民黨之黨產乃歷史遺留之複雜問題，其中究竟有多少係以個人名義或法人名義登記，台灣內部或海外之資產究竟如何釐清，恐怕連國民黨自己都無法整理到百分之百清楚，若此公投票通過，要如何執行？且未違及自由民主國家憲法對人民財產權之保障？

再以第四案為例，事實上已有各種貪瀆之法規範存在，監察院又可對涉案官員調查，立法院依憲定職權也可對總統進行彈劾。本案若通過是否有害憲法上五權分立之精神？

第五案以「台灣」名義加入聯合國，聯合國正式會員國需為「國家」，「台灣」是否代表中華民國？牽涉到國號更改之修憲問題，可以以一般之公投案加以處理嗎？至於相對案的第六案，雖巧妙地以「或」及頓號「、」區隔，但以其主旨之文義，「或」其實在連接兩個名詞時，彼此已有「同義」之意涵在內。國民黨內部在討論主旨全文時，曾有人主張「您是否同意我國申請重返聯合國……，亦即贊成以中華民國名義」，在「中華民國名義」之後的「頓號」改成「分號」（；），以區別要以「中華民國」名義「重返聯合國」；而以「台灣」名義加入其他國際組織，但結果並未被採納。但如此一來，「返聯案」和「入聯案」其實是本質上有相當雷同之處，也都涉及憲法層次上「國號」的使用及變更問題。

公投法通過後，主張採低度限制的人，強調其為「鳥籠式公投」；

但陳水扁大打防禦性公投的毫無限制，現行公投法對總統之啓動防禦性公投，無異是部「葵花寶典」，可視之爲「和尚打傘式公投」。若總統以國家主權受到威脅，發動挑戰憲法層次之公投，是否得以成案，以及可否有節制之機制？

大法官釋字第645號解釋，對於公民投票憲議委員會依政黨比例在立法院之席次，分配21名公審會委員，已作出違憲之解釋。因此，第二屆公投審議委員會之委員已全權由行政院長提請總統任命。但大法官第645號解釋，似已肯定公審會對於公投是否成案，可以「實質審查」之認可。若公審會爲公投案之形式交付審查，即無此組織存在之必要；若爲實質審查，則其功能似重在公投案之「預防性違憲審查」。但違憲審查性質乃事後審之司法審查，若公投案出現事前審之「預防性」違憲審查原則，其學理上及實務上之正當性爲何？恐怕是未來在修訂公投法時最需優先處理的重大問題。否則，公投案恐將多數淪爲選舉競爭或造勢動員的工具。

從世界各國公投之案例及法規範來看，有關成案之提出門檻，連署人及通過或否決之門檻，誰有權力發動公投──立法機關、行政部門？等等固都爲重大之議題，但無論如何規範均有其利弊得失，如低門檻設計，確實使得瑞士成爲全球最多公投案之國家，但是否即象徵其民主之進步？別的國家可以東施效顰？而不致淪爲拉美國家之新民粹主義？

就台灣而言，台灣需要怎樣的直接民主制度，以發展優質民主？而不是就要用什麼方式的公投民主或直接民主去達成什麼政治目的，來思考台灣公民投票法未來的修訂。這應該是台灣推動未來直接民主最大的核心問題。

參考書目

中文部分

內政部編印，2003，《公民投票法研訂實錄》，台北：鼎教印刷。

牛震，2004，〈試論防禦性公投〉，《海峽評論》，第157期，2004年1月號。

台灣智庫，2004，《公投民主在台灣，研討會論文集》，台灣智庫，2004年2月6日。

曲兆祥，2004，《公民投票理論與台灣的實踐》，台北：揚智，2004年10月初版。

曹金增，2004，《解析公民投票》，台北：五南，第三章。

陳隆志主編，1999，〈公民投票與台灣前途〉，台北：前衛。

魏基檔案，「中華民國全國性公民投票」條目。

英文部分

Barczak, Monica, 2001, "Representation By Consultation? The Rise of Direct Democracy in Latin America", *Latin America Politics and Societies*, Vol.43, No.3(Autumn, 2001), pp37-59.

Boghosian, Heidi, 2004, *The Assault On Free Speech, Public Assembly, and Dissent, A National Lawyers Guide Report On Government Violations of First Amendment Rights in the United States*. The North River Press Publishing Corporation.

Brilmayer, Lea, 1991, "Secession and Self-Determination: A Territorial Interpretation", *Faculty Scholarship Series*. Paper 2434. http://digitalcommons.law.yale.edu/fss-papers/2434.

Cooke, Maeve, 2000, Five Arguments for Deliberative Democracy, *Political Studies*, Vol.48

Feld, Lars P., Gebhard Kirchg? ssner, 2000, Direct Democracy, Political Culture, and the Outcome of the Economic Policy: a report on the Swiss experience, *European Journal of Political Economy*, Vol.16(2000), pp.287-306.

Frey, Bruno S. and Alois Stutzer, 2003, "Direct Democracy: Designing a Living Constitution", *Working Paper Series, Institute for Empirical Research in Economics, University of Zurich*, ISSN, 1424-0459, September: 2003.

Lupia, Arthur and John G. Matsusaka, 2004, "Direct Democracy:New Approaches to Old Questions", '*Annual Reviews of Political Science*', 7:463-482, 2004.

Matsusaka, John G., 2005, Direct Democracy Works, *Journal of Economic Perspectives*, Vol.19, No.2, Spring 2005, pp.185-206.

Ranney, Butler and Austin Ranney, 1994, *Referendums Around the World: The Growing Use of Direct Democracy*, 吳宜容譯，2002，《公民投票的實踐與討論》，台北：韋伯。

Robinson, Eric W., 2004, *Ancient Greek Democracy: Readings and Sources*, Wiley Blackwell.

Ryfe, David M., 2005, Does Deliberative Democracy work? '*Annual Reviews of Political Science*', Annual Reviews, publisher.

Setälä, Maija, *Referendums and Democratic Government: Normative Theory and Analysis of Institutions*, 廖揆祥、陳永芳、鄧若玲譯，《公民投票與民主政治》。

第十二章

從全球治理看台灣民主化

葛永光

壹、前　言

　　1991年蘇聯瓦解後，人類歷史發展進入新的一頁。過去的國際關係是建立在「權力平衡」的基礎上，追求對國家權力的管制甚或限制，以達成國際體系平衡或維持現狀的目標。但在1991年後，全球思考的重點，是如何建立一個能超越國家的體制，來規範許多跨國的互動行為（Blin and Gustavo, 2007）。聯合國的存在與功能重新獲得重視，聯合國的改革與功能的強化，也再度獲得世界各國的注意。為了加強規範跨國的互動行為，聯合國也成立了全球治理委員會研究相關問題，並在1995年提出報告，全球治理的問題於是獲得廣泛的關注。

　　雖然全球治理強調聯合國與跨國組織（含NGO）的重要性，但是國家（state）的地位在全球治理概念下的國際關係仍然扮演舉足輕重的重要性。因此，全球治理能否成功，與各國能否實行「善治」又息息相關。因此，本文目的即在從全球治理與善治的概念，來探討台灣民主化的經驗，及其對全球治理的意義。

貳、全球治理與善治

一、全球治理的意涵

　　全球治理的意義眾說紛紜，有學者認為全球治理是「在沒有最高統治權威下，來治理跨國界的關係。簡言之，全球治理就是在國際上處理國家在國內所處理的事務。」（Finkelstein, 1995: 369）不過，「治理」此一概念其實較「政府」的意涵更廣。聯合國全球治理委員會的報告指出，治理是「個人與組織的，公共與私人的，在管理他們共同事務的諸多方式的總和。治理是一個調和衝突或分歧利益及採取合作行動的持續過程。它既包括有權迫使人們服從的正式制度與機制，同時也包括各種人們同意或以為符合其利益的非正式制度安排（Oxford University, 1995: 2）。」事實上，治理有時是在沒有政府的情形下進行的。根據聯合國全球治理委員會的報告，「全球治理」的意涵可展現在以下四個面向：

（一）在治理議題上

　　它所針對的物件是單一主權國家所無法獨立解決的全球性問題，例如氣象變遷和全球暖化的問題。

（二）在治理主體上

　　它是多元性的，其中既包括「民族國家家族」（nation-state's family），如國家、國際組織，以及國際建制，也包括了「跨國性次政治團體」（transnational sub-political group），如NGOs、公民運動、跨國公司，以及學術社群等。治理可以是以國家政府為主體的治理（governing with government），也可以是以非政府單位為主體的治理（governance without government），更可以是國家與非國家行為者共同分享行動主體性的全球治理。

（三）在治理層次上

它主要包括次國家層次，即地方、社區的治理，例如宣導環保概念並推動降低石化燃料的使用，以減少溫室氣體的排放量；在國家層次上，則是思考如何運用獎勵與懲罰的方式，協助高污染企業進行轉型或透過研發與技術移轉製造低污染產品，或是採核能發電以有效避免使用石化燃料；至於在全球層次上，則是透過各種氣候變遷基金的建立以提供額外財務，協助低度開發國家、開發中國家及東歐經濟轉型國家因應氣候變遷的技術移轉與能力建構等事項。

（四）在治理形式上

傳統的治理就是指政府的統治，是一種以國家中心為主軸，採取「由上而下」（top-down）的決策過程，因此，治理便成為政府的另一種名稱。但是，現在所稱的治理則已不再是政府的同義詞，它雖然也同樣可以是「由上而下」的決策模式，但它更可能是「由下而上」（bottom-up）的一種問題解決模式。更重要的是，當傳統的統治基礎建立於支配與控制時，治理則更加強調協商與議價的重要（Oxford University, 1995: 2）。

全球治理雖不等於要建立世界政府，但全球治理最後仍要回歸到各國政府的支持與合作。全球治理（Global Governance），是指為了解決超出一國或一地區的某一問題，而由各國進行政治協商以共同解決的方式。全球治理並不是要建立一個世界政府，因此這一概念有別於世界治理的概念。全球治理是在保留現有各國政府管理機制和力量的基礎上，加強彼此的溝通和協調，以解決一些共同面臨的問題。隨著全球化的深入發展，包括衝突、環境、生態、資源、氣候等許多問題的解決都非一國政府所能及，因此，全球治理受到愈來愈多的重視（維基百科全書，「全球治理」，2011）。

全球治理的概念包含許多重要的主題，如環境的治理和地球生態的維護，經濟全球化與經濟治理，全球政治與制度的治理，全球安全、衝突

與和平的治理，及全球科技、教育與資訊、通訊的治理等，都是全球治理探討與研究的重要課題。以全球政治與制度的治理為例，如何在全球、區域、國家、甚至地方層次，都建立一個負責任的民主政治治理機制，這是全球治理成敗非常重要的一個任務（維基百科全書，「全球治理」，2011）。尤其是在國家層次上，從1970年代開始的「第三波」民主化，到最近發生在突尼西亞的「茉莉花革命」（維基百科全書，「茉莉花革命」，2011），[1]都說明非民主國家的不穩定與政治的腐敗，常常是影響全球治理過程中，國與國間能否理性溝通與協調，共同解決人類所面臨問題的關鍵因素。美國史丹佛大學教授法蘭西斯・福山也認為，民主制度的機制對於國家治理的品質會產生影響。理論上民主對治理來說應是好的，但有些國家如美國和西歐，因為過度制衡，決策受到影響，常無法順利作出重要決策，但民主的價值在於，雖然制衡程序造成決策緩慢，但往往還是能做出最好決定（Fukuyama, 2011）。

　　總之，一個建立在主權在民，透過大眾諮商和法制程序來理性決定公共政策的民主政體，一般而言，要比由一個人或少數寡頭來決定政策的獨裁或威權政體，來的穩定及有利於在全球治理架構下的協商與溝通，以解決人類面臨的共同問題。所以，談全球治理，不但希望全球政治機制能走向民主，更希望各國政治體制也能民主化，並在國家治理上能走向「善治」（good governance），以利於全球治理的進行。

二、「善治」的意涵

　　聯合國教科文組織認為「善治」應具有八項主要特點（UNESCAP,

---

[1] 茉莉花革命指發生於2010年末至2011年初的北非突尼西亞反政府示威導致政權倒台的事件，因茉莉花是其國花而得名。事件導致時任總統班阿里政權倒台，成為阿拉伯國家中第一場因人民起義導致推翻現政權的革命。茉莉花革命對北非及中東產生了極大的影響，其示威抗議的模式亦受一些國家的民眾所效法（如阿爾及利亞、埃及等），導致反政府的示威浪潮在一個月內席捲整個北部非洲與中東地區。詳參維基百科全書，「茉莉花革命」。

2011）：

（一）參與（participation）

　　參與可以是直接或通過合法的中介機構或代表來達成。但必須要指出的是，代議民主並不一定意味著對社會中最易受傷害一群人的關注會被考慮在決策中。參與需要被告知和組織起來。這意味著代議民主一方面需要結社自由和言論自由，另一方面也需要一個有組織的公民社會。

（二）法治（rule of law）

　　善治要求有公正的法律架構，並能得到公平地執行。它也需要充分保護人權，特別是少數民族的人權。公正執法的法律需要一個獨立的司法機關和公正廉潔的警察部隊。

（三）共識取向（consensus-oriented）

　　在一個多元而意見分歧的社會中，善治要求調解社會中的不同利益以達成廣泛共識，尤其是針對何者是整個社會的最佳利益，以及如何可以達成這一點。它也需要針對人類社會可持續的發展，及如何達成這樣的發展，有一個廣泛和長遠的觀點。這些目標都只能透過對人類社會或一個社群的歷史，文化和社會背景的瞭解來完成。

（四）公平與包容性（equity and inclusiveness）

　　一個社會的福祉取決於確保其所有成員認為，他們與此社會利害相關，並感到沒有被排除在主流社會外。這需要所有群體，尤其是最弱勢團體，有機會改善或保持自己的福祉。

（五）反應力（responsiveness）

　　善治要求所有的機構與政治過程在負責的固定時間架構內，要盡量為所有人民服務。

（六）透明度（transparency）

透明度是指做出的決定及其執行完成的方式，都是遵循固定的規則和條例。這也意味著，訊息是免費提供的，而受這些決定影響的人可直接接觸到這些訊息。這也意味著有足夠的資料提供給大眾，並且是以易於理解的形式和透過媒體提供。

（七）效率和效能（efficiency and effectiveness）

善治是指決策的過程和機構，必須有效的利用手上的資源，來滿足社會大眾的需要。效率的概念，在善治下還涉及可持續利用自然資源和保護環境。

（八）究責（accountability）

問責制是善治的關鍵。不僅政府機構，而且私營部門和民間社會組織必須向公眾和他們的利益相關者負責任。誰向誰負責，取決於決定或採取的行動是內部還是外部組織或機構而有所不同。一般來說，一個組織或機構應對那些受到它的決定或行動影響的人負責。如果一個社會缺乏透明度和法治，問責就無法執行。

圖12.1　善治的特點

　　總之，如果一個國家能達成以上八個治理的目標，就達到「善治」的境界。不過，任一國家都很難完成所有八個目標，僅能用這八個目標來作爲努力的方向，或用來作爲檢驗和比較各國發展的標準。如前所述，全球治理最後還是要落實到國家治理，國家治理又必須要落實到民主的建立及善治上。因此，下面本文將用此八個標準來探討台灣民主化的經驗。

參、台灣民主化經驗

　　台灣在過去六十餘年的政治發展過程中，經歷了與其他各國不同的發展經驗。此一發展經驗與台灣民主化經驗密切相關，從某個角度看，台灣政治發展的經驗就是台灣追求民主化的一個過程。

一、政治發展的意義與階段

　　學者對政治發展的意義眾說紛紜，不過，雖然政治發展的定義迭相競起，他們所標定的特性，幾乎全是現代化過程的諸種面相。杭廷頓（Samuel Huntington）曾用四組範疇來詮釋政治發展，它們分別是理性化、整合、民主化及參與（Huntington, 1967: 207-246）。事實上，這四組概念都可用民主化來概括。理性是民主政治實施的一個重要準則，艾本斯坦（William Ebenstein）就曾指出，理性的經驗主義（rational empiricism）是民主社會中最重要的元素，自由民主的生活方式乃是奠基在人類對理性的信心（Ebenstein, 1975: 142），民主化當然也包括整個國家社會的整合。我們相信，一個愈民主的社會，它的內部整合情形會愈好。因此，布萊克（C. E. Black）就把整個國家和社會的整合，視爲是政治發展過程中最後的一個步驟（Black, 1966）。最後，民主政治必然是包含參與。因此，佛烈（F. Frey）宣稱：「政治發展即是邁向民主政治的運動。」（Frey, 1963）本文即從此觀點出發，將政治發展視爲是民主化的過程，來檢視台灣過去政治發展過程中，善治和民主政治發展互動的經驗。

　　不過，民主不可能在一夕之間完成，政治的演進也一定是逐步分階段來達成的。民主政治的制度要想成功的引進和成熟的運作，它需要有計畫、有目標、分階段來漸進的達成目標。政治學家奧干斯基（A. F. K. Organski）將政治發展歸納成四個發展階段（Organski, 1965）：（一）國家統一的初階段；（二）工業階段；（三）國家福利階段；（四）國家富足階段。國父孫中山先生對推動民主政治亦有階段理論的觀念，孫中山先生深切瞭解民主條件闕如即貿然擴大參與、實施憲政的弊害，故提出以「軍政、訓政、憲政」三階段來達成民主政治的目標。可見，民主政治的發展不是一蹴可幾，必須循序漸進，始能克竟全功。本文以下將以階段理論的觀點，來探討台灣過去幾十年來民主政治發展的過程。

（一）民主奠基期（1949～1977年）

　　從中華民國政府撤退到台灣迄「中壢事件」止，我們可稱這段期間為台灣民主發展的奠基期。這段期間的我國經濟是從一個落後的經濟，逐漸邁向一個自主的經濟體系，而且民主政治的發展也漸立根基。這個階段，台灣政治發展的內涵，主要有下列三個特色：

1.以權威主義作為推動現代化的工具

　　權威主義（authoritarianism）的政權，其定義是不容許對權力挑戰的勢力存在，是受到限制的多元主義的政治權力體制（Linz, 1973: 18）。羅伯·華德（Robert E. Ward）在研究日本的現代化過程時也指出，權威主義的政治體制在日本現代化的早期階段是非常有效的手段（Ward, 1966: 478-474）。阿蒙和鮑威爾在分析開發中國家發展策略時，也將台灣的發展略歸納成「權威—專家政治—動員型」（authoritairan-technocratic-mobilizational pattern）（Almond and Powell, 1978: 363, 372）。和日本一樣，中華民國政府在台灣現代化的初期，也採取權威主義的策略，來促進現代化的達成。

　　不過，中華民國的權威主義政治體制與韓國和拉丁美洲的「官僚的

權威主義體制」（bureaucratic authoritarian system）不同。根據奧當乃爾（Guillermo O'Donnell）的看法，「官僚權威主義體制」爲了謀求快速的經濟成長，而必須以權威主義政治結構爲其骨幹，這種體制是掌握在軍人的支配勢力手中，建立高度中央集權化的統治結構，其策略是與國際資本主義相結合，依靠外國的資本與技術，運用本國的廉價勞動力來促進經濟的高度成長，這種體制的開發戰略無可避免的導致本國經濟從屬於外國經濟勢力（O'Donnell, 1973）。在「官僚權威主義制」中，軍人支配了政治勢力，如韓國和阿根廷；同時，經濟發展的結果造成貧富不均和依賴外國經濟勢力。台灣的「權威主義體制」卻得以避免軍人干政，也未產生貧富不均和受制於外國經濟勢力的情形。

2. 戒嚴的實施

中華民國政府從1949年起即發布戒嚴令，在戒嚴時期，對人民的某些權利施加限制：例如，戒嚴凍結了「憲法」所保障的言論、出版、集會及結社與政治自由。然而，台灣所實施的戒嚴並非西方人所瞭解的戒嚴，台灣並未完全終止憲法，也未全面解散各級民意機構，更未實施軍事統治以及取消人身保護狀，凍結人民的許多基本自由權利。

戒嚴的實施對台灣安全的維護卻是助益甚大。首先，由於嚴格的出入境管制，以及嚴密的山防和海防管制措施，使中共的滲透和顛覆活動受阻。其次，戒嚴禁止新政黨的成立，因而，沒有出現分裂國家意志的多黨林立現象。第三，戒嚴禁止罷工、罷課、罷市，及限制聚眾遊行，因使社會秩序得以維持。

3. 一黨優勢的政黨體制（one dominant-party system）

就中華民國的例子而言，我們可從政治制度的因素，尤其是一黨優勢的政黨制度，來探討該制度如何影響台灣的經濟發展。

(1)一黨優勢制與政治穩定

美國著名政治學者杭廷頓（Samuel P. Huntington）曾說：「達到高度

政治穩定的發展中國家，無不至少擁有一個強大的政黨。」（Huntington, 1968）杭廷頓認為，「發展一個強大的政黨可讓一個有組織的公共利益去替代若干個分裂的私人利益。而且，一旦政黨發展具有實力的組織時，就成為聯繫不同的社會力的帶扣，並能為創造一種超越地域性集團的效忠與認同建立基礎。同樣地，由於政黨有利於使領導權之繼承與吸收新集團加入政治系統兩件事規律化，它可為政治安定與有秩序的變遷提供基礎」。（Huntington, 1968: chap. 7）

中華民國的發展可以為杭廷頓的論點提供最佳的例證。由於國民黨的長期執政，黨政領導權的繼承，大體均能在有組織、有秩序和有計畫的情況下順利進行。國民黨長時間執政，政府人事的任用和更易，均在黨的決策下平穩的進行，黨的組織提供了政府穩定的一個重要基礎。因此，在國民黨一黨優勢的制度因素下，此一政黨制頗能有效的為政治安定和有秩序的變遷提供基礎。

(2)一黨優勢制與人才甄補及參與

在現代的政治系統中，政黨大多在政治甄補中扮演著重要的角色。就中華民國的例子而言，執政的國民黨乃是甄補人才的主要機構；同時，由於執政的關係，國民黨是否能不斷甄補具有競爭能力，且受過訓練的新角色，不僅影響著政黨，也影響著政府內部的秩序、政策制定，甚至政治系統的存在（Almond and Powell, 1978: 110-111, 126-127）。

一般而言，國民黨的人才甄補模型在此期間有兩個重要特徵：

A. 政治菁英的甄補幾乎是從各職業階層中的上層人士選出。

B. 較高的教育程度（通常是大學畢業以上），是被甄補人士必備的條件。

由於各階層的菁英份子得以被甄補進入政治階層，一方面可強化國民黨的代表性及社會基礎；另一方面也發揮了人才甄補的籠絡功能，將各階層的菁英份子予以籠絡，以維持其對現行政治系統的效忠。其次，從國民黨的甄補模型可以看出，隨著社會教育水準的提高，較高的教育程度成為

被甄補的必要條件。較高的教育程度，意謂著具備較佳的專業技能，甄補具有專業技能的人才進入政治階層，有助於政治系統效能的提高，亦有助於政治系統發揮其適應的功能。

一位經濟學家在討論台灣經濟發展中的政治因素時，就曾指出「傑出的人才」和「清廉有效的行政」是促成台灣經濟發展的二個重要因素。而這些因素都肇基於國民黨能有效而成功的將社會上各種人力資源，尤其是高級專業人才，甄補到政治體系中，這些都有助於行政效能的提高和決策品質的改善。

(3)一黨優勢制與政策制定

對經濟發展而言，經濟政策之能否保持一貫性和連續性，是此一政策能否成功的重要因素。尤其是經濟政策之施行成效，往往必須經數年始能見其成效，因而，一黨長期執政，能按其理想制定經濟政策，而且能有步驟分階段的提出經濟政策，規劃經濟建設，並且按部就班有計畫的去推行，使得政黨的經濟主張，能經由有計畫的方式逐步實施。就此而言，一黨優勢制使政策的制定和執行能夠前後一貫，並且政策具有延續性，不致因為政權更迭肇致政策中斷或變更，這是使得台灣經濟發展能成功的重要因素之一。

(4)一黨優勢制與國家整合

國家整合被視為是一種過程，它可能是社會及發展經濟的一個副產品，也可能是政府政策一個有計畫的結果（Birch, 1989: 36-51）。就台灣的例子而言，中央政府遷台，帶來了接近二百萬的軍民，這些自1949年從大陸遷移而來的同胞，一般被稱之為「大陸人」或「外省人」（mainlanders）。而在1949年以前，從明清以降即陸續自中國大陸移民而來的中國人，俗稱「台灣人」（Taiwanese）。由於台灣人多半來自廣東和福建兩省，所以又分為客家人和閩南人。事實上，就族群的觀點而言，外省人、閩南人和客家人，都是從中原移民而來的漢民族（Han-Chinese）。

　　國民黨本身是一種超越地域性集團的組織，它將外省人、閩南人、客家人和原住民等，整合在黨的體系內，同時，透過民間團體的運作，如：工會、農會、漁會、商會等，將社會各種新興勢力和各階層利益吸納及整合到執政黨內。因此，在一黨優勢制的運作下，執政的國民黨成為整合全國各界利益的重要工具。

　　由於在此期間，國家整合的成效良好，台灣民眾強烈的認同國家，全國民眾也都能團結一致的支持政府從事國家建設，使得現代化的工作能順利的發展。

（二）民主成長期（1977～1986年）

　　雖然一黨優勢制有利於政治穩定、人才甄補、政策制定、國家整合，並且有助於促進經濟發展，但是，當這樣的政黨制度在達成經濟發展的目標後，並且繼續以謀求經濟發展做為達成其追求政治穩定的重要手段時，經濟發展本身變成一變數，反過來會影響政治發展。

　　首先，經濟發展會導致政治參與的升高。尼伊（Norman Nie）等人認為，經濟發展對政治參與的影響，主要是透過兩個途徑：第一，經濟發展導致社會分層（social stratification）的改變。經濟發展以後，社會中的上階層與中階層相對擴大，而隨著個人經社地位的提高，個人的政治認知程度，政治功效意識（political efficacy）、公民責任感等亦相對地提高，並進而促使整體參與水平的提高（Nie et al., 1969: 372-374）。

　　第二，經濟發展改變了社會中團體成員的結構。經濟發展以後，社會中的次級團體大量湧現，團體間的利害衝突亦隨之擴大，而且，由於個人在團體中涉入（involvement）的提高，個人加入團體性的政治活動的頻率亦隨同增加：所以，社會中團體成員結構的改變，會導致整體政治參與水平的提高（Nie et al., 1969: 811-814）。

　　總之，一黨優勢制有利於經濟發展，而經濟發展提升了政治參與的慾望，也有利於反對勢力的成長，也相對的構成對一黨優勢制的挑戰。民國

1977年11月19日發生的「中壢事件」，正象徵著這種對一黨優勢制挑戰的開端，也使台灣的政治發展邁入了另一個新的階段。

從民主發展的角度觀察，這一階段中台灣政治發展的特徵，便是政治參與需求的提高和政治反對運動的快速發展。美國政治學者道爾（Robert Dahl）指出：民主制度的發展有三大里程碑——1.即出以投票參與政府決定的權利；2.選舉被代表的權利，以及3.在選舉和在國會中成立有組織的反對派，爭取選票以對抗政府的權利（Dahl ed., 1973）。道爾在建構「多元政體」（polyarchy）的分析架構時，也特別著重在「參與」和「反對」（opposition）。由於在中壢事件以後，台灣在政治參與的提升和政治反對運動上皆有重要的成長，因此，我們將中壢事件後以迄1986年這段期間，稱之為「民主成長期」。

不過，從結構上來觀察，這個階段的政治體制，仍只能稱為「指導民主」的體制，所有民主國家的制度都具有了，選舉定期的舉行（只有在1978年12月的選舉因中美斷交而暫停）；政治意見的表達頗為活絡，政治參與也日趨熱烈；不過，黨和行政機構仍然扮演著指導的角色，黨政關係仍然密切，而且仍然非常強調黨的紀律。

還有幾個因素使我們認為這一時期的台灣政治發展屬於「指導民主」。

首先，在故蔣總統經國先生的領導下，統治菁英維持著內部的團結，並得以行使有效的統治。這些統治菁英能隨著時勢的演變，逐步推行民主。除了選舉定期舉行，選舉層次逐步升高外，執政黨在1986年3月已開始研議，諸如：解除戒嚴、開放黨禁、中央民意代表改選、地方自治法制化等重大改革事項。這些改革方案在1986年8月時，已大致準備就緒。

其次，國民黨政府開始接受反對勢力的競爭與容忍其激烈的挑戰，也顯示出這個階段「指導民主」的表徵。基本上，國民黨對反對運動崛起所採取的態度，不再是以鎮壓的方式處理，而是接受現代化發展及其伴隨而來的後果（反對人士的增加及反對勢力的動員），並採取方法適應情勢發

展，亦即允許反對人士透過公平的方式進入政治架構。例如，在1985年11月舉行的地方公職選舉中，黨外推薦候選人的當選率為六成。雖然在當時「組黨」仍屬違法，但執政黨亦加以容忍，直至民進黨成立，國民黨的策略很明顯的準備開放及接受政黨競爭。

（三）民主起飛期（1986～1996年3月）

執政黨於1986年10月15日宣布「解嚴」與「開放黨禁」兩原則後，台灣社會的面貌煥然一新，充滿了活力與生命力，台灣的民主政治也開始起飛，日趨自由、開放和多元。台灣的政治發展開始進入「政治民主」時期，所謂「政治民主」最主要的涵義，當然是政治體制基本上是經由代議制度和自由投票選出的文人統治；公開、公平的政治競爭；公民權和自由權的保障，如：集會、結社、言論、出版、遊行、示威、罷工等權的保障。

從執政黨宣布「解除」與「開放黨禁」後，台灣社會展現了無比的活力，示威、遊行、罷工屢見不鮮；言論市場自由開放而且是百花齊放；新政黨的組成如雨後春筍般，而且，政黨的集會頻繁的熱烈。台灣的民主在此階段確實是逐漸的「起飛」，展現出與以往不同的新面貌，因此我們稱此階段為「民主起飛期」。

（四）民主鞏固（1996年3月～2008年3月）

1.政黨輪替與民主發展

2000年3月總統大選結果，國民黨因為分裂造成選票分散，結果民進黨提名的陳水扁當選總統，形成台灣第一次的政黨輪替。

「二次政黨輪替」是美國哈佛學者杭廷頓在其名著《第三波：二十世紀末的民主化浪潮》一書中所提出的理論。杭廷頓提出「雙輪轉測驗」（two-turn-over test），亦即所謂的「二次政黨輪替」概念。他認為，只有在兩個相互競爭的主要政黨都能在輸掉選舉後，把政權和平地轉移給對

方，才能確立民主的政治文化，使政治菁英和民眾都接受以選舉而非革命的方式，讓做不好的統治者下台之民主體制，如此，民主才能鞏固。二次政黨輪替具有兩項重要意義：首先，說明一個社會中兩個主要的政治領導階層充分忠於民主，而且願意在選舉失利之後，交出職位和權力。其次，菁英和民眾都在民主體制內運作，當出了紕漏之後，民眾可更換統治者，而不是改變政權。

就「二次政黨輪替」理論而言，台灣在2000年第一次政黨輪替，國民黨和平的將政權交給民進黨。2004年總統大選發生了319槍擊事件及「公投綁大選」等許多有爭議的事件，使得民主程序受到扭曲，選後泛藍在3月27日於總統府前舉行大規模的示威遊行抗議活動，並拒絕承認陳水扁為合法總統，使台灣新生的民主在民主鞏固上蒙上一層巨大的陰影。

政黨輪替是民主轉型過程中必經的一個過程，但是在政黨輪替後，是否這些新興民主國家的發展就會更好？還是變得令人失望？弔詭的是，政黨輪替後上台的新興政黨勢力，似乎並不能有效的處理經濟、政治等各方面的挑戰，反而使政經倒退（2001年經濟成長率倒退為-2.17）、社會脫序，人民從期望甚高跌入到失望的深淵中。杭廷頓說：「缺少效能的政權，特別是在經濟成長方面缺少效能的政權，只能維持低水平的合法性。」對轉型後民主的失望，會造成民眾對「威權懷舊症」（authoritarian nostalgia），懷念起威權政權的政績，尤其是在經濟發展方面的政績。

此外，對民主鞏固所造成的挑戰，更重要的是來自於民主政治和民主化過程會衍生許多問題，而面對這些問題，新興的執政勢力不是無力解決，就是自己本身便是造成問題的始作俑者。杭廷頓認為民主化會衍生三項問題：社群衝突、對外戰爭和社會脫序。就社群衝突而言，有些政黨每到選舉就不斷煽動族群意識，希望藉此贏得選票，但也升高了族群衝突。就對外戰爭而言，有些政黨刺激民族主義情緒，提升了戰爭發生的可能性。就社會脫序而言，民主化通常涉及到國家對個人行為限制的解除，社會約制力量的鬆動以及道德標準的不確定和混淆，尤其是政黨帶領不遵守法紀，使社會形成一股無是非、自由放任的氣氛。

最後，政黨輪替對民主鞏固帶來最嚴重的挑戰，乃是新興政治勢力掌權後，產生了一種權力的嗜慾，絕對的權力造成絕對的腐化，執政者的貪腐導致民眾對政治的失望，最終可能造成民主體制的崩潰。

杭廷頓所說的這些現象，固然在別的國家出現過，用來描述台灣在2000-2008年轉型到民主鞏固期間的情景，似乎也十分貼切。台灣在這段期間，雖然經歷了首次的政黨輪替，但是在民主轉型期間面臨了多重的民主鞏固的挑戰，必須經由二次政黨輪替來設法進一步鞏固台灣的民主。

（五）民主深化（2008年3月迄今）

2008年3月總統大選揭曉，國民黨提名的馬英九以58.45%得票率，得到7,658,724票，擊敗民進黨支持的謝長廷的41.33%得票率及5,445,239得票，雙方差距2,213,485票。5月20日馬英九從陳水扁手上接掌中華民國第十二任總統的職權，完成了二次政黨輪替。

二次政黨輪替後，台灣的民主雖獲得初步的鞏固，但並不意味著台灣的民主品質已大幅提升。事實上，新興民主國家並不僅僅因為通過民主鞏固的檢驗，就代表其民主品質的程度與西方先進民主國家並駕齊驅；人民生活的品質也並不是完全由統治體是民主或不民主的特性來決定，而是要靠其他制度來決定這些品質。（Linz and Stephan, 1997: 30）換言之，台灣或許已有了「自由的民主」和「選舉的民主」，但是要進入所謂「先進的民主」，必須要經過民主深化的階段。

所謂的民主深化，「除了需要接受其他不同制度性的挑戰外，其意義乃是思考如何使得民主運作本身更自由、更負責、更能回應民意與更具代表性。」就台灣的民主深化而言，必須完成幾項政治建設的工程：1.改善兩岸關係與建立永久和平架構；2.深化憲政改革，邁向名符其實的雙首長制；3.建立政府的良善治理；4.形塑公民文化（葛永光，2011：50-54），而建立善治顯然是這階段最重要的工作。

肆、善治與台灣民主化經驗

從參與的標準觀察，台灣在民主奠基時期，由於戒嚴的實施和威權體制的管制，民眾的參與是受到限制的。此時期的大眾參與是杭廷頓所謂的「動員式參與」（mobilized participation）（Huntington and Nelson, 1976: 1-16）；至於參與之類型，杭廷頓將之分為：一、選舉活動，如投票、捐款、助選及其他意圖影響選舉結果之行為；二、個人或團體的遊說活動；三、組織活動；四、為個人或少數人利益而跟政府官員接觸的活動；五、暴力（Huntington and Nelson, 1976: 1-16）。在此階段，台灣民眾政治參與最平凡的活動是選舉時的投票，捐款仍未法制化規範，參與助選的人數也是特定的一群人。組織政黨活動受到限制，至於遊說活動也未法制化，侷限在少數特定階層間的不公開活動。與官員接觸的活動，也是侷限在少數人。暴力參與在此階段很少出現。台灣政治參與在民主成長階段有了快術的提升，不但公開為反對勢力助選、捐款的人數增多，從事組黨的組織活動也半公開的在進行，同時「準暴力」活動也被用來作為反對勢力對抗執政者的武器。到了民主起飛時期，台灣轉型成為民主體制，不但選舉活動中的投票、捐款、助選熱烈，政黨組織如雨後春筍般成立，民間社團與各類NGO也大量出現，對官員和國會的接觸和遊說活動增多，且管道和遊說方式也日益多元化。在民主鞏固時期和民主深化時期，台灣的政治參與熱烈、蓬勃，管制黑金政治對民主的影響，成為重要的課題，同時訂定陽光法案，使捐款、遊說、助選、組織團體等政治參與活動法制化，都成為此階段的重要政治建設工程。

從法治的觀點看，在民主奠基期，因為是威權時代，法治基礎未立，人治重於法治。在民主成長期，國民黨的威權體制逐漸從「硬威權」轉變成「軟威權」（soft authoritarianism），選舉依據憲法與相關法規定期進行，人權比前階段獲更多保障，但基本上仍是人治重於法治。在民主起飛期，國民黨宣布於1986年10月15日「解嚴」與「開放黨禁」。公民權和自由權獲得：如集會、結社、言論、出版、遊行、示威、罷工等權。立法

院於1988年1月11日通過「集會遊行法」，1989年1月20日通過「人民團體法」，保障人民組織團體的權利。1992年3月到5月，國民大會進行兩階段修憲。法治開始逐漸生根，憲法獲得更多重視，逐漸成為解決政治衝突和凝聚人民共識的基本大法。在民主鞏固期，台灣經歷第一次政黨輪替，新的執政者和執政黨為了鞏固權利和利益，不惜破壞根基未穩的法治基礎，尤其是在選舉時對中央選舉委員會的操弄，和將公投視為選舉工具的舞弄，以及以權謀私和貪腐嗜慾，甚至不惜玩法毀法，對台灣的法治建設造成嚴重傷害。在民主深化時期，馬英九接任總統，不輕易修憲，讓憲法能休養生息，同時，尊重司法，不干預司法和監察、考試等憲政獨立機關，讓司法獨立能茁壯成長，也讓五權制衡體制能逐漸建立。馬總統並讓兩個重要的國際人權公約：公民與政治權利國際公約及經濟社會文化權利國際公約，於2009年12月10日國際人權日，經總統宣布兩公約生效成為國內法。這些措施和作為，都有助於台灣走向一個真正法治和保障人權的社會。

就透明度而言，在民主奠基期，政府的決策毫無透明度可言。但是到了民主成長期的後期，由於威權統治的軟化及民選民代人數及影響力逐漸增加，使得媒體的報導空間大增。蔣經國晚年，國民黨中常會的訊息，常常在隔日會出現在媒體報導中，也使國民黨決策的透明度較前增加。到了民主起飛期，台灣轉型成民主體制，報禁取消，選舉重要性日增，媒體競爭加上政治人物必須透過媒體塑造正面形象，一日之間，台灣政治似乎很難維持秘密，決策制定和執行的訊息日益公開化，媒體提供大量政治訊息，有時又被批評為製造業、加工業、屠宰業。到了民主鞏固期，台灣新聞的自由度與西方國家比較毫不遜色，這對台灣民主政治維持高透明度有絕對助益。在民主深化時期，台灣的問題在於透明化與國家安全如何取得平衡。從維基解密（WikiLeaks）的資料來看，台灣藍綠政治人物在面對美國AIT時，幾乎是毫無遮攔的坦言其內心想法及一些決策訊息。[2]同樣

2　維基解密報導台灣藍綠政治人物，包括朱立倫、蘇起、王金平、胡志強、謝長廷、蘇貞昌等人與美國AIT處長對話時的內容，其中多涉及台灣政壇秘辛及一些決策資

的，隨著兩岸關係改善及兩岸政治人物交流之頻繁，台灣國家機密是否因此而流失，也引人關注。[3]

就共識導向而言：在民主奠基期，因為是威權體制，且當時面對共軍軍事威脅，受到國家主導的政治社會化影響，當時台灣社會的共識取向其實甚強。反共復國，統一中國，是當時多數人民的目標與方向。民主成長期，台灣社會逐漸多元化，統獨爭議漸公開化，省籍問題也逐漸浮出檯面。蔣經國晚年喊出「我在台灣居住四十多年，我也是台灣人了。」成功化解了潛在的族群衝突。在民主起飛期，隨著台灣民主化，台灣更加多元化，族群議題被政治化並成為選舉時動員選票的工具。[4]在民主成長期，李登輝於1998年提出「新台灣人」理念，嘗試整合族群分歧，建立「生命共同體」的共識。[5]在民主鞏固期，民進黨陳水扁執政，族群和統獨問題的對立加劇，台灣社會的共識被撕裂。到民主深化期，馬英九執政，繼續倡導「新台灣人」理念，提出「不統、不獨、不武」的三不政策，嘗試整合統獨的分歧，有助於台灣從兩極對立再度邁向共識型社會。[6]

就公平與包容性而言，必須所有社會中團體都覺得自己受到公平對待且未被排除在外。在民主奠基期，受到威權體制影響，除少數外省菁英外，確有許多本省菁英覺得資源分配未盡公平。在民主成長期，資源分配問題也成為政治權力角逐和抗議運動訴求的內涵之一。民主起飛時

訊。見2011年9月6日起連續三天台灣各媒體報導。

[3] 台灣陸軍少將羅賢哲於2002年到2005年派駐國外期間，被中共吸收並在返國後陸續洩露重要國防情資給中共。見2011年2月8日新聞。2010年8月30日中國時報報導，我退役老將頻訪陸，引起美方關切，因為美台間有許多軍事合作計畫，美方擔心機密外流。

[4] 有關族群議題的討論，可參閱葛永光著，《文化多元主義與國家整合》，台北：正中書局，1991年。

[5] 有關新台灣人的討論，請參閱葛永光著，《意識形態與發展：中山思想與台灣發展經驗》，台北：幼獅文化公司，2005年，頁101-116。

[6] 台灣在陳水扁執政時，逐漸成為一兩極對立的社會，相關分析請參閱：Yeong-kuang Ger, "Divided Politics in an Era of Uncertainty: Aftermath of the 2004 Presidential Election in Taiwan," published in a *Special Issue of Elections 2004 in The Republic of China on Taiwan*, Printed by American Journal of Chinese Studies, June 2005.

期，黨外轉型的民進黨代表的本土菁英，原住民的原權運動，客家人士的客家運動，弱勢團體的運動，甚至過去備受壓抑的勞工運動，都在此時期如火如荼的展開。執政黨對這些運動的態度，也從過去的輕視、壓制，開始重視、包容，台灣逐步在此階段走向一個公平與正義的社會。在民主鞏固期，尤其是在陳水扁執政時，台灣的外省族群受到許多公開的排斥與侮蔑，特定的群體如軍公教，也常受到執政黨在政策和言語行動上的壓制。在民主深化期，族群和弱勢團體的公平對待，都受到馬英九總統的重視。但是受到世界經濟不景氣的影響，台灣經濟貧富差距有日益拉大的趨勢，如何讓經濟弱勢者減少及不成為社會邊緣人，是政府應努力的方向。

　　就反應力而言，在民主奠基期，威權體制的決策反應力是快速的，少數決策菁英可以快速的就國家安全的相關事項及時做出反應，也確實保障了台灣安全及所有民眾的利益。但是基於反共及維護國家安全需要，政府的反應有時過度，不免犧牲了部分人的權益。在民主成長期，政府反應力依然強而有力，但此時期爭取民主的人士的權益易受到傷害。在民主起飛期，台灣轉型成民主體制，人權保障較前為佳，但政府一方面有超載（overloading）現象，另一方面政府甄補人才逐漸有捉襟見肘之感，使得政府在面對環境快速變遷時，遇到重大挑戰每每給人有反應過慢之感。這個現象在民主鞏固期與民主深化期，政府面臨危機時的反應慢半拍現象持續存在。

　　就效率和效能而言，在民主奠基期，政府資源有限，卻能做有效利用。一方面要發展國防外交，維護國家安全；另一方面又要發展經濟，滿足民生需求。在民主成長期，政府資源部分被轉移到處理新生政治勢力和抗議運動上，經濟發展對環境破壞的議題也開始受到重視。在民主起飛期，環保運動更受重視，環保署於1987年成立，象徵永續經營的理念受到重視。但無可諱言的，由於民主選舉的重要性，政治人物基於選票的需求，許多國家資源不是被浪費，就是被貪腐掠奪。例如政府規劃的一鄉鎮一停車場政策，花了247億元，各鄉鎮共蓋308座停車場，結果有許多成為「蚊子停車場」。監察院組織專案小組調查此案，最後也糾正了行政院，但是國家資源已經浪費掉了。此外，陳水扁時期，砸14億元興建的屏東機

場於2011年8月關閉，成爲另一個浪費公帑的蚊子機場。阿扁時期的貪污腐化，更是不知浪費了多少國家資源。民主深化期，馬政府的清廉比前朝節省了許多國家資源，但是政府如何貫徹廉政及節能減碳到所有公務員，及維護台灣環境的永續經營，仍然考驗著政府的智慧。

　　就問責而言，在民主鞏固期，缺乏問責的機制。在人治重於法治下，問責基本上源自於領袖的要求與決定。在民主成長期，立法院的權力逐漸增長，對政府問責的能力加強。監察院偶而也能發揮問責的功能。在民主起飛期，立法院成爲問責政府最主要的機制，但是問責機制並不透明，常有利益交換情勢發生。在民主鞏固期，監察院停擺三年，問責政府的機制受到傷害，以致政府貪腐叢生，而無法節制。民主深化期，監察院恢復運作，由於「積極監察」功能的發揮，使行政院備感壓力。[7]同時由於總統堅持不介入司法，使司法獨立性大增，也使司法在調查貪腐的案件上，力道大增，也更具公平性。此外，廉政署的成立，預期也可使政府官員的貪腐，受到更多的嚇阻。

伍、結　論

　　從全球治理與善治的觀點看，冷戰時期的全球秩序已瓦解，後冷戰時期的新秩序仍未完全建立。但正如希梅伊（Mihaly Simai）所說，新秩序的管理有賴於所有國家的集體參與及合作（Simai, 1994: 245）。台灣民主化的經驗是全球新興民主國家的模範。美國學者戴蒙（Larry Diamond）認爲，台灣最成功之處是在以經濟發展爲根基下所建立的民主政治，同時其展現的經濟發展、自由民主、國家尊嚴得以相輔相成，不只是東亞，且是全世界的借鏡（Fukuyama, 2011）。[8]美國史丹佛大學教授福山也指

---

[7]　「積極監察主義」是作者用來形容第四屆監察委員的詞句，意謂本屆監委積極任事，對提升監察功能，監督政府施政，問責政府違失，都有積極正面之作用。此一「積極監察主義」，從本屆監委自動調查和總調查案件數目的激增，及彈劾案件的增加，可證明一二。

[8]　戴蒙在內政部舉辦的「民主共和一百年國際學術研討會」中專題演講的發言。See

出，實行民主政治有助提升治理品質。他認為，即使民主體制會花較多時間辯論公共政策，但最後會做出正確的決策（Fukuyama, 2011）。台灣是一民主體制，與過去威權體制相比，也許政策制定效能不如前，但是制定的政策卻是正確且符合多數人意願的政策，執行的阻力比較小。簡言之，在民主的台灣，民眾的參與管道較前多且直接，公正的法治架構也已建立，執法的檢調、司法和警察機關的公正性也逐漸建立起來；政府決策的透明已受到認可且受到各種民主機制的監督；政府的反應力受到多元民主勢力的牽制，而有退步的現象，這是民主體制需要加強之處；台灣社會經過陳水扁時期的民主反動，目前更能邁向一個共識社會；台灣社會的公平性與包容性也已日益受到重視並在實踐中；台灣社會的效率與效能可能不如威權時期，但正如福山所說，民主體制的決策雖然緩慢但卻容易導致正確的決策，而且經歷過經濟高成長及破壞環境的階段，台灣目前對環境保護與永續經營的理念更能接受，且已成為政府發展的目標；最後，台灣問責的機制日趨完整，且都能正常發揮功能，使台灣政府的廉政得以建立，效能得以提升。總之，台灣的民主體制雖仍有許多缺點，但從全球治理與善治的觀點看，台灣確實足以作為開發中國家民主的典範，台灣在2011年的洛桑國際管理學院（IMD）世界競爭力排名高居全球第六，在「世界經濟論壇」（World Economic Forum, WEF）的全球競爭力排名高居第13名，都說明台灣的良善治理在全球受到高度的肯定，而一個具有「善治」成就的台灣，在強調全球治理的國際社會中，不但可以扮演一個「負責任的利害相關者」（a responsible stakeholder）[9]，對國際社會做出積極正面的貢獻；同時，台灣的成就也可作為開發中國家和世界學習的楷模。從全球治理的觀點看，全世界各國應該支持中華民國這樣的一個模範生，參與全球的事務及積極奉獻於全球新秩序的建立。

Larry Diamond, "East Asia amid the Receding Tide of Third-Wave Democracy," in an International Conference on Democracy in East Asia and Taiwan in Global Perspective, organized by Department of Political Science, NTU, August 24-25, 2011.

[9] 美國副國務卿佐立克（Robert Zoellick）於2005年提出對中國的期望，希望中國扮演「負責任的利害相關者」的角色。

參考書目

中文部分

葛永光，1991，《文化多元主義與國家整合》。台北：正中書局。

葛永光，2005，《意識形態與發展：中山思想與台灣發展經驗》。台北：幼獅文化公司。

葛永光，2011，《政黨與選舉》。新北市：國立空中大學印行。

維基百科全書，全球治理。上網日期：2011年8月24日。網址：http://zh.wikipedia.org/wiki/%E5%85%A8%E7%90%83%E6%B2%BB%E7%90%86。

維基百科全書，茉莉花革命。上網日期：2011年8月24日。網址：http://zh.wikipedia.org/wiki/%E8%8C%89%E8%8E%89%E8%8A%B1%E9%9D%A9%E5%91%BD。

英文部分

Almond, G. A. and G. B. Powell. (1978). *Comparative Politics: A Developmental Approach*. Boston: Little, Brown and Company.

Birch, Anthony H. (1989). *Nationalism and National Integration*. London: Unwin Hyman.

Black, C.E. (1966). *The Dynamics of Modernization*. N. Y.: Harper & Row.

Blin, Arnaud and Marin, Gustavo. (2007, July). *Rethinking Global Governance*. Retrieved September 15, 2011, from Forum for a New World Governance, http://docs.china-europa-forum.net/doc_208.pdf

Dahl, Robert A. (Ed.) (1973). *Regimes and Oppositions*. New Haven: Yale University Press.

Diamond, Larry. (2011, August 24-25). East Asia amid the Receding Tide of Third-Wave Democracy. In an *International Conference on Democracy in East Asia and Taiwan in Global Perspective*, organized by Department of Political Science, NTU.

Ebenstein, William. (1975). *Today's Isms*. 7th ed., New Jersey: Prentice-Hall, Inc.

Finkelstein, L.S. (1995, September-December). *What Is Global Governance? Global Governance*, 1, 367-372. Retrieved September 16, 2011, from http://classes.maxwell.syr.edu/intlmgt/readings/Finkelstein.PDF

Frey, Frederick W. (1963). Political Development, Power and Communications. In Lucian Pye (Ed.), *Communications and Political Development*. N. J.: Princeton University Press.

Fukuyama, Francis. (2011, August 24-25). The Historical Pattern of Political Development in East Asia. In an *International Conference on Democracy in East Asia and Taiwan in Global Perspective*, organized by Department of Political Science, NTU.

Huntington, Samuel P. (1967). Political Development and Political Decay. In Claude E. Welch (Ed.), *Political Modernization: A Reader in Comparative Political Change* (pp. 207-246). Ca.: Wadsworth Publishing Company.

Huntington, Samuel P. (1968). *Political Order in Changing Societies*. New Haven: Yale University Press.

Huntington, Samuel P. & Nelson, Joan. (1976). *No Easy Choice: Political Participation in Developing Countries*. Cambridge, Mass.: Harvard University Press.

Linz, Juan J. (1973). Opposition in and under and Authoritarian Regime. In Robert Dahl (Ed.), *Regimes and Oppositions*. New Haven: Yale University Press.

Nie, Norman H., G. B. Powell and Kenneth Prewitt. (1969, June). *Social Structure and Political Participation Developmental Relationship*, Part I. APSR, 63: 2, 361-378.

Nie, Norman H., G. B. Powell and Kenneth Prewitt. (1969, June). *Social Structure and Political Participation Developmental Relationship*, Part II. APSR, 63: 3, 808-832.

O'Donnell, Guillermo. (1973). *Modernization and Bureaucratic Authoritarianism*. Berkeley: University of California.

Organski, A. F. K. (1965). *The Stages of Political Development*. N. Y: Alfred A. Knopf,.

Oxford University. (1995). *Our Global Neighborhood: The Report of the Commission on Global Governance*. USA: Oxford University Press.

Simai, Mihaly. (1994). *The Future of Global Governance*. Washington D.C.: United States Institute of Peace.

UNESCAP. (2011). *What is Governance?* Retrieved Aug. 25, 2011.

Ward, Robert E. (1966). Authoritarianism as a Factor in Japanese Modernization. In Jason L. Finkle and Richard W. Gable, *Political Development and Social Change*. New York: John Wiley & Sons.

第十三章
從民主轉型到民主鞏固

張佑宗

壹、前　言

　　二十世紀初，當時只有少數幾個歐美國家採用自由民主體制，大部分國家實行開明專制體制。第二次世界大戰結束後，資本主義與共產主義壁壘分明的意識形態，主導第三世界國家政治體制的發展。前者提倡自由民主體制，後者鼓吹共產極權專制體制。除此之外，第三世界國家也有另外一條發展路徑，就是各式各樣的威權主義體制（authoritarianism regime）。世界各國政治體制分歧（divergence）的現象，到了1970年代中葉以後，逐漸往自由民主體制的方向匯合（convergence）。

　　1974年葡萄牙軍人推翻專制獨裁者後，世界各地便興起第三波民主化的浪潮。這股浪潮從南歐開始，1980年代蔓延到中南美洲與東亞，1990年代到達東歐與非洲各地。進入二十一世紀，在美國軍事干預下，阿富汗與伊拉克開始舉辦民主的選舉。最近，眾所矚目的阿拉伯之春（The Arab Spring），發生於2010年12月突尼西亞（Tunisia）民眾對其政府的示威抗議活動。統治突尼西亞將近二十五年的班阿里（Ben Ali），最終遭到罷黜的命運（2011年1月14日）。接著，埃及（Egypt）民眾的抗議迫使將近三十年威權統治的總統穆巴拉克（Hosni Mubarak），於2011年2月11日辭職下台。最近，利比亞（Libya）反抗軍在起義對抗格達費（Muammar Gaddafi）政權六個月後，於2011年8月攻佔首都的黎波里（Tripoli）。此外，公民集體抗議運動發生在巴林（Bahrain）、敘利亞（Syria）以及葉門（Yemen）等回教主義國家。相關的示威抗議活動，在中東地區

其他12個國家，尤其是阿爾及利亞（Algeria）、伊拉克（Iraq）、約旦（Jordan）、摩洛哥（Morocco）和阿曼（Oman）等，也相當激烈。

　　1974年全球被認定為民主國家的只有39個。但根據自由之家（Freedom House）在2011年的統計，全球194個政治實體（polities）中，有87個國家屬於自由民主體制（佔世界人口的43%），有60個國家屬於半自由民主體制（佔世界人口的22%），而47個國家屬於非自由民主體制（佔世界人口的35%）。[1]由於全球政治體制劇烈的變遷，從1980年代中期後，比較政治領域裡逐漸興起民主化的研究風潮。1990年代開始，專門研究民主化議題的期刊，例如*Journal of Democracy*與*Democratization*相繼出現，美國大學也陸續成立各種民主化的研究中心，比較著名的，例如Center on Democracy, Development and the Rule of Law (Stanford University)、Kellogg Institute (University of Notre Dame)、The Center for the Study of Development (Irvine University)等。

　　國際知名的民主化研究期刊*Journal of Democracy*，去年（2010年）初為慶祝創刊二十週年，特別出版一期專門回顧過去二十年來有關第三波民主化研究的專輯。由Schmitter（2010）撰寫的一篇文章特別提出一個警告，雖然新興民主國家的民主發展沒有明顯的退潮，但他認為新興民主國家民主體制的表現，令所有人民及學者相當失望。而且，民主體制表現不佳的問題，並非只發生在新興的民主國家，幾乎所有歐美的先進民主國家，也同時面臨人民對民主體制表現不滿意的問題。Gilley（2010）的看法則與Schmitter有所不同，他重新審視過去二十年來有關第三波民主化研究的經典著作，發現主流學者的共同看法比較偏向悲觀的態度。大部分的學者認為第三波民主是建立在不穩定的基礎上，只要稍微有一點小變動，就可能很快回到過去威權主義統治的型態。在這種憂慮的氣氛下，Gilley指出二十一世紀後的民主化學者，研究焦點開始轉移到如何解釋新興的威

---

[1]　請參閱Freedom House調查報告*Freedom in the World 2011: The Authoritarian Challenge to Democracy*，網址：http://freedomhouse.org/images/File/fiw/FIW_2011_Booklet.pdf。

權主義體制。Gilley認爲Nathan、Levitsky and Way、Diamond、Carothers等人都致力於「競爭性的威權體制」（competitive authoritarian）之研究。這些國家雖然有選舉的競爭，但選舉過程與結果卻是不公平或具有瑕疵的。[2]但是，Gilley認爲最近幾年全球民主化的發展，也有相當樂觀與值得期待的一面，因「政黨輪替」發生在幾個具有指標性意義的國家，例如日本在2009年時由民主黨（在野黨）單獨擊敗長期執政的自民黨，取得過半執政的機會。印度也經由自主、和平的選舉，由印度國大黨取代較激進的印度人民黨，再度獲得執政的機會。

台灣屬於第三波民主化成員之一，1970年代以前，台灣僅開放地方層級的選舉，中央政府的執政地位絲毫不受地方選舉結果的影響，選舉不過是威權體制籠絡地方派系領袖的工具（陳明通，1995；陳明通、林繼文，1998）。然而，1970年代後，經歷一連串的外交挫敗而引發政權合法性的危機，讓台灣威權統治體制出現了鬆動，國民黨不得不向內尋求統治合法化的機制，在政治上進行本土化政策，並且局部地開放中央政府層級的選舉（王振寰，1989；黃德福，1992）。選舉提供反對菁英與群眾連結的管道，透過選舉競爭與動員的過程，反對菁英不斷挑戰台灣政治體制不合理的問題，諸如戒嚴體制、萬年國會等，都是反對運動挑戰國民黨政權最有力的著力點，也是凝聚選票最佳的訴求，國民黨的社會基礎因此更加鬆動（Rigger, 1999；黃德福、張佑宗，1994）。

台灣的民主經驗證明，選舉式的威權主義政權具有脆弱性。選舉固然可以被操縱，但選舉的次數有助於民主發展或公民意識的提昇。Bunce and Wolchik（2009）以東歐與中亞後共產主義國家爲研究對象，發現經歷幾次選舉後，在民主指標上有明顯的進步。Lindberg（2009: 9）總結選

---

[2] 部分威權主義國家爲何擁有調適的能力，足以應付民主化的潮流？目前學者普遍認爲，威權體制得以適應新的政經情勢變遷，得自這些國家透過各種選舉操控的手法，讓它們能持續掌握政權（Gandhi and Lust-Okar, 2009; Krastev, 2011: 10）。Schedler（2006）稱這種體制爲「選舉式的威權主義」（electoral authoritarianism），Levitsky and Way（2010）則稱爲「競爭型的威權主義」（competitive authoritarianism）。

舉對民主發展的角色，指出「一般而言，更多的選舉，將使政體與社會更為民主」。Lindberg（2009: 4-11）認為選舉具有以下幾項重要的政治後果：第一，選舉打開了政治參與或政治機會結構，刺激了政體必須回應民意，以及民主改革的訴求，同時也能為支持民主的行動者提供學習的機會。此外，不論是執政菁英或在野菁英，都能在民主中得到未來政治利益的累積。

　　台灣國會從1992年全面改選一直到目前為止，都由國民黨或泛藍陣營控制，但如果以更重要的總統選舉結果來看，2000年時陳水扁以39%的選票，擊敗分裂的泛藍陣營候選人連戰與宋楚瑜，這是台灣第一次的政黨輪替。2004年總統大選時基於上次失敗的經驗，逼使泛藍陣營的連戰與宋楚瑜進行整合，但這樣的結盟關係仍然被陳水扁以極小的差距再度擊敗。由於2004年總統選舉的過程與結果使社會出現很大的爭議，泛藍勢力經過一段時間的抗爭後，開始進行內部的匯集與整合，馬英九成為新一代泛藍的共主，並在2008年以58%的選票擊敗民進黨提名的謝長廷，台灣發生第二次政黨輪替。

　　如果將台灣與其他民主轉型的國家作比較，台灣具有以下幾個特色：第一，台灣的民主化，不像拉丁美洲國家或是東歐國家再民主化（re-democratization）的過程，而是第一次實施民主化；第二，台灣從列寧式一黨專政體制過渡到民主體制，而不是從軍事威權體制過渡到民主體制（Cheng, 1989; Dickson, 1997）；第三，台灣在轉型過程中，沒有面臨嚴重的經濟危機與經濟改革的要求，台灣的執政黨在改革過程中仍然獲得社會高度的肯定與支持；第四，台灣內部潛存嚴重的族群衝突問題，族群衝突有利於台灣迅速展開民主體制的改革，亦即台灣政權的本土化與民主化的結合，但因改革過程缺乏各黨派之間的共識基礎，反而增加日後深入改革的複雜性；第五，台灣不只存在統治正當性的問題，更有國家正當性（legitimacy of state）的問題，有關國家認同的主張、統治範圍的界定與所包含的人民等，都成為政治衝突的焦點之一（Chu, 1996: 69-71）。

　　本書前面12章節，分別從各種不同的角度，分析台灣民主轉型與鞏

固的經驗。在本書的結論部分，將歸納與分析台灣民主化研究的主題與途徑，以及若干重要的研究發現。

貳、研究主題與途徑

Plattner認為過去二十幾年中，第三波民主化的研究，出現了三個非常重要的研究主題，分別是「民主轉型」（democratic transition）、「民主鞏固」（democratic consolidation）及「民主品質」（quality of democracy）。這三個研究主題，主導了當今對第三波民主化國家內部政治變遷的分析（Plattner, 2004）。首先，在1980到1990年代初期，針對許多發展中國家產生民主改革運動的分析，大都受到O'Donnell、Linz、Whitehead及Przeworski等人的研究典範所影響（O'Donnell et al., 1986; Przeworski, 1991）。他們對威權主義國家何以發生民主轉型的原因，大都把分析的重點放在政治菁英的策略選擇上。尤其是在獨裁政權底下執政菁英的內部競爭（鴿派與鷹派），以及他們與在野對手（溫和派與激進派）之間的策略性互動。

邁入1990年代的後半段，第三波民主化的分析焦點，因大多數國家已脫離民主的初期階段，所以學者從「民主轉型」轉換到「民主鞏固」的問題。雖然民主鞏固的文獻，在研究的廣度和深度上有多種不同的變化，但他們共有同一個研究問題，也就是新民主政權的生存能力（Linz and Stepan, 1996; Morlino, 1998; Diamond, 1999）。就民主鞏固的研究者來說，他們特別重視民主的存活能力是可以理解的，但是對一些社會科學家、民主實踐者、關心民主發展的公民，以及一些國際援助的機構而言，並不滿意這種現況。例如Schmitter（2005）指出，縱然在低度的民主品質這種條件下，民主也能獲得生存，只要公民和政治菁英能接受民主競爭的規則。但我們的要求就這麼低嗎？除了民主選舉外，良善的治理品質難道不值得我們追求嗎？

　　進入二十一世紀後，有越來越多的研究，開始尋找如何評估民主品質，以及如何改善民主治理品質的工具（Beetham et al., 2001; Beetham, 2004; Altman and Perez-Linan, 2002; Holmberg et al., 2009）。這些理論觀點、研究方法的創新，以及相關調查研究的崛起，大都來自社會科學家、民主實踐者和捐助機構之間的憂慮。他們擔心第三波民主化國家，可能被困在低劣民主品質的情形下，最後失去深化民主改革的動力。許多對第三波民主化國家的研究顯示，民主現實與承諾之間的脫節已越來越大，同時普遍認為民選的政府及官員，大都是腐敗、無能、反應遲鈍及不可信賴的（Chu et al., 2001; Bratton et al., 2005; Lagos, 2003）。在許多第三波民主化國家中，假使沒有提出具體改善民主品質的努力，民主就不太可能達成普及性、持久性，以及具有廣泛的正當性基礎。

　　最近，Munck（2011）在一篇書評中，提到開啟全球第三波民主化研究的風氣，可追溯至Woodrow Wilson Center在1979年所支助的Transition from Authoritarian Rule計畫，該計畫是由O'Donnell和Schmitter兩人負責，並網羅Dahl、Linz、Przeworski、Cardoso、Hirschman等人一起參與。此時期的研究研究重點，圍繞在民主轉型議題，包括威權體制的崩潰、民主化的推力、過程與民主轉型的類型等。在1990年代中期以後，研究主題漸漸朝向與民主鞏固或持續有關的議題，例如民主鞏固的概念、民主鞏固過程將面臨那些困境與難題、民主正當性如何形成與發展等議題。進入二十一世紀後，民主與法治、民主與社會分配正義、民主治理品質等議題，開始受到學者的重視。

　　民主化的研究主題經過三個階段的變遷，至於民主化的研究途徑，Pridham（1990: 12）認為大致可分為起源學派（genetic school）與功能學派（functionalist school）。前者主張探究民主化發生的原因與過程，後者關心維持民主穩定或民主鞏固需要具備的功能要件（prerequisites）。1960年代民主化研究受到現代化理論的影響，充滿結構論與功能論的觀點。民主化的研究主題為民主的內涵，以及維持民主穩定或鞏固所需的必要條件。此類傑出的研究學者，例如Dahl（1971）提出「多元民主」必

須具備七大制度保障的要件，Lipset（1959）和Cutright（1963）運用統計的方法，找出維持民主穩定的結構性要件。Almond and Verba（1963）針對英國、美國、德國、義大利與墨西哥等五個國家的民眾，進行政治傾向（orientations）的測量後發現，擁有公民文化（civic culture）的國家最能維持民主的穩定與效能。Eckstein（1966）在研究挪威民主制度的運作後，發現民主穩定與否，維繫於政治權威與社會權威是否一致。

Rustow對功能取向的民主化研究，提出強烈的批判。Rustow（1970: 346）認爲維持民主穩定的因素不等同於民主轉型（transitions to democracy）的因素，後者才是民主化眞正要研究的主題。他進一步指出，各國民主轉型的路徑具有多樣性與階段性，每個階段各有其不同的關鍵因素。研究者應該側重建立各變項之間動態的因果關係，而不是靜態的相關分析。Rustow的批判與建議，深刻影響1980年代中期後的民主化研究。

1980年代後的民主化研究，即揚棄過去靜態的社會、經濟結構分析，轉向動態的政治過程分析，鎖定政治菁英的策略互動，如何導致舊有威權主義體制或極權主義體制的崩潰，並成功推進到民主轉型的階段。有些人強調民主轉型的類型，並探討哪一種類型的民主轉型最成功，哪一種類型的民主轉型最容易導致民主崩潰。[3]然而，Shin（1994: 151）指出，並沒有單一的因素可以完全解釋第三波民主化的產生與轉型過程。每個國家導致民主化的結果，都是由好幾個因素共同促成的，每個國家的因素組合也不一樣。

在眾多解釋民主轉型與民主鞏固的因素中，Haddad（2010）將它們區分爲三種研究途徑：第一種是社會中心論（society-centered theory），最典型的代表就是現代化理論，以及以Inglehart（1997）爲首的後現代化理論（post-modernization theory），他們探討公民的價值變遷與民主發展

---

[3] 有關民主轉型的類型與民主發展的關係，有各種不同的評價，可參閱Geddes（1999）；Hagopian（1990）；Karl（1990）；Lee（2007）。

的關係。[4]第二種是國家中心論（state-centered theory），分析的焦點在國家的制度與結構，如何影響政治菁英的理性選擇。Elster（1997: 225）將國家制度的研究分為三大類：第一、對制度如何規範政府權力結構關係的事實研究（factual study）；第二、某一特定的憲政制度安排之所以被選擇的上游研究（upstream study）；第三、新憲政體制安排對新興民主化國家實際政治運作之影響的下游研究（downstream study）。國家制度的事實研究，分析重點在各國中央政府體制實際的組成。國家制度上游研究，多數學者主張制度的選擇，不在於它是否符合某些憲政學理，而是考慮執政或在野菁英自己的制度偏好、本身的政治實力與選舉不確定性等因素。憲政制度研究與民主鞏固問題最有關係的，要算是下游的研究。這些學者基本認為特定的憲政制度安排，將有利於民主穩定，另外一些制度安排，將導致民主崩敗。至於何種安排最適當，最後演變成主張總統制與內閣制間的大辯論。第三種研究途徑介於社會與國家之間的公民社會（civil society），Haddad稱為state in society途徑，他們探究公民社會的發展，與民主運作的關連。

除上述三種途徑外，Haddad忽略國際因素對民主化的重要性。Levitsky and Way（2005）認為威權政體能否民主化，受到兩個因素的影響：西方影響力（Western Leverage）與西方連結度（Linkage to the West）。連結度較不直接，但造成的壓力比較多重且持久，因而比較有效。Wright（2009）認為外援有助於民主轉型，若獨裁者能在民主轉型

4　Inglehart所發展的後現代化理論，著重產生政治文化變遷的原因，以及政治文化變遷的後果。Inglehart（1977; 1990; 1997）認為西方民眾的價值，已經從強調物質享受與安全需求的物質主義，朝向以生活品質（quality of life）為重心的後物質主義（post-materalism）的方向變遷，文化變遷理論主要是以下兩個基本假設：第一、匱乏的假設（scarcity hypothesis）：一個人對事物的優先順序，反應在其所處的社會經濟環境條件，個人會對稀少的事物給於最大的主觀價值。他根據Maslow的需求層級，認為個人最先想要的價值是生理及安全需求，當西方世界滿足這兩項需求後，就會開始追求其他目標。第二、社會化的假設（socialization hypothesis），個人的價值反應在成年以前的成長經驗，人們一旦形成一套優先秩序，則會維持下去，改變的可能方程低。

後，經由選舉還能保留實力，則獨裁者願意以民主轉型的條件接受外援。de Mesquita and Downs（2006）研究國際軍事干預對民主化的影響，每一個政體都由兩個結構所支配，一個是selectorate（有權選擇領導人和加入執政團的人），另一個是winning coalition（支持執政團的成員）。民主政體的selectorate與winning coalition都非常大，必須要提供公共財來維持政權。寡頭政體的selectorate與winning coalition則比較小。當干預國是民主國家時，讓被干預國完全民主是有缺點的：選舉具有不確定性，無法保證選舉結果符合干預國的政策目標。即使當選人採取被干預國認同的政策，也將冒著失去政權的風險，除非干預國與受干預國的公民所期待的公共財是一致的。但這個結果不太可能會出現。因此，對民主干預國來說，最好的方式是扶持一個寡頭的或操縱的選舉民主政體。

　　本書11篇文章，若依照上述針對民主化研究主題與研究途徑加以歸類，從表13.1中發現，每一種研究途徑都有人引用，但只有1篇文章（彭懷恩），從新聞自由分析台灣的民主轉型。也只有1篇文章（葛永光），從全球治理看台灣民主品質的問題。其他的文章，主要分析台灣民主體制的持續力（durability）和耐力（endurance）的問題，亦即與民主鞏固相關的研究，可以看出這是目前台灣民主化研究者最熱門的主題。

表13.1　研究主題與途徑的分析

研究主題＼研究途徑	社會中心	國家中心	公民社會	國際因素
民主轉型	彭懷恩	—	—	—
民主鞏固	吳重禮 周志杰	隋杜卿 陳志華 王業立 趙永茂 高永光	江明修	周繼祥
民主品質	—	—	—	葛永光

　　過去有關臺灣民主化研究，已經累積相當多的基礎，尤其是解釋台灣民主轉型的原因。所以，近十年來已鮮少有這類的文章出現，這是典型的典範轉移現象。[5]而民主品質是最近幾年才出現的議題，此類的研究在國際上方興未艾，但台灣學界還很少人處理這個問題。[6]

參、邁向民主鞏固

　　台灣是否已經越過各種民主鞏固的障礙？在回答這個問題之前，我們必須對民主鞏固有一個清楚的界定。由於民主鞏固是一個非常令人困惑的概念，Schedler（1998: 92-101）依照「位置在哪裡」（where we stand），以及「要達到哪個目標」（where we aim to reach）這兩個標準，歸類出三種不同意義的民主鞏固：消極意義的（negative）、積極意義的（positive）與組織的（organizing）民主鞏固。

　　主流的民主鞏固研究者，大部分採用消極意義的概念。其中較著名的如Huntington（1991: 266）認為民主化國家的舊統治者，願意尊重選舉結果進行和平轉移政權，並至少經過兩次政黨輪替的測試（two-turnover test），才能算是完成民主鞏固。Przeworski and Limongi（1997: 178）和Huntington的看法相同，他們認為除最高行政首長與國會議員必需經由選舉產生（不論是直接或間接選舉），以及存在兩個以上相互競爭的政黨外，原來執政團隊至少有一次下台的經驗才算完成民主鞏固。Gasiorowski and Power（1998: 746-7）主張除以政黨輪替作為判斷民主鞏

---

[5]　有關台灣民主轉型的研究，2000年後比較重要的研究，例如吳乃德（2000）探究群眾與反對運動的參與者，他們價值理念和行動對民主化的貢獻；王甫昌（2008）討論族群政治意識的升高，是推動台灣民主轉型重要的社會條件；林佳龍（2000）分析台灣的選舉競爭，如何帶動政黨係的變遷，進而影響民主轉型；湯志傑重新論證1970年代國民黨政權的「正當化」基礎，並從結構/過程辯證美麗島事件的發生（湯志傑，2006；2007）。

[6]　有關台灣民主品質的研究，讀者可參閱Chang et al.（forthcoming）；Park and Chang（2011）；朱雲漢（2004; 2007）；朱雲漢、張佑宗（2011）；王紹光（2007）。

固的標準外，如果民主體制至少維持12年以上，也可被視為達到民主鞏固的目標。Valenzuela（1992: 62-70）認為一個國家在民主化過程中，如果有下列四種現象，則未達到民主鞏固的目標：第一、現有非民主的力量仍能操控民選政府；第二、有些政策屬於保留領域（reserved domains），文人政府不得碰觸；第三、選舉制度明顯排除特定團體的影響力；第四、國內普遍認為選舉制度不是改變政府成員的唯一方式。

Linz and Stepan（1996: 6）對民主鞏固概念的界定，最被各界所接受。他們兩人認為民主鞏固必須從三個層面來界定：行為層面（behaviorally）、態度層面（attitudinally）和憲政制度（constitutionally）層面。在行為上沒有任何一個明顯的政治團體認真地嘗試推翻民主體制，或是藉由升高國內或國際上的暴力，達成國家分裂的目的時。在態度上即使是面臨嚴重的政治、經濟危機，絕大多數的民眾仍相信，民主是唯一的遊戲規則，任何更進一步的政治變遷，都必需要以民主的程序為依據。在憲政結構安排上，當政體裡所有的政治行為者都習慣依循既有的規範，來解決國內的政治衝突，並認為違反這些規範是無效的與高代價的。

主張積極意義的民主鞏固，批評上述民主鞏固的研究者，採用Schumpeter（1950: 269）所提出民主最低限度的標準（minimalist definitions）界定民主，也就是有「透過定期的選舉競爭，改變統治者的制度安排」就屬於穩定的民主體制。[7]這種界定的缺點是將一些只具民主形式，實際上並不是民主的國家，歸類為民主鞏固的國家。Karl（1995: 72-4）主張如果只強調選舉制度，不分析政治的實際運作，將落入「選舉主義的謬誤」（fallacy of electoralism），忽略對於擺盪於民主與威權體制之間的「模糊體制」（hybrid regimes）分析。

主張積極意義的民主鞏固研究者，認為當代的民主政體不應被窄化為選舉，而要被界定為一種「統治者在公共領域裡，必須向公民負責的統治

---

7 Linz and Stepan（1996: 30）認為民主鞏固未必伴隨高品質的民主。

型態,並間接委由公民所選舉出的代表,彼此之間相互的競爭與合作來達成這項目標」(Schmitter and Karl, 1991: 76)。Dahl對民主理論最大的貢獻,就是在制度設計上如何落實自由民主的理念。Dahl(1989: 221)認為多元政體(polyarchy)至少要符合以下七個制度上特徵:民選的政府官員、自由與公平的選舉、包容性的參政權利、競選公職的權利、言論表達的自由、多元的訊息管道、結社的自由權。

積極意義的研究者,除了強調要從「選舉的民主」提升為「自由主義的民主」外,Huber et al.(1997)更提出六個判斷各國民主體制的標準,分別是定期自由與公平的選舉、普遍的參政權、行政向代議機關負責的制衡體系、言論與集會結社的自由、高度的政治參與(不分階級、性別、族群等)、增加個人社會與經濟地位的平等。符合前四項標準者為「形式的民主」(formal democracy),符合前五項標準者為「參與的民主」(participation democracy),符合全部六項標準者為「社會的民主」(social democracy)。Huber等人主張第三波民主化國家民主的發展,必須從「形式民主」,亦即「自由主義的民主」深化為「參與的民主」或是「社會的民主」。

組織意義的民主鞏固概念,則主張民主鞏固的關鍵,就是如何在代議制度架構下,發展各種正確的管道與誘因,有效反應各種政治團體的偏好,並使他們的需求獲得滿足(Przeworski, 1995: 10)。組織意義的民主鞏固概念源自於Sklar(1996: 35-6)極力提倡「發展的民主」(developmental democracy)的觀念,也就是不將民主體制視為一個整體(whole-system),而是由各種反映民意的次級體系所組成。各次級體系係基於利益而組成政治、社會與經濟性的團體,彼此之間逐漸發展出分工合作與競爭之關係。[8]Schmitter(1997: 243-7)進一步闡釋Sklar的概念,他認為當代的民主是一個相當複雜的多重代議管道之組合,主要提

---

8 Richard L. Sklar(1987: 691)甚至認為我們不能僅就自由主義的意識形態來建構民主的概念,而忽略來自其他思想傳統對民主理論可能的貢獻,例如社群主義(communitarian)、民粹主義(populist)、社會主義(socialist)等。

供給權威者作決策。因此，公民權未必侷限於定期的選舉，其實應該包括對候選人的推薦、參與各種社團活動、請願與社會抗議等。責任政治也不應僅透過民意機關而獲得保證，大部分的公民可繞過政黨的機制而直接由各種社會團體與權威當局交涉。所以，現代的民主不應該被視爲一種建制（as a regime），而是局部建制的複合體（a composite of partial regimes），每個建制化的部分各自代表不同社會團體之利益並解決各項紛爭。Schmitter指出，以新「自由主義」爲基礎的結社型態將導致系統性的偏差，使支配階級、部門或職業利益發生過度代表的現象。而以新統合主義（neocorporatism）爲基礎的結社型態，最能有效反應人數衆多、力量分散但資源相對貧乏的潛在團體之利益。

從以上民主鞏固研究文獻的回顧中，我們可以得出二個結論。首先，民主鞏固的概念，已朝向更嚴格的界定。換句話說，「民主」除要有程序民主（procedural democracy）的條件外，也應包括民主的實質層面（substantial democracy）。其次，民主鞏固不是「二擇一」（either/or）的問題，也就是不「鞏固」就「崩潰」，而是一個「連續性」（continuum）發展的概念（Hartlyn, 1999: 12）。我們應該從「發展或深化民主」的角度，分析未來第三波民主化國家民主鞏固的問題（democracy in developmental perspective）。民主鞏固不是第三波民主化國家專屬的問題，即使在最先進的民主國家，仍然存在民主如何深化的問題（Diamond, 1999: 17-8）。

從上面的討論中，本文從五位比較重要的研究者所提的標準，判斷台灣是否完成民主鞏固的目標。這五位分別是Huntington、Linz and Stepan、Dahl、Huber et al.、Schmitter。台灣目前的民主發展程度，基本上符合Huntington（二次政黨輪替）、Linz ans Stepan（the only game in town）與Dahl（七項制度保障）的標準。但是，台灣仍未達到先進民主國家所追求的參與式民主（直接民主、審議式民主）、社會主義式民主（重視平等），或是新統合主義式民主（組織弱勢團體）的目標。

表13.2　台灣完成民主鞏固標準的情況

	消極意義		積極意義		組織意義
	Huntington	Linz & Stepan	Dahl	Huber et al.	Schmitter
已達到標準	v	v	v		
未達到標準				v	v

肆、民主品質與民主鞏固

　　不論是西方成熟的民主國家或其他新興民主化國家，對於追求民主品質，在動機與目的上有其相似之處，也就是由於越來越多的公民對當今民主制度的不滿或不平（public dissatisfaction or citizen discontent），這將嚴重衝擊民主體制的正當性與其支持的基礎（Berg-Schlosser, 2004; Cullell, 2004）。藉由各種民意調查資料所反應出來的公民不滿與不平的心態，致使許多學者開始正視與研究新興民主國家民主品質的問題，同時也包括先進民主國家（Hagopian, 2005）。越來越多的公民不滿與不平意味著公民對政府或政治人物的表現感到失望，其中也包含當今的民主制度無法有效回應公民的需求，導致民主品質受到質疑。

　　除了學者外，部分的國際機構也對民主品質研究投入很大的心力。例如設立在瑞典斯德哥爾摩的「民主與選舉協助國際機構」（International Institute for Democracy and Electoral Assistance，簡稱International IDEA），近幾年就發起一個評價新興民主化國家民主政治運作品質的跨國計畫。其評估的架構是從公民的基本權利出發，包括確保行使這些權利的法律制度、代議機構和政府機構，公民社會對政治參與和政府回應性的貢獻，最後以民主的國際面向作為結束。Kaufmann、Kraay和Mastruzzi三個人在執行「世界銀行」（World Bank）的一項計畫中，總共評估209個國家或區域在五個不同時期（分別是1996、1998、2000、2002與2004年）六個治理的指標。這些指標是由31個不同的組織所蒐集的37個資料，

再根據數百個個別的變項來測量治理的情況，這些組織包括國際組織、政黨和企業風險評估機關、智庫與非政府組織。Kaufmann等人建構出六個治理指標的面向：第一與第二個治理的指標是政府或權威被選擇、監督與取代的過程，包括發言權與課責（voice and accountability）與政治穩定度（political stability and absence of violence）；第三與第四個指標是政府制訂與執行政策的能力，包括政府效能（government effectiveness）與法規品質（regulatory quality）；第五與第六個治理指標是公民與國家在制度中的互動關係，包括法治程度（rule of law）與控制貪污（control of corruption）（Kaufmann et al., 2005）。

如果民主持續改革及深化過程，對第三波民主化國家來說有其必要性，那麼對於台灣這種新興民主國家來說，民主的改革及深化過程更顯重要。因為台灣所屬的東亞區域裡，民主不但面臨民眾普遍的不滿，他們的理想逐漸在破滅。同時，東亞也面臨一些具有吸引力的選項或競爭者。東亞新興民主國家，不僅必須與存在人民記憶中表現不差的前任體制競爭（有時是緬懷），同時也要與目前有效率的獨裁或半獨裁的鄰居相互競爭。在這種情況下，東亞民主的未來，更需要看這個區域現有的民主品質及表現而定（Chang, Chu, and Huang, 2006）。假使所感受到的民主品質未達到人民的期待，民主將無法贏得人民長期的青睞。同時，假如民主在東亞人民的眼中不亮眼的話，它的展示效應將被限制，對未來民主深化的目標也會有疑慮。

雖然民主正當性與民主品質之間，存在著複雜的因果關係，但一般的看法認為如果民主政權的表現，在一些重要的指標上，比舊的政權優越，將獲取人民的支持，例如政治自由、平等、法治、責任、透明度和回應。另一方面，不好的治理狀況，例如普遍的貪腐、選舉弊端及長期的政治僵局，將會損害人民對民主制度的信賴（Bratton and Robert Mattes, 2001; Chang and Chu, 2006）。

目前有兩種方式，可以用來理解人民對民主品質的評估。從供給面來看，政治領導者及政府機構，經常被視為是塑造民主特徵的主要因素。

腐敗的政客和有缺點的制度設計，通常都是不良統治的來源，他們無法提供一個自由民主體制應該具有的重要特性。從需求面來看，人民對於民主品質的評估，奠基在人民對民主政權的期待。有些經驗研究指出，對於自由民主價值擁有強烈的信念，以及對民主政權要求更多的人民，在現實生活中，對於民主的要求會更嚴格些。從這一方面來看，民主主義者是民主難以應付的對手。基本上，這並不是一件不好的事。建立在自由民主價值信念上的強烈需求，可能使從政者及各政黨，不得不提供良善的治理（善治）環境，同時也加強民主政權的正當性。

人民對民主支持的程度，取決於公民是否體驗民主的政治機構，是否提供了可接受程度的民主，以及具有良善的治理（善治）。同時，民主品質的感知，也是公民對他們的政治人物，和政府機關的期待與要求所塑造成的。

民主正當性的成長有一些短期的因素，例如經濟表現；以及長期的因素，例如價值觀的改變。更重要的是，東亞民主國家的公民，已能夠區辨政體的政治與經濟層面的表現，這代表即使經濟表現被認為不好，仍然有大多數的公民，還是會重視民主的政治資產，這是不能忽略的一點。大多數的東亞新興民主國家，不太可能再重複以往的驚人經濟成長。次級房貸危機和美國與歐洲緩慢的成長所引發的全球金融風暴，將在可預見的未來抑制區域成長的氣勢。長期來看，國家提供穩定和促成經濟環境的能量，將被全球化的力量所限制。新興民主國必須與「全球市場力量」的無情本質搏鬥，以貨幣波動、資金外流和國外買家們消失的方式，每天懲罰緩慢與無效能的民主過程。全球化加速國家政治的掏空，它把國家治國的權力轉向國際組織（例如IMF）、跨國企業、外國金融投資客、跨國私人行動者。

對台灣的公民來說，他們對自由民主所最期待的特徵，是政府回應他們的需求和關心的事。在公民的眼中裡，民選的政府不一定表現的比非民主政體還要好，維持有競爭的選舉體制和提供清廉的政治也是同樣的重要。大多數的新興民主在前者的分數比後者還要好。這顯示所有的東亞民

主極度地需要更多認眞擊敗政治人物貪腐的法律機制。它們都需要增加更嚴厲處理政治獻金和財政聲明的條例，來阻止金錢政治的侵佔。同一時間，爲了不要讓司法機構受到政治影響，必要加強它們的獨立與廉正。少了這點，打擊政治人物的不道德行爲將會是一個虛假的目標（朱雲漢、張佑宗，2011）。

伍、結　論

台灣是中國文化地區第一個民主化的國家。因此，針對台灣民主轉型與鞏固過程的研究，不但可以幫助我們理解台灣未來民主政治發展的前景與困境，更重要的是，台灣民主化的經驗可以提供中國文化地區非民主國家政治發展的借鏡，特別是中國大陸。

台灣民主化經驗對比較民主化研究的重要性，首先在於可以檢證現代化理論、政治制度變革與文化因素，對民主發展有多大的影響力？Sartori（2009）指出，過去的民主化研究，比較集中分析「有多少程度的民主」（how much democracy），比較少分析「民主是什麼」（what is democracy）的問題。但民主是西方社會的概念，當被非西方國家採用時，會發生「概念延伸」（concept stretching）的問題（Sartori, 1970）。西方自由民主能否在台灣生根？會生怎樣的根？這是很有理論意義的問題。

其次，台灣的民主化過程，特色是「後退式的民主化」（democratization backward）過程，先有民主的外殼（選舉），再發展支撐民主必需要具備的現代國家體系。這個體系由一個完善的法治體系（rule of law）、多元主義（pluralism）與制度化的公民社會，以及負責任的政府等所組成（Rose and Shin, 2001）。缺乏這麼一個現代化國家的結構，那就是一個不完整的民主化過程，也不可能產生較高品質的民主，台灣目前仍在往這個目標努力當中。

　　最後，我們也需要針對如何改善台灣民主品質的方法多一些經驗研究。假如大多數的公民有注意政治議題，以及堅定支持自由和維護權利的原則、有限的政府、民主責任及法治，政府官員就必須要服從良好民主的程序。違反個人自由或從事非法行為和貪污的政府官員，就一定要面對透過選舉而被取代的事實。公民社會在決定民主品質也扮演了一個重要的角色，一個健全的公民社會和公民參與的慣例，也是塑造政治人物與政黨動機的重要因素，在這些情況下，整體的公民社會比較有可能在政府官員上產生強大的限制。

參考書目

中文部分

王紹光，2007，〈台灣民主政治困境，還是自由民主的困境？〉，《台灣社會研究季刊》，第65期，頁249-256。

王甫昌，2008，〈族群政治議題在台灣民主化轉型中的角色〉，《臺灣民主季刊》，第5卷第2期，頁89-140。

王振寰，1989，〈台灣的政治轉型與反對運動〉，《台灣社會研究季刊》，第2卷第1期，頁71-116。

朱雲漢，2004，〈台灣民主發展的困境與挑戰〉，《臺灣民主季刊》，第1卷第1期，頁143-162。

朱雲漢，2007，〈東亞民主困境與當代思維陷阱〉，《台灣社會研究季刊》，第65期，頁257-263。

朱雲漢、張佑宗，2011，〈東亞民主國家的民主品質如何低落？亞洲民主動態調查第二波資料的分析〉，收錄於余遜達、徐斯勤主編，《民主、民主化與治理績效》，頁38-66。浙江：浙江大學出版社。

吳乃德，2000，〈人的精神理念在歷史變革中的作用-美麗島事件和台灣民主化〉，《台灣政治學刊》，第4期，頁57-103。

林佳龍，2000，〈台灣民主化與政黨體系的變遷：菁英與群眾的選舉連結〉，《台灣政治學刊》，第4期，頁3-55。

陳明通，1995，《派系政治與台灣政治變遷》。台北：月旦出版社。

陳明通、林繼文，1998，〈台灣地方選舉的起源與國家社會關係轉變〉，收錄於陳明通、鄭永年主編，《兩岸基層選舉與政治社會變遷》。台北：月旦出版社，頁23-70。

黃德福，1992，《民主進步黨與台灣地區政治民主化》。台北：時英出版社。

黃德福、張佑宗，1994，〈邁向三黨競爭體系？：民主鞏固與台灣地區政黨體系的變遷〉，《政治學報》，第23卷，頁197-225。

湯志傑，2006，〈重探台灣的政治轉型：如何看待1970年代國民黨政權的

「正當化」〉，《臺灣社會學》，第12期，頁141-190。

湯志傑，2007，〈勢不可免得衝突：從結構/過程的辯證看美麗島事件之發生〉，《臺灣社會學》，第13期，頁71-128。

英文部分

Almond, Gabriel A. and Sidney Verba. 1963. *The Civic Culture: Political Attitudes and Democracy in Five Nations.* Princeton: Princeton University Press.

Altman, David and Anibal Perez-Linan. 2002. "Assessing the Quality of Democracy: Freedom, Competitiveness and Participation in Eighteen Latin American Countries." *Democratization*, Vol. 9, No. 2, pp. 85-100.

Beetham, David. 2004. "Towards a Universal Framework for Democracy Assessment." *Democratization*, Vol. 11, No. 2. pp. 1-17.

Beetham, David, Stuart Weir, Sarah Raching, and Lan Kearton. 2001. *International IDEA Handbook on Democracy Assessment.* Hague: Kluwer Law International.

Berg-Schlosser, Dirk. 2004. "The quality of democracies in Europe as measured by current indicators of democratization and good governance." *Journal of Communist Studies & Transition Politics,* Vol. 20, No. 1, pp. 28-55.

Bratton, Michael and Robert Mattes. 2001. "Support for Democracy In Africa: Intrinsic or Instrumental?" *British Journal of Political Science*, Vol. 31, issue 3, pp. 447-474.

Bratton, Micheal, Robert Mattes, and E. Gyimah-Boadi. 2005. *Public Opinion, Democracy, and Market Reform in Africa.* London: Cambridge University Press.

Bunce, Valerie J., and Sharon L. Wolchik 2009. "Oppositions versus Dictators: Explaining Divergent Electoral Outcomes in Post-Communist Europe and Eurasia." In Staffan I. Lindberg (ed.), *Democratization by Elections: A New*

Mode of Transition, pp. 246-268. Baltimore, Maryland: Johns Hopkins University Press.

Chang, Eric and Yun-han Chu. 2006. "Political Corruption and Institutional Trust in East Asia." *Journal of Politics*, Vol. 68, No.2, pp. 259-271.

Chang, Yu-tzung, Yun-han Chu, and Min-hua Huang. (forthcoming). "Procedural Quality Only? Taiwanese Democracy Reconsidered." *International Political Science Review*.

Chang, Yu-tzung, Yun-han Chu, and Min-hua Huang. 2006. "The Uneven Growth of Democratic Legitimacy in East Asia." *International Journal of Public Opinion Research*, Vol. 18, No. 2, pp. 246-255.

Cheng, Tun-jen. 1989. "Democratizing the Quasi-Leninist Regime in Taiwan." *World Politics*, Vol. 41, No. 4, pp. 471-499.

Chu, Yun-han. 1996. "Taiwan's Unique Challenges." *Journal of Democracy*, Vol. 7, No. 3, pp. 69-82.

Chu, Yun-han, Larry Diamond, and Doh Chull Shin. 2001. "Halting Progress in Korea and Taiwan." *Journal of Democracy*, Vol. 12, No. 1, pp. 122-136.

Cullell, Jorge Vargas. 2004. "Democracy and the quality of democracy: Empirical findings and methodological and theoretical drawn from the citizen audit of the quality of democracy in Costa Rica." In G. O'Donnell, J. V. Cullell & O. M. Iazzetta (eds.), *The quality of democracy*, pp. 93-162. Notre Dame, Indiana: University of Notre Dame Press.

Cutright, philips. 1963. "National Political Development: Measurement and Analysis." *American Sociological Review*, Vol. 28, No. 2, pp. 253-264.

Dahl, Robert A. 1971. *Polyarchy: Participation and Opposition*. New Haven: Yale University Press.

Dahl, Robert A. 1989. *Democracy and Its Critics*. New Haven: Yale University Press.

de Mesquita, Bruce Bueno and George W. Downs. 2006. "Intervention and Democracy." *International Organization*, Vol. 60, No. 3, pp. 626-649.

Diamond, Larry. 1999. *Developing Democracy: Toward Consolidation.* Baltimore: The Johns Hopkins University Press.

Dickson, Bruce J. 1997. *Democratization in China and Taiwan: The Adaptability of Leninist Parties.* Oxford: Oxford University Press.

Eckstein, Harry. 1966. *Division and Cohesion in Democracy: A Study of Norway.* Princeton: Princeton University Press.

Elster, Jon, 1997. "Afterword: The Making of Post-communist Presidencies." In Ray Taras (ed.), *Post-communist Presidents*, pp. 225-237. Cambridge: Cambridge University Press.

Gandhi, Jennifer and Ellen Lust-Okar. 2009. "Elections under Authoritarianism." *Annual Review of Political Science*, Vol.12, pp. 403-422.

Gasiorowski, Mark J. and Timothy J. Power. 1998. "The Structural Determinants of Democratic Consolidation: Evidence from the Third World." *Comparative Political Studies*, Vol. 31, No. 6, pp. 740-771.

Geddes, Barbara. 1999. "What Do We Know about Democratization after Twenty Years." *Annual Review of Political Science*, Vol. 2, pp. 115-144.

Gilley, Bruce. 2010. "Democracy Triumph, Scholarly Pessimism." *Journal of Democracy*, Vol. 21, No. 1, pp. 160-67.

Haddad, Mary Alice. 2010. "The State-in-Society Approach to the Study of Democratization with Example from Japan." *Democratization*, Vol. 17, No. 5, pp. 997-1023.

Hagopian, Frances. 1990. "Democracy by undemocratic Means: Elites, Political Pacts, and Regime Transition in Brazil." *Comparative Political Studies*, Vol. 23, No. 2, pp. 147-171.

Hagopian, Frances. 2005. "Government Performance, Political Representation, and Public Perceptions of Contemporary Democracy in Latin America." In Frances Hagopian and Scott P. Mainwaring (eds.), *The Third Wave of Democratization in Latin America: Advances and Setbacks*, pp. 319-362. Cambridge: Cambridge University Press.

Hartlyn, Jonathan. 1999. "Contemporary Latin America, Democracy and Consolidation: Unexpected Patterns, Shifting Concepts, Multiple Tasks." Paper Presented at the 1999 Annual Meeting of the *American Political Science Association*, Atlanta.

Holmberg, Soren, Bo Rothstein, and Naghmeh Nasiritousi. 2009. "Quality of Government: What You Get." *Annual Review of Political Science*, Vol. 12, pp. 135-161.

Huber, Evelyne, Dietrich Rueschemeyer, and John D. Stephens. 1997. "The Paradoxes of Contemporary Democracy: Formal, Participatory, and Social Dimensions." *Comparative Politics*, Vol. 29, No. 3, pp. 323-342.

Huntington, Samuel P. 1991. *The Third Wave: Democratization in the Late Twentieth Century*. Norman: University of Oklahoma Press.

Inglehart, Ronald. 1977. *The Silent Revolution*. Princeton: Princeton University Press.

Inglehart, Ronald. 1988. "The Renaissance of Political Culture." *American Political Science Review*, Vol. 82, No. 4, pp. 1203-1230.

Inglehart, Ronald. 1990. *Culture Shift: In Advanced Industrial Society*. Princeton: Princeton University Press.

Inglehart, Ronald. 1997. *Modernization and Postmodernization: Culture, Economic, and Political Change in 43 Society*. Princeton: Princeton University Press.

Karl, Terry L. 1990. "Dilemmas of Democratization in Latin America." *Comparative Politics*, Vol. 23, No. 1, pp. 1-21.

Karl, Terry L. 1995. "The Hybrid Regime of Central America." *Journal of Democracy*, Vol. 6, No. 3, pp. 72-86.

Kaufmann, Daniel, Kraay Aart, and Mastruzzi Massimo. 2005. *Governance matters IV: Governance indicators for 1996-2004*: World Bank.

Krastev, Ivan. 2011. "Paradoxes of the New Authoritarian." *Journal of Democracy*, Vol. 22, No. 2, pp. 5-16.

Lagos Cruz-Coke, Marta. 2003. "A Road with No Return?" *Journal of Democracy*, Vol. 14, No. 2, pp. 163-173.

Lee, Sangmook. 2007. "Democratic Transition and the Consolidation of Democracy in South Korea." *Taiwan Journal of Democracy*, Vol. 3, No. 1, pp. 99-125.

Levitsky, Steven and Lucan W. Way. 2005. "International Linkage and Democratization." *Journal of Democracy*, Vol. 16, No. 3, pp. 20-34.

Levitsky, Steven and Lucan A. Way. 2010. *Competitive Authoritarianism: Hybrid Regimes after the Cold War*. Cambridge: Cambridge University Press.

Lindberg, Staffan I. 2009. "Introduction: Democratization by Elections: A New Mode of Transition?" In Staffan I. Lindberg (ed.), *Democratization by Elections: A New Mode of Transition*, pp. 1-22. Baltimore, Maryland: Johns Hopkins University Press.

Linz, Juan J. and Alfred Stepan. 1996. *Problems of Democratic Transition and Consolidation: Southern Europe, Latin America, and Post-Communist Europe*.

Lipset, Seymour M. 1959. "Some Social Requisites of Democracy: Economic Development and Political Legitimacy." *American political Science Review*, Vol. 53, No. 1, pp. 69-105.

Morlino, Leonardo. 1998. Democracy Between *Consolidation and Crisis. Parties, Groups and Citizens in Southern Europe*. Oxford: Oxford University Press.

Munck, Gerardo L. 2011. "Democratic Theory after Transition from Authoritarian Rule." *Perspective on Politics*, Vol. 9, No. 2, pp. 333-343.

O'Donnell, Guillermo, Juan Linz, and Lawrence Whitehead. 1986. *Transitions from Authoritarian Rule*. Baltimore: The Johns Hopkins University Press.

Park, Chong-Min and Yu-tzung Chang. 2011. "Regime Performance and Democratic Legitimacy: East Asia in a Global Perspective." Prepared for a conference on *"Democracy in East Asia and Taiwan in Global Perspective"* held at National Taiwan University, Taipei in Taiwan on August 24-25, 2011.

Plattner, Marc F.. 2004. "The Quality of Democracy: A Skeptical Afterword." *Journal of Democracy*, Vol. 15, No. 4, pp. 106-110.

Pridham, Geoffrey. 1990. "Southern European Democracies on the Road to Consolidation: A Comparative Assessment of the Role of Political Parties." In Geoffrey Pridham (ed.), *Securing Democracy: Political Parties and Democratic Consolidation in Southern Europe*, pp. 1-41. New York: Chapman and Hall Inc.

Przeworski, Adam. 1991. *Democracy and the Market: Political and Economic Reform in Eastern Europe and Latin American*. Cambridge: Cambridge University Press.

Przeworski, Adam. 1995. *Sustainable Democracy*. Cambridge: Cambridge University press.

Przeworski, Adam and Fernando Limongi. 1997. "Modernization: Theory and Facts." *World Politics*, Vol. 49, No. 2, pp. 155-83.

Rigger, Shelley. 1999. *Politics in Taiwan: Voting for Democracy*. London: Routledge.

Rose, Richard and Doh C. Shin. 2001. "Democratization Backward: The Problem of Third-Wave democracies." *British Journal of Political Science*, Vol. 31, Issue, 2, pp. 331-54.

Rustow, Dankwart A. (1970). "Transition to Democracy: Toward a Dynamic Model." *Comparative Politics*, Vol. 2, No. 3, pp. 337-63.

Sartori, Giovaersity. 1970. "Concept Misformation in Comparative Politics." *American Political Science Review*. 64(4): 1033-1053.

Sartori, Giovaersity. 2009. "Future Observative on Concepts, Definitions, and Model." In David Collier and John Gerring (eds.), *Concepts and Method in Social Science: the Tradition of Giovanni Satori*, pp. 165-177. New York: Rouledge.

Schedler, Andreas. 1998. "What Is Democratic Consolidation?" *Journal of Democracy*, Vol. 9, No. 2, pp. 91-107.

Schedler, Andreas. 2006. "The Logic of Electoral Authoritarianism." In Andreas Schedler (ed.), *Electoral Authoritarianism: The Dynamics of Unfree Competition*, pp. 1-23. Boulder: Lynne Rienner Publishers.

Schmitter, Philippe C. 1997. "Civil Society East and West." In Larry Diamond, Marc F. Plattner, Yun-han Chu, and Hung-mao Tien (eds.), *Consolidating the Third Wave Democracies*. pp. 239-262. Baltimore: The John Hopkins University Press.

Schmitter, Philippe. 2005. "The Ambiguous Virtues of Accountability." In Larry Diamond and Leonardo Morlino (eds.), *Assessing Quality of Democracy*, pp. 18-31. Baltimore: The Johns Hopkins University Press.

Schmitter, Philippe C. 2010. "Twenty-Five Years, Fifteen Findings." *Journal of Democracy*, Vol.21, No. 1, pp. 17-28.

Schmitter, Philippe C. and Terry L. Karl. 1991. "What Democracy Is and Is Not?" *Journal of Democracy*, Vol. 2, No. 3, pp. 75-88.

Schumpeter, Joseph. 1950. *Capitalism, Socialism, and Democracy*. New York: Harpor & Row.

Shin, Doh Chull. 1994. "On the Third Wave of Democratization: A Synthesis and Evaluation of Recent Theory and Research." *World Politics*, Vol. 47, No. 1, pp. 135-170.

Sklar, Richard L. 1996. "Towards a Theory of Developmental Democracy." In Adrian Leftwich (ed.), D*mocracy and Development: Theory and Practice*, pp. 25-44. Cambridge: Polity Press.

Valenzuela, J. Samuel. 1992. "Democratic Consolidation in Post-Transitional Settings: Notion, Process, and Facilitating Conditions." In Scott Mainwaring, Guillermo O'Donnell, and J. Samuel Valenzuela (eds.), *Issues in Democratic Consolidation: The New South American Democracies in Comparative Perspective*, pp. 57-104. Notre Dame: University of Notre Dame Press.

Wright, Joseph. 2009. "How Foreign Aid Can Foster Democratization in Authoritarian Regimes." *American Journal of Political Science*, Vol. 53, No. 3, pp. 552-571.

國家圖書館出版品預行編目資料

台灣民主化的經驗與意涵／周育仁等合
著. — 初版. — 臺北市：五南, 2011.12
　　面；　　公分. --

ISBN 978-957-11-6479-3（平裝）

1.臺灣政治　2.民主化

573.07　　　　　　　　　100022281

4P39

台灣民主化的經驗與意涵

主　　編 —	周育仁　謝文煌			
作 者 群 —	周育仁	隋杜卿	陳志華	王業立　趙永茂
	周繼祥	吳重禮	崔曉倩	江明修　林煥笙
	彭懷恩	周志杰	高永光	葛永光　張佑宗

共同發行人 — 曾永權　楊榮川

出 版 者 — 世界自由民主聯盟中華民國總會

地　　　址：100台北市中正區羅斯福路一段7號10樓

電　　話：(02)3393-2002　　傳　　真：(02)3393-2960

網　　　址：http://www.wlfdroc.org.tw

電子郵件：wlfdroc@msa.hinet.net

合作出版 — 五南圖書出版股份有限公司

地　　　址：106台北市大安區和平東路二段339號4樓

電　　話：(02)2705-5066　　傳　　真：(02)2706-6100

網　　　址：http://www.wunan.com.tw

電子郵件：wunan@wunan.com.tw

劃撥帳號：01068953

戶　　名：五南圖書出版股份有限公司

台中市駐區辦公室/台中市中區中山路6號

電　　話：(04)2223-0891　　傳　　真：(04)2223-3549

高雄市駐區辦公室/高雄市新興區中山一路290號

電　　話：(07)2358-702　　傳　　真：(07)2350-236

法律顧問　元貞聯合法律事務所　張澤平律師

出版日期　2011年12月初版一刷

定　　價　新臺幣420元